Agonizar en Salamanca
Unamuno (julio-diciembre 1936)

Luciano González Egido

Agonizar en Salamanca
Unamuno
(julio-diciembre 1936)

Alianza
Editorial

© Luciano González Egido
© Alianza Editorial, S. A. - Madrid, 1986
Calle Milán, 38; teléf.: 200 00 45
ISBN: 84-206-9536-X
Depósito legal: M. 30.704-1986
Fotocomposición: EFCA, S. A.
Impreso en Hijos de E. Minuesa, S. L.
Ronda de Toledo, 24; 28005 Madrid
Printed in Spain

INDICE

Introducción 11

Primera parte.—Los hechos 27

    Julio 29
    Agosto 66
    Septiembre 94

Segunda parte.—Las palabras 115

    Octubre 117
    Noviembre 165

Tercera parte.—La muerte 207

    Diciembre 209

«Todo hombre civil que sea noble y entero está predestinado a la soledad senil; su vejez será un trágico aislamiento... ¿Hay nada más grande y más heroico que un anciano vigoroso que se mantiene defendiendo su soledad?»

Unamuno, 1918

INTRODUCCION

A Maite Villar y Elías Díaz, niños de la guerra, adolescentes y jóvenes de la resistencia y adultos de la democracia, salmantinos como yo, de una Salamanca intelectual y liberal.

El día 31 de diciembre de 1936 cayó en sábado y en Salamanca nevó. Por la tarde, poco antes del prematuro crepúsculo invernal, hacia las cinco de la tarde, murió un hombre viejo, que, a pesar de ser un tiempo de muchos muertos diarios, tuvo una muerte singular, como correspondía a la fama de su nombre y al acontecer de su vida. Porque aquel muerto, entre los cientos de muertos que aquel año murieron en la ciudad y entre los miles de muertos que aquel año murieron en el país, no era un muerto más; era un muerto que, después de una niñez anormalmente anclada en la dependencia materno-filial y traumatizada por el narcisismo y la envidia, se había pasado la vida, horrorizado por la nada, temiendo a la muerte y ansiosamente prendido de la idea de la inmortalidad. Los que le vieron en su lecho de cadáver, recordarían intrigados la placidez de su rostro, como si sus músculos faciales se hubieran distendido finalmente ante la inminencia de la nada; a todos les sorprendería aquella inesperada serenidad, después de una existencia atormentada y menesterosa, recomido de inaccesibles satisfacciones espirituales. Como si ya fuera inútil la encrespada violencia de su máscara, su voluntad de expresión se había relajado, en el último momento, y los huesos de la cara mantenían únicamente el armazón de una inerte memoria familiar, la vacía inanidad de una cosa.

Gutiérrez Solana, aquel mismo año, lo había pintado, febril y esclerótico, sobre un fondo oscuro, del que emergían los libros amontonados y la verticalidad hirsuta de aquel viejo de setenta años, más ornitológico que nunca, con el pelo cano y erizado, como hebras electrificadas, prolongación de sus ideas, en el supuesto improbable de que aquel hombre hubiera tenido ideas alguna vez y no solamente pasiones desbandadas. «A don Miguel hay que pintarle con el pelo alborotado», contaba Solana. «Un día me vino muy peinado de la peluquería y le dije: "Así no es usted". Y esa tarde no di una pincelada en su retrato.» Era un hombre del que la biografía interesaba tanto como su obra y su iconografía más que sus anécdotas. En el retrato de Solana, sus ojos de miope taladraban el cristal concéntrico de sus gafas de concha negra, y sus manos, óseas y robustas, se encorvaban entre la garra y el puño, entre el púgil y el águila, mientras el cuero, la madera y los clavos dorados del sillón frailuno y rectoral, sobre el que se asentaba su frágil esqueleto de anciano, eran ya reliquia de museo, antigüedad onerosa para la retórica del pasado. Y la pajarita de papel, blanca e identificativa, haciendo juego con el cuello de la camisa, la barba y la luminosa frente biselada del hombre, se posaba, ingrávida y decorativa, junto al negro de su vestimenta de clérigo protestante. El expresionismo solanesco apuraba todos sus recursos sobre aquella carátula, entre diabólica y fantasmal, a punto de estallar de agresividad y de patetismo.

Todo aquello se había terminado. Aquella roca de resistencia y de rebeldía se había varado en el silencio de una eternidad sin retorno. Aquella máquina de proferir gritos había enmudecido, contra su costumbre, cuando a su alrededor todo el mundo gritaba enloquecido, azuzado por el olor de la sangre reciente, enardecido por el vértigo ciego de la destrucción de la guerra civil. Uno de los testigos de su cadáver hablaría de su color «ceniciento por la sombra de la muerte», echando en falta sobre la piel última de su imagen definitiva las acostumbradas huellas del sol abierto de su gusto por el aire libre. Había perdido hasta el color, entre el rojo sanguíneo y el moreno montañero, y la palidez lunar de su rostro presuponía la complicidad del sudario. Evidentemente, aquel hombre estaba muerto y no sé si decir que bien muerto, porque si la muerte siempre llega a destiempo, aquel hombre había muerto cuando debía morir, cuando probablemente estaba ya muerto, cuando la biología celular era su único débito con la vida. Carcasa humana, revestida de sí misma, la tranquila aceptación de la nada podría equivaler a un aliviado gesto de despedida, a la infantil premonición de un inmediato descanso apetecido o a la decrepitud moral que se resigna con un «ahí os quedáis», que oculta el desencanto y la frontera de una última desesperación no asumida.

Años antes, en 1929, durante su destierro en Hendaya, en el paisaje vasco de su infancia, recuperado felizmente por su memoria, Vázquez Díaz había dibujado su cabeza y después le había hecho un retrato al óleo, que conservaba, atenuadas por el color, las sugeridas líneas cubistas del dibujo original. Los rasgos étnicos de su rostro facilitaban la interpretación geométrica de sus espacios faciales, que se afirmaban en la nariz poderosa y en los pómulos excesivos, que mantenían el vigor de toda la arquitectura de su cara, subrayada también por la fuerza de las mandíbulas, que la rudeza de la barba, ya blanquecina, delataba y confirmaba con los pigmentos plomizos de su virutilla ornamental. Era un rostro duro e impresionante, que dominaba la oscuridad funcional del abrigo y de las ropas y hacía olvidar los suaves fondos azules verdosos, sobre los que la silueta compacta se destacaba. Las cejas en circunflejo y la mano al pecho interiorizaban una mirada pensativa y perpleja, que iba mucho más allá del libro que reposaba indiferente sobre sus rodillas, en el que se tendía la mano izquierda, dudosa y amorosamente. La extrañeza de la figura se aumentaba por un sombrero negro, de insólitas alas cortas, que coronaba la efigie reposada de un hombre ensimismado mientras mira hacia lo lejos, con los ojos bien abiertos, en un gesto serio, escudriñador y ligeramente irritado, sobre un alzacuellos casi clerical e inmaculado. Ni siquiera la abstracción geométrica de los planos cubistas podía impedir la penetración de aquellos ojos, apenas frenada por los delgados lentes.

Hacía frío en Salamanca aquella tarde, como siempre por aquellas fechas; pero lo que era nuevo entonces era el horror de la guerra civil, instalado en las conciencias, la brutalidad exhibida como una virtud por las calles y ascendida hasta los titulares de los periódicos de la ciudad, en uno de los cuales se llegó a pedir la reposición del Tribunal del Santo Oficio, más conocido con el nombre de Inquisición. Junto a las tapias del cementerio municipal, al poniente, más allá del Calvario, las huellas sangrientas y sonoras de los fusilamientos masivos de republicanos, masones, comunistas, socialistas y liberales creaban el horizonte nocturno de aquel hombre viejo que acababa de morir. Porque a muchos de ellos los conocía, los estimaba, incluso los quería. Para quien la muerte había sido una obsesión desde niño, aquellas muertes colectivas, que se sucedían desde hacía casi seis meses, debieron exasperar su menesterosa necesidad de racionalidad, su desamparada orfandad de expósito. Su papel de «excitator Hispaniae», que Ernst Robert Curtius le había verbalizado hacía ya mucho tiempo, debió dolerle en las entrañas, mientras comprobaba que la excitación de España había llegado al paroxismo y no precisamente por su culpa o, mejor dicho, no por su culpa más que por la de los otros. Víctima y verdugo, como todos, morir en paz en aquellas extrañas circunstancias, en aquel paisaje urbano de odios y terrores, era casi un escándalo.

Pío Baroja en sus Memorias, lo recordaría como creído, ingenuo, dictador, áspero, aldeano, intransigente, excesivo, «hombre de ciudad y de ciudad universitaria», egoísta, arbitrario y defensor de «un vasquismo salmantino y unamunesco». Físicamente, lo describiría diciendo que «tenía el cráneo pequeño y la frente huida», por lo que coincide con la versión escultórica de Pablo Serrano, con su cabeza pequeña, afilada, emergiendo de las masas tormentosas del hierro forjado, negro y revuelto, más que con la versión de Victorio Macho, bronce y granito, que le pone una poderosa cabeza, de frente sólida y prominente, con armadura de guerra y énfasis de liturgia. A él no le gustaba esta escultura, porque decía: «¡Es tan tétrica! El vestido en negro y la cabeza en blanco. Es como si pasase en figura de cera a la posteridad.» Esto lo diría con su voz un tanto atiplada, pues Baroja recordaría también que «tenía una voz bastante aguda», confirmada por las grabaciones fonográficas conservadas, que provocaron la estrepitosa huida de aquel hombre, cuando por primera vez se oyó la voz, reproducida mecánicamente, deshumanizada y enlatada, sorprendentemente irreconocible, lejos de la gravedad de sus palabras y mucho más lejos de la sonoridad de sus intenciones.

No, aquel hombre no era un muerto cualquiera. Por dos veces habían solicitado para él el Premio Nobel de Literatura; había escrito casi un centenar de libros y cientos de artículos en los periódicos de España y de Latinoamérica; había sido rector de la Universidad de Salamanca, la universidad más antigua de España, durante muchos años y catedrático de Lengua griega y profesor de Lengua castellana en su Facultad de Filosofía y Letras; concejal en varias ocasiones en el Ayuntamiento salmantino y diputado a Cortes en la II República española, había sido nombrado Ciudadano de Honor del régimen republicano, en el 1935; doctor «honoris causa» por las Universidades de Oxford y Grenoble; había recorrido muchas veces la península, encendiendo con su verbo apasionado las imaginaciones inconformistas de sus oyentes; había hecho campañas de socialismo agrario por la provincia y había fatigado insistentemente los caminos de una libertad esquiva. Salamanca, la ciudad de su elección de por vida, tuvo en él el monumento vivo más atractivo, y el país, su voz más soberanamente libre y más vigilantemente trágica. Antonio Machado le llamó «donquijotesco» y le reconoció que «a un pueblo de arrieros, lechuzos y tahures y logreros dicta lecciones de Caballería».

En su madurez, Salvador de Madariaga, lo veía recio y agresivo, insociable y monologante: «Su personalidad independiente e individualista se manifiesta admirablemente en su rostro y figura: tez sana y roja, cabeza de vigorosa estructura, en la que cada hueso exige y obtiene toda la atención que le corresponde, a pesar del magnetismo de dos ojos agresivos y de la actitud casi de desafío que anima el conjunto. Es esencialmente insociable. La naturaleza, interminables paseos solo o con un amigo, más dispuesto a oír que a hablar, son sus placeres favoritos, y sus temas, los primitivos y esenciales del hombre. En sociedad, tiende al monólogo y maneja a veces un martillo algo pesado. Las anécdotas que de él se cuentan, sean o no históricas, son significativas. Acaba de explicar en un corro que necesita mucho sueño; un desdichado que no se da cuenta de quién es, se atreve a dudar de la necesidad de tal pérdida de tiempo, aduciendo que a él le bastan cinco horas. "¡Ah, salta él, pero cuando yo estoy despierto, estoy mucho más despierto que usted."»

Max Aub, más joven, lo recordará en términos parecidos: «Alto, hermoso como búho —si éste puede serlo—, de pelo que se le volvió pronto cano y blanco, hirsuto. La ropa negra, el alzacuellos impoluto, andaba a grandes zancadas, las manos cruzadas a la espalda, más amigo de hablar que de conversar, encerrado en sí, deseoso de leer al primero que se le enfrentara sus últimos versos; siempre desbordando. Sin otros amores que los que la Iglesia le santificó, desconfiado de las mujeres como no estuviesen en su papel de madres, ardía constantemente en indignación. La caridad no parece haber sido virtud de sus amores; se sabía egoísta, quizás envidioso: para librarse de esos males los retrató como pocos. Amó a España tanto como a la poesía, las confundió. Fue, posiblemente, el escritor más importante de su tiempo, y el más fecundo cuando hubo tantos que tanto escribieron. Abarcó más que nadie, siendo el más personal. Tan metido dentro de su obra, tan preocupado por sobrevivir íntegro, que se hizo "tajadas para ser inmortal", como dice Quevedo.»

Los médicos certificaron su muerte por congestión cerebral; Ortega y Gasset dijo que había muerto de «mal de España» y Giménez Caballero, que estaba entonces trabajando en los servicios de Propaganda de los militares rebeldes, en el Palacio de Anaya, de Salamanca, donde aquel hombre viejo había explicado sus últimas lecciones de maestro, exclamó, al enterarse de su muerte: «Las máquinas de escribir tienen que disparar toda la noche como ametralladoras.» La precisión científica, la retórica orteguiana y la metáfora bélica fascista, con resonancias futuristas, fueron cubriendo el cadáver de aquel hombre, que se había ido enfriando, en su última morada de la calle de Bordadores, número cuatro, frente al humilde y provinciano Campo de San Francisco, a la vista de la torre del Palacio de Monterrey, a la que había llamado «armónica frase de piedras talladas», y junto al renacentista torreón de las Ursulas, contra cuya oscuridad cimera se silueteaban fugazmente los copos de nieve de aquel feroz invierno salmantino. Rodeado de sus familiares y de catedráticos silenciosos, de traidores a su pensamiento y de falangistas histéricos, el velatorio de aquel hombre era un esperpento más de la España mineralizada y agonizante.

Vicente Aleixandre había encontrado a aquel hombre, dos o tres años antes de morir, y lo recordaba «con su sombrero negro y redondo, su barba ya casi blanca, su nariz incisiva, sus gafas, su chaleco cerrado, su negrísimo traje. Su son lento pero firme sobre la acera», y, pasado el tiempo, seguía oyéndole, «y todavía, y siempre, se le oye, con su voz, y aquel leve carraspeo que la interrumpía. Y se le ve, en una pausa, sacudir las manos sobre las solapas». Y Rafael Alberti lo vio, en mayo de 1931, como un viejo robusto y apasionado: «Maravillado quedé de su pasión por todo, de su fresca juventud, su dura y entretenida palabra» y se le quedarían en la memoria «la hermosa figura», «la noble expresión de su rostro», «el ardoroso ahínco puesto en la interminable lectura de su borrador», el de una de sus últimas obras, titulada «El hermano Juan», tardía rectificación de su desdén por el mito de don Juan y, sobre todo, «su magnífica lección de salud y energía, de fecundidad y entusiasmo», rememorando con admiración a «aquel potente viejo», echándole de menos, lamentándose de su silencio: «Viejo y enloquecido don Miguel, ¡quién nos diera ahora, a pesar de tus dramáticas contradicciones, de tus infantiles y peligrosas veleidades, escuchar nuevamente tu palabra cargada de explosivos y pólenes celestes!»

Lo primero que se pensó, en aquella Salamanca ahogada de sollozos y de alientos contenidos y exaltada por la fiebre de la guerra y el furor de los conversos, fue que lo habían matado, que, por fin, lo habían matado. Estupor y complacencia se mezclaron en la sangre cainita de la ciudad. Viejos rencores, sofocadas admiraciones, curiosidades indiferentes y tenebrosos remordimientos recibieron la noticia como otro parte de guerra más. El viejo santón había muerto y la ciudad se liberaba del demonio. Pero también el horror, el descubrimiento, por si hacía falta, de que ya todo era posible y que la obediencia mineral era la única posibilidad de supervivencia. Aquel intelectual extravagante, medio cura, medio anarquista, se había atrevido a protestar y se la habían guardado hasta mejor ocasión. El terror tenía otra disculpa. Aquellos miserables no reparaban en nada; al fin y al cabo, era un hombre viejo, indefenso y residual. El mal que hubiera podido hacer no era nada comparado con el mal que los otros estaban haciendo. Es verdad que a los intelectuales, aborrecida raza de letrados irresponsables, siempre hay que tenerlos en cuarentena; pero de ahí a matarlos va mucha diferencia. La piedad no parecía ser grata a los nuevos dioses, mientras que la venganza parecía su primera virtud.

Después se supo que había muerto de muerte natural, intoxicado por el brasero. En la Funeraria «El Carmen» recibieron el encargo de los ritos mortuorios, incluida la esquela en «El Adelanto», uno de los periódicos locales, en los términos habituales en aquellos casos: «Funeral: Hoy, 1 de enero, a las once de la mañana. Iglesia Parroquial: Purísima Concepción. Conducción del cadáver: Hoy, viernes, a las cuatro de la tarde. Casa mortuoria: Bordadores, 4. El duelo se despide en la iglesia y Puerta de San Bernardo.» Todo parecía normal y el dolor removió los recuerdos de los salmantinos, que guardaban en la memoria la imagen de aquel viejo pulcro y educado, que saludaba con el sombrero en la mano a los conocidos que se encontraba por la calle, atento y ceremonioso. Lo veían todavía, con las perneras del pantalón abombadas por las rodilleras y sus chalecos de lana, hasta el cuello, sin abrigo a pesar del duro invierno salmantino, sonrosado al aire de la carretera de Zamora, por donde solía pasear, después de la tertulia vespertina del Casino, con dos o tres amigos. Y se acordaban de cuando quisieron ponerle una estatua en el centro de la ciudad y los gritos llegaron hasta el cielo.

Y lo recordaron cuando volvió del destierro, en tiempos de Primo de Rivera, rodeado de obreros y de estudiantes, y de socialistas y de anticlericales, en coche por la carretera de Valladolid, con la chapela puesta y el pelo más blanco todavía y la cara más afilada y curtida, emocionado y soberbio, estrechado y apretujado, traído y llevado, palmeado y vitoreado, mientras avanzaba lentamente hacia el Ayuntamiento, como un torero por la puerta grande, después de una faena monumental, y cuando se asomó al balcón corrido de las Casas Consistoriales, para agradecer el recibimiento y dijo aquello de: «¡Ya estoy aquí! ¡En mi Salamanca!», que enloqueció a la gente, que llenaba la Plaza Mayor, de orgullo ciudadano y de confirmación de su entusiasmo, y luego su decepción cuando, en lugar de exaltar el signo político de aquella manifestación de afecto y de protesta, dijo que lo que había que hacer era irse a trabajar a casa, porque eso era lo importante. La madre que lo parió, que era raro el tipo.

Y lo veían, a través de las fotografías de los periódicos de Madrid, donde a veces aparecía, con aire ausente y cara de convidado extraño, provinciano en el más exacto sentido de la palabra, como un intruso en la capital. Y lo recordaban en el frío salmantino de las ocho de la mañana —«no crea, que llevaba sus buenos dos o tres jerseis, debajo de la chaqueta»—, por la calle de la Rúa, camino del Palacio de Anaya, donde daba sus clases de Griego, y algunos recordaban que una vez se había asomado al balcón de su casa de la calle de Bordadores, al paso de la Dolorosa de Corral, un Viernes Santo, y otros lo seguían viendo, mientras leía, por el verano, en aquel mismo balcón a últimas horas de la tarde, recogiendo el poco aire fresco de las plomizas tardes estivales del infierno de Salamanca.

Jean Cassou, en 1926, lo había visto, con «su soledad imperiosa, una avaricia necesaria y muy del terruño —de la tierra vasca—, la envidia...; cierta pasión que algunos llaman amor y que es para él una necesidad terrible de propagar esta carne»; como «un hombre de lucha, en lucha consigo mismo, con su pueblo y contra su pueblo, hombre hostil, hombre de guerra civil, tribuno sin partidarios, hombre solitario, desterrado, salvaje, orador en el desierto, provocador vano, engañoso, paradógico, inconciliable, irreconciliable, enemigo de la nada y a quien la nada atrae y devora, desgarrado entre la vida y la muerte, muerto y resucitado a la vez, invencible y siempre vencido». Y lo había descrito en permanente movimiento, en agitación perpetua: «Camina derecho, llevando a donde quiera que vaya, o donde quiera que se pasee, en aquella hermosa plaza barroca de Salamanca, o en las calles de París, o en los senderos del País Vasco, su inagotable monólogo, siempre el mismo, a pesar de la riqueza de las variantes. Esbelto, vestido con el que llama su uniforme civil, firme la cabeza sobre los hombros, que no han podido sufrir jamás, ni aún en tiempo de nieve, un abrigo, marcha siempre adelante, indiferente a la calidad de sus oyentes.»

Y hace también su retrato espiritual, que completa la imagen de aquel hombre, en el que había algo «de San Agustín y de Juan Jacobo, de todos los que absortos en la contemplación de su propio milagro, no pueden soportar no ser eternos». «No tiene ideas...; pero este perpetuo monólogo, en que todas las ideas del mundo se mejen para hacerse problema personal, pasión viva, prueba hirviente, patético egoísmo...» La política formaba parte de su hacer individual, porque, para él, «hacer política es también salvarse. Es defender su persona, afirmarla, hacerla entrar para siempre en la historia. No es asegurar el triunfo de una doctrina, de un partido, acrecentar el territorio nacional o derribar un orden social», por eso «si hace política no puede entenderse con ningún político. Los decepciona a todos y sus polémicas se pierden en la confusión, porque es consigo mismo con quien polemiza... Así es que se encuentra en una continua mala inteligencia con sus contemporáneos... feroz y sin generosidad, ignora todos los sistemas, todos los principios, todo lo que es exterior y objetivo».

Jean Cassou terminaba su retrato, acercándolo a la proximidad de sus lectores y descubriendo la parte que tenía de cada uno de los que le leían: «Con él tocamos al fondo del nihilismo español... Jamás le abandonó su congoja, ni aquel orgullo que comunica esplendor a todo cuanto toca... Está siempre despierto y si duerme es para recogerse mejor ante el sueño de la vida y gozar de él... Pero, reducido a ese punto extremo de la soledad y del egoísmo, es el más rico y el más humano de los hombres. Pues no cabe negar que haya reducido todos los problemas al más sencillo y el más natural y nada nos impide mirarnos en él como en un hombre ejemplar... Va a desaparecer un hombre: todo está ahí. Si rehúsa, minuto a minuto, esa partida, acaso va a salvarnos. A fin de cuentas es a nosotros a quienes defiende, defendiéndose.»

Sus compatriotas vascos también lo pintaron, como un elemento más de su paisaje natal y un rostro más que añadir a su iconografía nacional. Ignacio Zuloaga lo había pintado entre sus nubes aborrascadas, oscuro, sentado y de perfil, con una especie de halo sobrenatural alrededor de la cabeza, aprovechando un desgarrón del cielo amenazante. Su rostro hierático parecía formar parte de aquel típico paisaje suyo encrespado que repetía en muchos de sus cuadros y que se humanizaba con la mirada que aquel hombre conseguía despegar del lienzo. Ramón de Zubiaurre, en el año 1911, lo pintó en Salamanca, con expresión un poco mefistofélica, sobre el fondo de la silueta oscura del «alto soto de torres» de Salamanca, como él le había dicho, cuando le comunicó el proyecto de su cuadro:

«Yo quiero pintar su retrato en actitud trágica y teniendo por fondo la Universidad de Salamanca, iluminada por el fragor de un relámpago.» La tragedia quedó traducida en las oscuras manchas de color, en los brochazos densos y en la dolorida expresión del modelo, que desmentía la fuerza de la poderosa cabeza y la fogosidad de todo el rostro. Sin embargo, de todos ellos, probablemente el que mejor lo retrató fuera Juan de Echevarría, que le hizo dos retratos en 1930 en Hendaya. Joaquín de la Puente describió uno de estos cuadros: «Aparece de frente con unas cuartillas en las manos y una estampa del Cristo de Velázquez sobre mesa contigua. Obra ésta de los finales de Echevarría, en que hay una regresión hacia la paleta oscura y quebrada con que emprendió sus primeros pasos de pintor... hay más que una posible regresión o, lo que es más verosímil, la búsqueda de una gravedad en el talante formal para adecuar en él la respetada cataduda temperamental del personaje efigiado... el Unamuno de Hendaya se quiebra, se hace sordo, patético, áspero, restringiéndose las tintas y actuando el negro con vieja y terrible hosquedad española.» Sobre el verde oscuro del fondo, en el que resalta el morado del tapete de la mesa, la figura está de pie y mira al espectador, con una cierta impertinencia y con expresión entre asustada y soberbia, cansada, pero no vencida; el pelo como un erizo y la cara pálida muy iluminada, con los puntos negros de los ojos, concentrados por los círculos de las gafas. Todo estaba oscuro, menos la cabeza y las manos con las cuartillas, con la chaqueta abierta, sobre un cuerpo macizo de aldeano, un poco fondón. El otro retrato es un boceto, en el que sólo la cabeza está terminada; una sólida cabeza elegante, aristada y densa, con el pelo y la barba unificados por el blanco, los ojos despectivos y acerados, tras los lentes y bajo las cejas diabólicas; la punta de la barba se le riza en ola por un lado, el pelo se levanta indomable y los huesos de su orografía facial taladran la piel del cuadro en la frente de arrugas preocupadas, en los pómulos dominadores y en la nariz agresiva, que completa la tectónica volcánica del rostro.

Rubén Darío, 1907, lo había visto como sabio, poeta y místico: «Este hombre que escribe tan extrañas paradojas, este hombre a quien llaman sabio, este hombre que sabe griego, que sabe una media docena de idiomas, que ha aprendido solo el sueco y que sabe hacer incomparables pajaritas de papel, quiere también ser poeta... Es uno de los más notables renovadores de ideas que haya hoy, y, según mi modo de sentir, un poeta. Sí, poeta es asomarse a las puertas del misterio y volver de él con una vislumbre de lo desconocido en los ojos. Y pocos como ese vasco meten su alma en lo más hondo del corazón de la vida y de la muerte... Un día, en conversación con literatos, dije de Unamuno: "Un pelotari en Patmos." Le fueron con el chisme, pero él supo comprender la intención, sabiendo que su juego era con las ideas y con los sentires, y que no es desdeñable el encontrarse en el mismo terreno con Juan el Vidente... La originalidad de este hombre, dicen las gentes, está en decir todo lo contrario de lo que dicen los demás, en dar vuelta como un guante a las ideas usuales. Este es el señalado y censurado prurito de paradojismo...; de la pajarita de papel ha ido a la tribuna pública, a la conferencia; se ha hecho notar en el movimiento social de su patria, y ha tenido el singular valor de decir lo que él cree la verdad, sin temor a inmediatas y temibles hostilidades. Siempre, como veis, un poeta.»

Todavía, a últimos de junio de 1936, seis meses antes de su muerte, le había dicho a Ramón Gómez de la Serna, en una fugaz visita a Madrid: «No me intoxico con alcohol ni con cigarro; me acuesto temprano, duermo bien, paseo todos los días, una o dos horas, me acuesto antes que el sol, ¿por qué no he de vivir hasta los noventa años?» Pero la guerra civil le traumatizó como una enfermedad irreversible. Frente a este optimista testimonio de vitalidad y de esperanza biológica, los testigos de aquellos seis últimos meses de su vida, en Salamanca, hablan de que solía decir: «Yo moriré como mi mujer, pero más deprisa, más deprisa.» El mismo Ramón Gómez de la Serna imaginó su muerte, años después: «Hace mucho frío, en ese filo del último año, el filo más afilado. Ha debido haber helado en la mañana y la helada es como la guillotina para las cabezas calientes, pensantes.» Poco antes de morir le había dicho a un visitante ocasional: «Me encuentro mejor que nunca», con una ceguera suicida de avestruz o una infantil negación de la evidencia, cuando ya su organismo iniciaba el declive de su desfallecimiento final, favorecido por una última bronca, por un arrebato más de su largo anecdotario de cascarrabias irremediable, confirmado en su postrera anécdota, en el umbral de su extinción, después de un intensivo recrudecimiento durante los pasados meses, pues, como recordaba Gómez de la Serna, en el 36 «estaba más cascarrabias que nunca».

Este mismo autor lo ha fijado, para siempre, en su decorado de Salamanca, con «su rostro de búho joven»: «Tenía algo de onagro y al mismo tiempo mucho de sabio como Séneca... es el profesor en que he visto más campechanía y más violencia antiprofesoral... parece que pellizca las palabras con la nasalización fatal de su voz... Una agresividad de cascarrabias impera en lo que dice... Sus ojos desconfían de alrededor, se escapan por las rendijas laterales de sus gafas... Salamanca le limpiaba y le dignificaba... permaneció fiel a su Salamanca y sus santuarios... Ese despertar de primera misa que hay en Salamanca —con su marco de piedras doradas— le dio su goce y su escalofrío de pobre de pedir limosna... Era un ser noble y humano como él solo... Además de todo lo grande que era, tenía la condición de ser uno de esos hombres pintorescos, que dan plasticidad de alto relieve a lo contemporáneo, que alegran la vida tan escasa de anécdotas... Era varón y de los pocos místicos que quedaban en España, y eso le mantuvo puro, admirable, equidistante, comprendiendo y siendo lógico con las catedrales y su ambiente de alrededor... Hizo siempre lo que creyó que debía de hacer, sin pensar en las consecuencias. Una vez venía de Mallorca y al encontrarle en el Ateneo nos dijo:

—¿Conocen ustedes a una mujer bastante guapa, que se llama Raquel Meyer?
—Sí; una canzonetista de fama.

—La misma. Me la han presentado en el barco y me ha dicho: «¡Le admiro a usted mucho, don Miguel...!» Esta admiración me tortura... ¿Es tan malo lo que hago?»

Aquel hombre viejo había muerto entre las cuatro y media y las cinco de la tarde, la vieja hora ritual de la fiesta española. Como había sido en vida, su cadáver fue un cadáver disputado e incómodo. Aquella noche cayó una helada negra; la gente además de frío tenía miedo y dolor; la ciudad estaba a oscuras, por temor a los ataques nocturnos de los aviones; las tinieblas exteriores ahilaban la luz de las rendijas de las ventanas mal ajustadas. Al día siguiente, cuando cuatro falangistas mercenarios arrebataron el féretro para sacarlo de su casa, el nieto de aquel hombre, Miguel, el hijo del poeta José María Quiroga, que tenía siete años, asustado por lo que veía y oía, echó a correr por los sombríos corredores de la casa mortuoria, en el crepúsculo anticipado de las cuatro de una tarde invernal y desabrida, gritando que «se llevan al abuelo, a tirarlo al río».

Primera Parte

Los hombres son animales de sangre caliente

Los hechos

«La verdad es el hecho, pero el hecho total y vivo»,
Unamuno, 1896

JULIO

El día 18 de julio de 1936, sábado, aquel hombre viejo, como casi todos los habitantes de Salamanca, estaba en las nubes. Al día siguiente, el periódico «Ahora» de Madrid, publicó un artículo suyo, escrito por supuesto unos días antes, titulado «Emigraciones», en el que comentaba una relectura de su querido Sénancour, el «Obermann» de 1804, «en pleno estrépito napoleónico». Una perspectiva de paz ciudadana parece reconocida implícitamente en estas palabras, entre costumbristas y autobiográficas: «Cuando otros piensan en el veraneo.., me recojo en mi alcoba... a volver a leer... el "Obermann".». Los rebeldes fascistas tenían ya tejido el entramado de su sublevación, mientras aquel hombre viejo, contra la historia y la política, volviendo una vez más a su viaje genésico a la infancia, escribía en aquel verano insólito del 36: «Me remontaba a mi niñez, a la fuente de mi vida íntima», describiendo de nuevo su eterno sueño de exiliado. Las torres testimoniales de la inmortalidad unamuniana se achicharraban al sol en aquel mes de julio, mientras los sargentos coloniales salían ya de Canarias para recolonizar la península, rodeados de alterados cabileños y de préstamos mussolinianos. Aquel anciano profesor de griego, entretanto, se aprestaba a «viajar no por el espacio, sino por el tiempo» y retornaba al paraíso de su niñez, porque su tiempo histórico no le había gustado nunca. Ensimismado en su necesidad de ser, la historia, otra vez, se le ponía cuesta arriba.

No es que aquel hombre viejo no conociera la gravedad de la situación; pero, desde luego, aquello que había de ocurrir no se lo esperaba, ni entonces, ni nunca. En octubre de 1931, apenas iniciada la experiencia política en la que todavía se vivía, ya había anunciado a sus estudiantes de Salamanca, en la inauguración del Curso: «Vienen días de prueba», y después: «Llegan días de renovación, de lucha, lucha por la libertad, por la igualdad, por la fraternidad, por la fe, por la esperanza y por la caridad... Tendremos que luchar por la libertad de la cultura... Lucharemos por la libertad de la cultura, porque haya ideologías diversas, ya que en ello reside la verdadera y democrática libertad... La cultura está por encima y por debajo de las formas de gobierno» Después, durante todo aquel año 36 había estado repitiendo sus advertencias y sus lamentaciones, fácil profeta de evidencias cotidianas. Aquello se veía venir, pero nunca se creía en su inminencia y menos en su advenimiento, porque las palabras, las cegadoras palabras de la esperanza siempre ponían un freno de reflexión ante los hechos.

El día 7 de enero de 1936, aquel hombre le había escrito desde Salamanca a su amigo Guillermo de Torre: «Buen año y en él fe, aguante y brío para soportar la batalla de guerra civil que se avecina.» Madrugaba en sus textos de aquel año el término «guerra civil», que exorcizaba la realidad histórica y ponía un distanciamiento verbal frente a los hechos, que nadie imaginaba lo que iban a ser y menos que nadie aquel viejo incitador de disidencias y protestas. Al día siguiente de esta carta, el 8 de enero, en el mismo periódico «Ahora», vespertino hermano de «El Sol», en el que colaboraba habitualmente, aquel hombre de más de setenta años insistía en su desolación de desterrado perpetuo: «¡Ay de los que nos hemos criado en pecado de liberalismo!... ¡Ay, España, cómo te están dejando el meollo del alma!» No había que preguntarle qué era España, porque en su pensamiento mitológico y metafórico era una idea tan evidente como la realidad espiritual de su Salamanca, incorporada para siempre a su vocabulario, con la terquedad dialéctica que le era habitual. Y no sólo existía España, sino que tenía alma y su alma además tenía meollo. Pero hay algo, en aquella cita, que se salva de cualquier sospecha, de cualquier posible reproche intelectual: los pecadores de liberalismo corrían peligro en aquel tiempo confuso del 1936. Aquel viejo se sentía amenazado y, con él, todo su mundo, incluidas sus ideas. Por eso, el día 21 de enero había firmado un manifiesto, enviado por el abogado Ossorio y Gallardo, para evitar una guerra civil, que se iba insinuando en la conciencia de muchos españoles como inevitable.

Nacido a la conciencia en medio de una guerra civil y reconocido por Jean Cassou como «hombre de guerra civil», estaba predestinado a vivir un permanente sentimiento de guerra civil, que llegaría a interiorizar y a hacer suyo, como una más de sus características personales. Pero no sabía lo que era una verdadera guerra fratricida, que no tenía nada que ver con aquellos inciertos e incluso gozosos recuerdos de su infancia bilbaína, en la que sentía pasar las bombas sobre su cabeza y jugaba con sus amigos de la calle a la guerra civil. Había tenido siempre una idea, entre romántica y estimulante, de lo que era una guerra civil, que no significaba para él más que la asunción de todas las contradicciones esenciales del hombre, en un enfrentamiento dialéctico hegeliano, en busca de una paz sintética, abierta a una nueva tesis que abriría de nuevo el proceso inicial de otra guerra. En 1905, en «La vida de Don Quijote y Sancho», había escrito: «¿Qué se teme? ¿que se trabe y se encienda la guerra civil de nuevo? ¡Mejor que mejor! Eso es lo que necesitamos.» Y, todavía durante la República, conservaba aquella risueña y literaria imagen, con la que podía escribir: «Desde que tengo uso de razón civil, que me apuntó en medio de una fratricida guerra civil —toda guerra es civil y arranque de civilización—...» (1933). Algo iba cambiando en su concepto de guerra civil, pero había seguido escribiendo: «Se nos está remejiendo el pozo turbio de nuestras entrañas espirituales colectivas; el légamo de nuestra Historia, la herencia de nuestro Caín cavernario... Guerra civil, que es el estado normal...» (1933).

Pero sabía bien lo que quería decir con lo de «guerra civil», porque además de no gustarle la guerra, ninguna guerra («diré sencillamente que odio la guerra y que nunca me parece justa»), lo que entendía por «guerra civil» era otra cosa. Ya en 1903, diferenciaba sus dos lecturas de las palabras «guerra civil»: «España está muy necesitada de una nueva guerra civil, pero civil de veras, no con armas de fuego ni de filo, sino con armas de ardiente palabra, que es la espada del espíritu.» Y lo mismo repetiría veintiocho años después, ya con la República instalada y el peligro de una verdadera guerra civil amenazando: «Se quiere evitar cierta guerra civil —claro, no una guerra civil cruenta a tiros y palos, no—...» Pero no sabía lo que era una verdadera guerra civil, que desde luego no era «arranque de civilización», ni «estado normal». Eran las mismas palabras, pero significaban dos cosas distintas, aunque las mezclara con cierta imprudencia dialéctica. Desde que empezó a darse cuenta de que la guerra civil cruenta podía ser posible, fue más cauto en la peligrosa aproximación de los dos significados de guerra civil. Defensor de la otra guerra civil, había firmado un manifiesto para que esta guerra civil no ocurriera.

Porque los signos eran alarmantes y empezaba a presentir que él podría ser una de las víctimas de aquel enfrentamiento fratricida, que se insinuaba en la realidad social y que se traducía en los periódicos y en las calles, en las miradas de las gentes y en las conversaciones diarias. Debió empezar en él una minirrevolución semántica y el concepto de guerra civil se ajustó con los términos de guerra civil incivil. Frente a la degradación de la convivencia social y política, aquel viejo intelectual se llenaba de temores. Y ya apuntaba, en sus colaboraciones en «Ahora», el que habría de ser, con la fiereza dialéctica que le caracterizaba siempre, su problema último, para el que nunca encontraría solución, y que sería el gran problema de la moral del siglo; el día 11 de mayo de 1936, publicó un artículo, con el extraño título de «Schura Waldajewa», en el que escribía sobre «el pavoroso problema de la relación entre la conciencia colectiva y la individual». ¿Qué estaba pasando a su alrededor, que le obligaba a tantear con horror el abismo que le aislaba en medio de una colectividad que no entendía? Las seguridades se le escapaban debajo de los pies. El, que nunca había estado seguro de nada, empezaba a estar más inseguro que nunca. En el mismo artículo certificaba que «se encuentra desamparada y sin asidero de salud, cualquier alma conciente de sí misma, en este suelo social, que no es firme asiento de roca, sino movedizo tremedal». Debió ser desesperante, para un hombre que había hecho de la metáfora de la roca, la obsesión metafórica de sus ideas y de sus creencias, tener que confesar que vivía sobre un oscuro tremedal. Algo se rompía en su interior, cuando descubría que la roca era una ausencia.

La cuenta atrás había empezado en febrero, cuando con el triunfo del Frente Popular en las elecciones aquel hombre viejo se había llenado de temores. La perspectiva de una política inspirada en el marxismo le inquietaba y, como siempre había hecho, psicológicamente obligado a hacerlo, se puso en contra de los vencedores, sin estar a favor de los vencidos. No es que estuviera obsesionado por desmarcarse, es que siempre tenía razones psicológicas y mentales para estar en contra, en su afán por afirmarse él y por salvar la totalidad de su pensamiento, más dialéctico de lo que él mismo suponía. Sus críticas a la política republicana se exacerbaron y llevó a la práctica de sus colaboraciones de los periódicos su personal guerra civil de palabras. Y, además, el aire populachero y ruidoso de la calle frentepopulista irritaba a su sensibilidad de cuarto de libros, de profesor y de pequeño burgués educado. Siempre había mantenido su particular punto de vista sobre la lucha de clases, que para él era más una lucha de clases morales que una lucha de clases sociales, y los acontecimientos no parecían respetar sus ideas. El Frente Popular había puesto al descubierto lo que él llamaba el resentimiento popular y aparecía la simplicidad argumental de sus reivindicaciones, que él había supuesto más complicadas y más profundas. Y le quedaba algo físico que le apartaba de aquella ensayada revolución de los suburbios. Su sentido cenestésico reaccionaba retráctilmente.

El Frente Popular le ponía en peligro a él, a su yo precario y acongojado, que era el centro prioritario de sus preocupaciones; porque la multitud, la masa, el apezuñamiento humano, le producía pavor, porque le despersonalizaba, le desindividualizaba, le anonadaba, y lo que veía, lo que tenía delante, del avance frentepopulista era la serialización anónima de los rostros irritados y reivindicativos, la repetición unánime de las consignas verbales y la masificación procaz de los reflejos populares. Se sentía desplazado de aquel porvenir, que presumía deshumanizado, privado de un cristianismo cultural que vertebraba, según él, la solidez del individuo. Se asustaba ante la tabla rasa del pasado, del que procedían sus seguridades y sus esperanzas. El pasado era lo único real y toda revolución que prescindiera del pasado presagiaba lo peor, es decir, la vuelta a la nada, a la desandada historia de la cultura. Había una grosera costra de irracionalidad en los nuevos planteamientos políticos, que le repugnaba tanto como la inmoral propuesta de los viejos planteamientos. Todo parecía querer ir hacia afuera, cuando su predicada revolución moral proponía ir hacia adentro. La economía no era el problema, sino la persona humana, el desvalido ser humano, necesitado de densificar su ser para evitar la invasión de la nada.

Pero aquello se fijaba en las imágenes, se traducía en las anécdotas, se confirmaba en las noticias. Aquel viejo de hierro estaba descubriendo la fragilidad, aquel liberal de toda la vida, que manejaba el liberalismo como un exorcismo, tenía miedo. Más allá de sus ojos de miope, se le aparecían los fantasmas agresivos de una infancia de violencias y de terrores. Fiel a sí mismo, seguía pensando en la guerra metafórica de sus angustias personales y, en un artículo de 19 de mayo de 1936, le ponía rostro a sus miedos, gesto a sus aparecidos, nombre a sus enemigos: «Pensar en paz, pero no en la paz... ¿Pensar en la paz? ¿Y cómo, con el eco y el resón de las lecturas de los diarios de la mañana, del triste desayuno informativo...» Nombres y señas y número de los muertos y de los matadores... Y, de vez en cuando, los claros de la censura, uno de los más claros e indicativos síntomas del entontecimiento progresivo de los que nos mandan... Aquí está este retrato del que habla en un mitin, ante un micrófono, con la boca en o y el brazo en alto...» ¿Quién moría y quién mataba? ¿quién mandaba? ¿quién ladraba, con el brazo en alto, ante un micrófono? Ya no importaba nada saberlo; lo único que importaba es que aquel hombre enfilaba el horror de la denuncia de una guerra civil. Y lo peor es que su artículo se titulaba «Mañana será otro día», sin sospechar lo otro, lo remotamente otro, que iba a ser el día de mañana.

Los signos parecían inequívocos y el título de aquel artículo de mayo presuponía la necesidad de un porvenir distinto. La iconografía callejera inquietaba al viejo, que salía al paso de sus arrugas y se anticipaba a sus temores, con las palabras por delante: «El recuerdo de las miradas agresivas de aquellos mozalbetes, con los que uno se cruzó en la calle...», se le quedó en la memoria, como un rasguño. La amable calle mediterránea, la clara calle de sus paseos diarios, centro de miradas admirativas, la calle soñadora de las explicaciones de su cátedra peripatética, se ensombrecía con las agrias miradas que electrificaban el aire de la convivencia ciudadana: «Hay días y lugares, horas y sitios, en que el ambiente de la calle lo es de una insolencia salvaje» y «esa insolencia salvaje es hija de una enfermedad colectiva, de locura comunal». Y todavía era mayo, cuando faltaban dos meses para que la locura comunal devastara cualquier esperanza y cuando el otro día ya no sería mañana. Y ya era mayo, cuando los trigos encañan y están los campos en flor.

No es que no lo hubiera sabido o que no lo hubiera presentido; es que un rescoldo de racionalidad se negaba a admitirlo. En mayo, había escrito que algunos quieren «hacer creer que cuando llegue el último incendio, se apagará con mangas de riego de tanques», y en junio volvió a revelar los signos de la tragedia inminente: «Aquí, en España, se exacerba el culto a la matanza —sin otra ideología—...» No le pudo coger de sorpresa, aunque el porvenir, del que ya tenía el recuerdo, no resultara ser el que había imaginado. Aquel 18 de julio, cumpliría el rito de la costumbre y leería, hasta cansarse los ojos, según su obsesiva necesidad de supervivencia intelectual, se asomaría a la histórica perspectiva renacentista de su balcón de la calle de Bordadores, comprobaría la devastación del calor y del polvo sobre el verde tierno de los negrillos de las Ursulas, escribiría algunas cuartillas de sus deberes profesionales y quizás comería, como acostumbraba, únicamente leche y las primeras uvas del verano, y después quizás, aunque no era hombre de siesta, se dejaría vencer por la modorra estival y repetiría aquella experiencia de 1918, que había descrito con precisión de objetivismo impresionista:

A primera tarde de verano, tendido sobre la cama, descabezando la siesta... sobre la vaga sinfonía de toda una orquesta vital construyese todo un mundo. Los párpados se cierran al peso de una congestión de vida elemental y óyese uno a sí mismo. Oye el vaivén rimado de la propia respiración y el debilísimo susurro de ésta, y oye a la vez el del roce de la oreja con la almohada. Y también el de la circulación de la propia sangre en esa oreja calentada. Es como el susurro de un mar lejano, muy lejano, y es, sin embargo, el ruido más próximo, el de aquel primer término, que por tan primero apenas se ve; algo así como el umbral de un cuadro. Por el reposo de la alcoba, sumida en soporosa penumbra, revolotea, dando vueltas y más vueltas, un moscón, y su mosconeo se casa a esos susurros del respiro y de la circulación y del roce con la almohada, y de ellos, sinfónicamente, se destaca. El moscón se detiene a ratos, para comenzar de nuevo, y hay veces en que se le siente pasar al ras de la sien adormilada. Es el suyo un ruido circular y como agorero, que crece y decrece ordenadamente. Y vagamente se sueña en los mundos que ruedan en torno a sus soles y en la armonía astronómica y en la música de las esferas celestiales.

Entretanto suenan más allá, en la calle, los acompasados pasos de los transeúntes. Nacen de pronto a lo lejos; vanse acercando; diríase un momento que el desconocido va a subir y a sorprendernos; pero los pasos se alejan y su rumor decrece hasta perderse. ¿Quién será? ¿Quién no será? ¿Es la Historia algo más que pasos que en el futuro nacen y van a perderse en el pasado?... y en el reposo de la siesta, sobre el susurro costante del propio respiro y la propia respiración y sobre el mosconeo del moscón preso en la alcoba penumbrosa, se descubre la ilusión como tal. De pronto brota a lo lejos, del ámbito sereno y sonoro, un solemne campaneo, y éste sí que es la Historia, o mejor que la Historia, la leyenda... Y en esto, cortan la orquestal sinfonía los toques claros y secos, recortados, del reló de la ciudad, que da la hora. Y uno, medio adormilado, las cuenta. «Una... dos... tres... cuatro. Va a dar hora entera: ¡una!, ¡dos!, ¡tres!; ¡las tres!» Y se aprieta uno a la almohada. Por debajo del legendario campaneo y del mosconeo, uno cuenta y siente la punzada de la vida civil... De vez en cuando llega, sobrenadando en esa sinfonía, el grito fresco y verde de algún chiquillo o piar de un pájaro, quién sabe si enjaulado, a quienes se les escapa la vida... A la vez los acordes del piano. Esto es como si llegasen de la lejanía del último horizonte, confinante con el cielo, pero con un cielo puramente sonoro e invisible, con la serenidad de un silencio azul que vela y encubre el infinito. Porque a todo esto se oye el silencio también. Y se oye de rato en rato, en sí mismo, el tragarse la saliva. Y a todo esto no se piensa en nada ni se discurre, pero se crea todo un mundo armónico y sonoro. Es como si uno se diluyera y dilatara enormemente, hasta abarcar dentro de sí la inmensidad sonora, y en las propias entrañas zumba el moscón y discurren los transeúntes y resuenan las campanas y toca el reló de la ciudad, y chillan los niños, y pían los pájaros, y trae el piano intimaciones del horizonte infinito. Y nada de esto pasa. El río del tiempo temblotea, sí, pero no fluye, y en él se espejan y retratan, temblotenado y retorciéndose, los árboles de sus márgenes...
Y uno entonces no quiere dormirse ni quiere despertarse: no quiere nada... Se sueña acaso que se está despierto y se vela que se sueña. De todos modos, se es. Se es y propiamente no se existe...

Aquella misma noche empezaron a llegar las primeras noticias de la rebelión militar; pero los teletipos oficiales le quitaban importancia a la cosa. No obstante, se reunieron en el Gobierno Civil en la calle del Prior, junto a los gobernadores civil y militar, el alcalde de la ciudad, profesor Casto Prieto Carrasco, catedrático de la Facultad de Medicina y diputado de Izquierda Republicana, y José Andrés Manso, presidente de la Federación Obrera, Casa del Pueblo, antiguo profesor de la Escuela Normal de Maestros, que se había hecho después abogado y que era diputado socialista, defensor de los jornaleros del campo salmantino y de los mineros de Asturias, en la huelga del 34. Estuvieron toda la noche del 18 de julio deliberando sobre lo que convendría hacer, ante las noticias que llegaban del levantamiento militar de Marruecos, para finalmente decidir no hacer nada en vista de la tranquilidad de la ciudad y de la confesada fidelidad al Gobierno de la República de ambas autoridades civil y militar.

Pero alguien no se lo tomó a broma. Cuando aquella noche, los rumores de la sublevación militar fueron más insistentes, un hombre viejo, el coronel retirado José Serbiá, llegó a la Plaza Mayor para ofrecer sus servicios en defensa de la República. Pero nadie le hizo caso y las horas nocturnas pasaron sobre su soledad de héroe, sobre su generosidad de demócrata, sobre el inútil patetismo de su gesto. Solitario, encendido, disciplinado, con su imaginación caliente por los viejos recuerdos castrenses y las palabras de mando preparadas en la boca, como en los pasados tiempos de su juventud, aquel coronel esperó el momento de dar una orden, exigir una obediencia y luchar por un ideal, en cuanto se lo dijeran, no antes, ni después, en el momento justo en que las autoridades militares, sus superiores, fieles a la República, se lo pidieran o cuando el pueblo necesitara de sus conocimientos profesionales o de su probado valor para el combate. Las estrellas rodaron sobre su cabeza en una noche interminable y siguió esperando, cuando ya nadie esperaba. Improvisó estrategias y arengas, evocó rostros y situaciones, paisajes y gritos y supo del placer de la propia confianza, del gusto de la libertad asumida como una necesidad. Pero nadie se acordó de él. La Plaza fue perdiendo el calor de julio y la noche creció como una amenaza hasta extinguirse, mientras aquel viejo militar aguantó, con inmovilidad de estatua, la decepcionante soledad del abandono. No nació el episodio nacional que se quería y, cuando la claridad, naciente por detrás del Pabellón Real de la Plaza, empezó a iluminar aquel vasto espacio cuadrangular y ciudadano, el decorado de aquel hermoso gesto de afirmación individual estaba vacío y preparado para la primera sangre fratricida que correría en la ciudad.

Mientras tanto aquel otro hombre viejo había estado repitiendo el ritual del sueño, como lo había descrito en 1922: «Levanta uno la manta encimera, mira el lecho de la cama —cauce de un remanso— y siente por todo el cuerpo correrle el dulce presentimiento del reposo... Se mete uno en la cama entre las sábanas, se retuerce en un escalofrío y se acurruca, se apelotona, se pone en la postura que el feto tiene en el claustro materno. Y así se prepara a la llegada de la inconciencia, esto es: de la inocencia, de la vuelta al limbo. Porque la cama es la añoranza del limbo, del claustro maternal. No una yacija cualquiera, no, sino la cama con sus mantas, con sus sábanas, con el calorcito maternal con que nos envuelve... Pero si no se filosofa en la cama, al acabar de acostarse, acurrucadito en postura de feto, esperando al sueño, ¿cuándo se va a filosofar? Y uno se echa a la derecha, sobre el hígado, y otro a la izquierda, sobre el corazón, y otro de espaldas, cara al techo. Y hay quien sueña que está despierto... Y hasta hay quien se mantiene insomne —y aterrado—, espiando el momento preciso en que se le anegue la conciencia... Es muy frecuente soñarse muerto. ¿Y no te ha sucedido, lector, soñar que ibas remontando la vida, de hoy a ayer, hacia el pasado, volviendo a vivirla del revés, las aguas del río hacia el manantial, y otra vez niño y por fin desnacer?»

La madrugada del 18 de julio, el gobernador civil, Miguel Cepas López, de Izquierda Republicana, le dijo a los periodistas: «En la provincia reina una absoluta tranquilidad. Sólo existe una huelga en Santiago de la Puebla y me ocupo en estos momentos de resolverla.» En la ciudad hay algunos encuentros entre jóvenes del Frente Popular y algunos sospechosos. El mismo día 18, el Regimiento de Caballería de Calatrava para recibir órdenes envió dos enlaces a Valladolid, que volvieron al anochecer con noticias de la sublevación de Marruecos, ante lo cual Manuel Palenzuela, coronel del Regimiento de Infantería de la Victoria, y Enrique Salazar, teniente coronel, que mandaba interinamente el Regimiento de Calatrava, pidieron al general Manuel García Alvarez, comandante militar de la plaza, que declarara el estado de guerra; pero éste esperó las órdenes de Valladolid, que, al no llegar, tuvo que ir a solicitarlas desde el Servicio de Telégrafos de la ciudad. El general Saliquet le ordenó sublevarse.

A las pocas horas de terminada la reunión en el Gobierno Civil entre todas las autoridades salmantinas, los militares se echaron a la calle, salieron de sus cuarteles, situados al norte de la ciudad y proclamaron el estado de guerra en Salamanca, el domingo, día 19, por la mañana. Hacia las once, una compañía del Regimiento de la Victoria, mandada por el capitán José Barros Manzanares, salió del cuartel, atravesó sin resistencia la ciudad y llegó a la Plaza Mayor. Inmediatamente se dio a conocer el bando militar que prohibía las reuniones, las huelgas y la tenencia de armas, quedando toda la vida ciudadana bajo la jurisdicción militar. Otra compañía del mismo Regimiento, mandada por el capitán Marcelino Velasco, se dirigió al Gobierno Civil, cruzando la Plaza Mayor, que, estaba concurrida a aquellas horas dominicales de gentes entre curiosas y sorprendidas de aquella invasión militar que se posesionó de la Plaza, instalando allí sus ametralladoras.

Los periódicos de los días anteriores nada dejaban traslucir. Las primeras páginas estaban ocupadas por las noticias de la huelga de la construcción en Madrid y la ocupación de fincas en la provincia por el Instituto de la Reforma Agraria, con asistencia del presidente de su Junta Provincial, Domínguez Guilarte, con las habituales manchas blancas del «Visado por la Censura», que tanto irritaba a aquel hombre viejo, que encontraba en esta norma nuevas razones para criticar ásperamente la gestión republicana. Unicamente el día 10, se recogieron algunos rumores de detenciones de altos jefes militares y pasó desapercibido, por ser una noticia rutinaria, que el general Ferrer Miguel, de la Brigada de Caballería, con sus ayudantes, estuvo en Salamanca para revistar el Regimiento de Calatrava, de este arma, de guarnición en la ciudad, el mismo día que se supo el asesinato de Calvo Sotelo, el día 14. Después se conoció la suspensión de las Cortes por una semana y la prórroga del estado de alarma por treinta días más, que pareció normal después de los últimos acontecimientos.

Los comentarios habían invadido Salamanca el día 19, por la mañana, y la Plaza Mayor, a la que aquel hombre viejo había llamado «el corazón, henchido de sol y aire, de la ciudad» y también «vasto espacio monumental» y también «escuela de holgazanería y murmuración», se había llenado de rumores. Era domingo y el frescor feliz, a la sombra mañanera del Pabellón de San Fernando, permitía la exaltación dialéctica de los temores y de las esperanzas. El vaivén de las noticias contradictorias había obligado a rehacer los proyectos provincianos de aquel caluroso domingo estival; a los cuellos blancos y mesocráticos de la República les molestaba el sudor del miedo, que se insinuaba debajo de la camisa dominguera. En la Casa del Pueblo, junto al Arco de la Lapa, los obreros empezaban a inquietarse, midiendo sus posibilidades de resistencia, mientras en la Cárcel Provincial, los falangistas, con su jefe, Francisco Bravo Martínez, encarcelados, empezaban a hacer la cuenta atrás de la liberación.

Los salmantinos holgazaneaban en la Plaza, murmuraban en la Plaza, se enamoraban en la Plaza y hasta se atrevían a sonreír en la Plaza; desde el día 19 de julio, los salmantinos supieron que también se podía morir en la Plaza. Los periódicos de la mañana, aunque indicaban que se habían interrumpido los teletipos con Madrid, mantenían todavía la esperanza de una paz conflictiva; pero cuando las dos compañías de Infantería confluyeron en la Plaza supieron todos que la paz había desaparecido. Los piquetes de soldados instalaron sus ametralladoras, entre la sorpresa y la consternación, entre el júbilo de algunos y la rabia de los otros. Aquellos pacíficos salmantinos, en aquella mañana luminosa, sintieron la necesidad perentoria de correr y de gritar. Se oyó una descarga de fusilería, que yuguló expeditivamente unos vítores apresurados, y cinco muertos, según la Cruz Roja, quedaron para siempre tendidos en el suelo de la memoria histórica de la Plaza Mayor de Salamanca. Otros soldados atravesaron en diagonal el «vasto espacio monumental», camino de la calle del Prior, donde estaba el Gobierno Civil. Súbitamente, todo se quedó vacío y en silencio. Los muertos se torraron al sol, hasta que la Cruz Roja los recogió. Por la calle de Zamora abajo, unos soldados a caballo llevaban esposado a un hombre a pie y en alpargatas. La memoria visual de los salmantinos se empezó a llenar de sangre.

El día 21, «La Gaceta Regional», uno de los periódicos de la ciudad, contó así los hechos: «A las once de la mañana del día 19, varios piquetes de los Regimientos que guarnecen Salamanca declararon el estado de guerra... Desde ese momento se hizo cargo del Gobierno Civil, el teniente coronel, Santa Pau Ballester, y de la Alcaldía el comandante Del Valle. Se incautó la emisora de radio.» Sobre lo ocurrido en la Plaza, daba la siguiente versión: «Al irse a hacer cargo del Gobierno Militar, cuando pasaba por la Plaza el piquete del Ejército, al que se le había encomendado este servicio, sonó un grito de "¡Viva la República!", que fue unánimemente contestado. Pero a continuación de él sonó otro grito de "Viva la revolución social" e inmediatamente sonó un disparo, que fue a herir a un cabo. El piquete hizo una descarga y a consecuencia de la misma hubo varias víctimas.» En Salamanca, se empezaba a morir por unas palabras, habituales en el lenguaje cotidiano y periodístico de hacía sólo una semana. En medio del horror, que se había instalado ya en la ciudad, el periódico daba la noticia de que un niño de once años se había herido casualmente y a otro niño de trece años, Santiago Mayor, le había mordido un perrito. Para entonces, ya había tenido lugar el primer «paseo» de Salamanca y el lenguaje público empezaba a ocultar la realidad.

El general Andrés Saliquet había declarado en la Capitanía General de Valladolid el estado de guerra en toda la región militar. La Comandancia Militar de Salamanca hizo pública una nota, que apareció en los periódicos el día 21, que terminaba con estas palabras: «Salmantinos, españoles, todos (sic). Viva España. Viva la República.» En el barrio de los Pizarrales, al noroeste de la ciudad, que era el barrio de los pobres, se oyeron tiroteos durante varios días, lo mismo que por los barrios del río. Los falangistas Francisco Bravo y Manuel Ramírez formaron una compañía con las gentes de su partido, mientras Cayetano Muñoz, Antonio Tavera, Laureano Sánchez Fraile y Salvador Avial formaron otra con los jóvenes de Acción Popular, de Gil Robles. Los obreros propagaron la consigna de la huelga general, en una ciudad ya militarizada y con las reuniones y manifestaciones prohibidas. Múltiples guerras privadas estallaron al grito unánime de «¡Viva la República!» Los falangistas se encargaron, desde el principio, del trabajo sucio en la capital y en los pueblos.

Parece que aquel hombre viejo se enteró del bando militar en el Casino de la calle de Zamora y lo acogió con cierta satisfacción y alivio, pero pálido y con los ojos brillantes, entre la curiosidad de todos los que le acompañaban que esperaron su reacción, conociendo sus ideas y su insistente antimilitarismo. Según algunos testigos salió a la calle y gritó: «¡Viva España, soldados! ¡Y ahora, por el faraón del Pardo!» Como siempre su expresión ideológica se mezclaba a sus rencores personales. Después en la calle de Toro se encontró a su discípulo y amigo Salvador Vila Hernández, con el que se detuvo a comentar los acontecimientos.

El periodista Gabriel Hernández recordaría aquellos momentos iniciales de la rebelión militar el día 19 en Salamanca: «La plaza ha quedado desierta y así trascurre la tarde. Por la noche ni un alma. El vecindario, encerrado en sus casas, está atemorizado. Se escuchan tiroteos y descargas que no cesan. Las gentes, a la mañana siguiente, temen encontrarse con víctimas en las calles. Un buen número de casas y edificios acusan impactos, pero ni una sola víctima. Fue la noche dramática del terror.» Alarde de fuerza, persecución de fantasmas o tiroteos de intimidación, aquellas fusiladas eran una advertencia, una confirmación, también un rito y la imposición de una ley. Pero lo que no sabía el periodista era que, por la tarde del 19, habían liberado a los falangistas de la Cárcel Provincial, con su jefe, Francisco Bravo Martínez, a la cabeza, ni que de madrugada habían empezado las detenciones de los frentepopulistas más conocidos, entre ellos el alcalde de la ciudad y varios concejales. Para entonces, ya se había declarado en todo el país el estado de guerra y la ciudad se había convertido en un cuartel, con las patrullas vigilantes en cada esquina, en cumplimiento de la disciplina castrense. La República había iniciado su agonía, aunque todavía nadie lo supiera y menos que nadie aquel hombre viejo de la calle de Bordadores, que seguía comportándose como si allí no pasara nada, entre balas perdidas y conciencias fratricidas.

A media mañana del día 19, aquel hombre viejo, sin temor alguno, con la tranquilidad suficiente para colocar el pie sobre el bordillo de la acera, en el arranque de la calle de Toro, a pocos metros de la Plaza Mayor sometida, conversaba con su querido discípulo, el profesor Salvador Vila Hernández, rector de la Universidad de Granada, que había ido a Salamanca a pasar sus vacaciones de verano y a saludar a su maestro. Las calles se iban quedando desiertas, dominadas por las ametralladoras instaladas en los lugares estratégicos de la ciudad, Puerta de Zamora, junto a San Marcos, Paseo de Canalejas, frente al Parque de la Alamedilla, Puerta de San Pablo, sobre el Puente Nuevo, etc. Al día siguiente, día 20, las nuevas autoridades militares, dueñas de la ciudad, ordenaron la concentración de los hombres salmantinos en los cuarteles de Infantería, calle de Federico Anaya arriba, en el Barrio Garrido. Los primeros sospechosos fueron hechos prisioneros allí mismo y muchos no llegarían ni al lugar de la cita, detenidos camino del cuartel. Aquel mismo día, le dieron el «paseo» a un joven viajante de comercio, que vivía cerca de aquel hombre viejo, en el Campo de San Francisco, que se veía desde el balcón de su casa y al que, en los tiempos felices de sus guerras interiores, había dedicado un poema:

> *Cubren cipreses a las áureas torres,*
> *cielo divino,*
> *y canta en mayo su prieta verdura*
> *fruto de trinos...*
> *soñando en la mar el agua canta*
> *reló de siglos...*
> *Qué montón de momentos, puro monte*
> *mítico, místico,*
> *montar, escalando de Dios el peldaño,*
> *fuente de ríos,*
> *recuerdos enterrados, vida mía*
> *tras tierno olvido...*
> *y el dolor sin orillas se hace lago*
> *claro, tranquilo,*
> *en dulce paz de descanso soñado*
> *azul cobijo,*
> *mi humilde, pobre hermano, Santo Campo*
> *de San Francisco.*

Lo que aquel viejo no había previsto es que el pobre, humilde, provinciano y recóndito Campo de San Francisco, donde él decía «que estaba en el centro del Universo», sería escenario, decorado impropio, de la muerte violenta de un hombre joven, arrebatado a la vida por la mortal inercia de las ideas. Pero aquel hombre viejo no lo supo todavía, porque se lo ocultaron, como a todos, porque probablemente no quiso saberlo, fijo en la idea de la normalidad ciudadana. El día 20, se sentó en los vacíos veladores del Café Novelty, en la Plaza Mayor, para convencer a sus conciudadanos de que allí no pasaba nada, que todo aquello era una simple operación de limpieza, para la seguridad de la República, como le había dicho Francisco de Cossío, el director de «El Norte de Castilla», en carta del día

8 del pasado mes de junio, en la que le contaba que en una entrevista oficial el Director General de Bellas Artes le había acusado «de ser enemigo de la República», «lo que se necesita es barrer, limpiar y fregar, ¿quién piensa en construir?».

Muchos de sus amigos habían cambiado de domicilio, se habían escondido, habían huido de la ciudad, o estaban detenidos en la Prisión Provincial a las afueras de Salamanca; pero aquel hombre viejo se sentó en un velador del Café más conocido y esperó una normalidad que no llegaba. Desde lejos, su cabeza blanca era el punto de sorpresa de la indignación y de la perplejidad, de la admiración y del desprecio. Estaba solo, entre los veladores vacíos; sus posibles amigos libres no se acercaban, sus enemigos, tampoco, y los militares lo vigilaban discretamente, como un inesperado regalo para sus planes de sedición y holocausto. Desafiante y soberbio, había plantado su yo, igual que otras muchas veces, como «un ornitorrinco», según la expresión de Ortega y Gasset, en medio de una tertulia de café, compuesta, en esta ocasión, de ausencias. Al revés que para Sartre, la mirada de los otros era para él el paraíso, necesitado de los demás para sentirse el ser por dentro. La Plaza Mayor era el centro de la ciudad, ya dominada por la guerra, y su cabeza blanca, con blancura de símbolo, era el centro de la Plaza. Pero, más que un ejemplo de serenidad, era un ejemplo de individualidad señera. Sin embargo, nadie le siguió; permaneció solo, en aquel gesto prolongado de desafío frente a la historia; se fue cociendo en su soledad de marginado; nadie le hizo caso. Su silencio de estatua, en la mediterránea terraza de un café provinciano, no encontró ningún eco. Su fiereza se fue haciendo terquedad y el abandono en que lo dejaron no consiguió abrirle los ojos.

En la ciudad aterrada, hacía más calor que el que soportaba aquel viejo en la solanera del acerón del «Novelty». Su exhibicionismo de niño preterido le mantuvo clavado en la silla del café, efímero trono, mantenido por sus antiguas reivindicaciones infantiles, nunca saciadas del todo. Quiso poner un poco de racionalidad, de su propia racionalidad naturalmente, en aquel caos. Aquel patriarca de pelo blanco, perfil de pájaro y soledad de viudo, se entregaba a la ilusión de la normalidad, mientras las consignas de los militares rebeldes cruzaban a sus espaldas, como mensajeros de muerte. Pero su proyecto de profesor infalible resultó inútil. La realidad no se doblegó a sus deseos; el ombligo del mundo no era él y la historia no se hacía a sus expensas. Contra sus intenciones históricas, lo único que estaba fabricando era una anécdota. La realidad se resistía a su intemperancia; porque la realidad en aquellos momentos, estaba más cerca de sus amigos encarcelados que de su imposición de la normalidad por real gana. Y, sin embargo, de buena voluntad, por aquel su famoso «querer» quijotesco, intentaba ayudar a todos con su gesto pacificador de ciudadano ocioso que se sienta en el velador de un café a ver crecer la nada, bajo el julio africano de los cuarenta grados a la sombra.

Todo parecía normal. El pasado día 18, el general Franco, en Tenerife, había terminado su proclama decimonónica de la rebelión militar con las democráticas consignas de la revolución tutelar, desgastadas, eso sí, por el uso y en un orden ligeramente alterado: «Fraternidad, libertad e igualdad». El mismo día, el general Queipo de Llano, viejo conspirador contra la Monarquía, cerraba el bando de la declaración del estado de guerra, en Sevilla, justificando su desobediencia al Gobierno con estas palabras: «En bien de la Patria y de la República.» El día 19, en Zaragoza, el general de la División Orgánica, Miguel Cabanellas Ferrer, «de trayectoria republicana y liberal», concluía su bando del estado de guerra, proclamando «su amor a España y a la República». El general Orgaz dirigió, el día 20 de julio, una proclama al pueblo de Gran Canaria, que terminaba vitoreando a la República, y el bando de guerra, preparado en Madrid, concluía igualmente con un viva al régimen republicano. En Salamanca, el comandante Militar, Manuel García Alvarez, el día 19 había terminado su proclama con un «Viva la República». Y el día 24 de julio con muertos ya por las carreteras y las cárceles a tope, la edición de Sevilla del «ABC», en su página 5, publicaba una nueva proclama del general Franco, en la que advertía contra «los que creen defender de ataques a la República y sirven a los antiguos gobernantes», porque el levantamiento militar era «un movimiento nacional, español republicano». Aquel hombre viejo, que creía, vivía y agonizaba en las palabras, se lo creyó, porque las palabras creaban su realidad. Todo parecía responder a la estructura y hasta al estilo verbal de un pronunciamiento militar al modo del siglo XIX, que tan bien conocía aquel viejo profesor, nacido en 1864, que estaba sentado en el «Novelty», mientras los hechos no hacían más que negar las evidencias verbales. Los fusilamientos sumarísimos de algunos altos jefes militares no hacían más que aumentar la similitud y repetir los esquemas de las revoluciones burguesas del pasado. Pero aquello, aunque él no lo supiera, era otra cosa.

Los representantes de los partidos frentepopulistas y de los sindicatos obreros le habían pedido al alcalde republicano, profesor Prieto Carrasco, armas para luchar contra los sublevados; pero él se negó a utilizar la violencia, confiado en las promesas de la autoridad militar, recibidas la noche del 18 de julio, tranquilizado por las noticias oficiales de Madrid, que restaban importancia a los sucesos de Marruecos, y fiel a su código moral de demócrata convencido. Cuando la proclamación de la República, como presidente del Comité Republicano-Socialista, había ocupado provisionalmente el cargo de gobernador civil, antes de ser elegido alcalde, y su primer acto, como autoridad representativa del Estado en la provincia, fue ofrecer una comida de despedida al gobernador civil monárquico, al que sustituía, con el agravante de que, como después contaría un testigo de los hechos, esta comida fue dada «a su costa como si se tratase de dos correligionarios que se turnaban». Este hombre, catedrático de la Facultad de Medicina, se negó a las demandas de los obreros y prefirió el rearme moral a la lucha armada. No sabía con quién se jugaba los cuartos. Aquella multitud que le había aplaudido, cuando desde el balcón del Ayuntamiento, en compañía de aquel hombre viejo, su amigo, había proclamado la República, fue diezmada por el miedo, por los piquetes de detención y por la traición. Pocos días después, su cadáver sería encontrado por un lechero en la cuneta de la carretera de Valladolid.

Los primeros síntomas de la reacción de los obreros se dieron en la estación de ferrocarril, donde los ferroviarios intentaron llevar a Madrid todas las locomotoras disponibles, para ayudar al Gobierno; pero el jefe de estación se opuso y se frustró otro episodio heroico, con aquellas locomotras atravesando las llanuras castellanas, para ganar una libertad imposible. Entonces, junto a otros sectores de la producción, fueron a la huelga, que duraría dos semanas, hasta que fueron militarizados. La ciudad, donde por la noche seguían sonando tiros, fue peinada, una y otra vez, por el Ejército, apoyado por la Guardia Civil. La gente tenía miedo. Un heladero valenciano, José Ibáñez, de la CNT, al que la guerra cogió en Salamanca ejerciendo su oficio ambulante, corrió a alistarse en el Cuartel de Infantería: pero, cuando llegó, el cuartel rebosaba de voluntarios y no había sitio para él; entonces, se fue al cuartel de Caballería, junto a la salida de la carretera de Zamora, por donde solía pasear todas las tardes aquel hombre viejo, y allí por fin lo admitieron, le dieron un «detente» del Corazón de Jesús y lo incorporaron a los servicios cuarteleros, que incluían llevarles la comida a los militares que estaban prisioneros por haberse negado a secundar el levantamiento militar del día 19. A los pocos días, amparado en varias medallas piadosas que se agenció y en un improvisado y verosímil uniforme de soldado, desertó y se pasó a la zona republicana.

El día 21 de julio reapareció «La Gaceta Regional» —el otro periódico de Salamanca, «El Adelanto», tardaría algunos días en volver a publicarse por problemas laborales— y en los titulares de la primera página, no sólo se había instalado ya la guerra, sino que el lenguaje de la comunicación periodística se había transformado totalmente; nuevas palabras y nuevos cuerpos de letra testimoniaban que un cambio se había operado en las bases de la información. Las noticias reales fueron sustituidas por las noticias deseables y un vocabulario inédito entró de lleno en los voraces incendios tipográficos de las primeras páginas. «Patriótico levantamiento de fuerzas militares en toda España», «Primo de Rivera, libertado, se suma al movimiento con nutridos grupos a sus órdenes». Desaparecen los anuncios de los preservativos y aparecen los de los horarios de las misas. Empiezan los elogios a la Alemania nazi. El lenguaje cada día se aleja más de la realidad; con las cárceles repletas y el continuo chorreo de las detenciones, el periódico anuncia que «en nuestra capital la tranquilidad fue completa, intensificándose el desarme por medio de registros y cacheos», y las primeras amenazas, contra la huelga: «Los obreros que no se presenten al trabajo quedan despedidos y los patronos en libertad para admitir nuevo personal.»

Aquel hombre viejo volvió el día 21 a sentarse en el «Novelty», para repetir la norma de la costumbre, fiel a la terquedad de su pasado y convencido de que con su proceder salvaba a la República. En el único periódico local que pudo leer aquella mañana se anunciaba la «militarización del personal de "La Electra"», la empresa que proporcionaba electricidad a toda la ciudad y que, por lo visto, oponía resistencia a conformarse con la nueva situación; también se enteró que había una Comisión Gestora de la Diputación, presidida por el teniente coronel Ramón Cibrán Finot. Y, con disgusto, comprobó que su temerario ejemplo de normalidad tenía imitadores y que los parroquianos volvían a sentarse en el «Novelty», con el mismo gesto decidido con que él se había sentado el día anterior; pero no eran sus amigos, sus conocidos, los fieles republicanos de la tertulia posmeridiana. Incluso les sacaban fotografías, para publicar en los periódicos, bajo la consigna de la normalidad, siguiendo los pasos de aquel hombre viejo, que se adelantaba, una vez más, a los deseos de los rebeldes. Pero no se dio cuenta de lo que aquello significaba, envuelto en sus rencores, obsesionado por sus palabras, impermeable a las evidencias de los hechos y de las nuevas imágenes que le iban rodeando.

Por eso cuando le fueron a pedir que formara parte del Ayuntamiento, que sustituiría al Ayuntamiento de la Republica, aceptó, sin dudarlo, encendido todavía por su indignación antigubernamental, con el mismo gesto de cascarrabias, que Ramón Gómez de la Serna le había detectado durante el año 1936. Se daba cuenta de que la imagen verbal de los periódicos iba transformándose. Los sustantivos absolutos se enseñoreaban de los titulares diarios. El día 23 leyó que «el patriótico movimiento militar tiene carácter nacional» y también: «No queda ni un punto en la península...», «... en medio de un enorme entusiasmo», «la hora del triunfo definitivo se aproxima». ¿Cómo no iba a ser patriótico un movimiento que era nacional, o cómo no iba a ser nacional un movimiento que era patriótico?, ¿qué era un punto en la península?; entusiasmo significa etimológicamente «llenarse de Dios», ¿cómo puede ser enorme la llenazón de Dios?, ¿cómo se puede hablar de triunfo definitivo, pues si no es definitivo no es triunfo y si es triunfo es necesariamente definitivo? Le hubiera gustado escribir sobre todo esto, como tantas veces lo había hecho, en sus colaboraciones de «Ahora»; pero ya no tenía esa posibilidad; sus comentarios entre filológicos, sermoneadores e irónicos tendrían que esperar y, mientras tanto, se le pudrían en el estómago las ganas de escribir para el público.

El mismo día 23, hacia las seis de la tarde llegó un grupo de falangistas de Valladolid, que fueron aclamados en la Plaza Mayor con su bandera fascista que terminó ondeando en el balcón del Ayuntamiento. Venían exaltados y frenéticos, con los ojos febriles y los pulmones proclives al grito, incendiados por el verbo de Onésimo Redondo, que luchaba en la Sierra de Segovia. Venían enloquecidos y vengadores y pidieron los nombres de los frentepopulistas encarcelados, con sus cargos y responsabilidades. Ese día se constituyó en Burgos la Junta de Defensa Nacional, presidida por el general Cabanellas y formada por los generales Saliquet, Ponte, Mola y Dávila y los coroneles Montaner y Moreno, que al día siguiente emitió su primera proclama, mientras aquel hombre viejo de Salamanca pensaba en la defensa de la cultura occidental cristiana. El día 24 de julio empezaron a funcionar los tribunales militares, mediante consejos de guerra sumarísimos. El general Mola había sido muy explícito en sus instrucciones a los conjurados: «Se tendrá en cuenta que la acción ha de ser en extremo violenta para reducir lo antes posible al enemigo que es fuerte y bien organizado. Desde luego, serán encarcelados todos los directivos de los partidos políticos, sociedades o sindicatos no afectos al movimiento, aplicándoseles castigos ejemplares a dichos individuos para estrangular los movimientos de rebeldía o huelgas.»

Precisamente, para evitar las huelgas se habían militarizado los empleados municipales del Servicio de Aguas, el día 23 y el día 24 se militarizó al personal de la Beneficencia Municipal. Todos los servicios del Ayuntamiento estaban bajo el control del nuevo alcalde, el comandante Del Valle. La cosa empezó el mismo día 19 de la sublevación, en que por orden del general comandante militar, Manuel García Alvarez, de la 14 Brigada de Infantería y Comandancia número 3.736, se hizo cargo del Ayuntamiento Francisco del Valle Marín, comandante del Centro de Movilización y Reserva número 14, a las cinco de la tarde, a las seis horas de haberse iniciado el levantamiento militar en Salamanca. Los componentes de izquierdas de la anterior Corporación Municipal fueron encarcelados; Prieto Carrasco, catedrático, Manuel de Alba, ferroviario, Casimiro Paredes Mier, obrero, Primitivo Santa Cecilia, tipógrafo y Julio Sánchez Salcedo, médico; pero los componentes de derechas siguieron en el nuevo Ayuntamiento, a las órdenes del comandante Del Valle: Tavera, Viñuela, Pérez Criado, Buxaderas, Pérez Moneo. El día 25 se constituyó el primer Ayuntamiento de la rebelión militar, formado por representantes de la banca, del comercio, de la industria, de los profesionales de derechas y algunos tibios republicanos. Aquellos concejales se llamaban Miguel Iscar Peyra, que había sido alcalde con la monarquía, José María Viñuela, Vicente Pérez Moneo, Guzmán Buxaderas Gombau, Angel Domínguez Sánchez, Alejandro Tavera Domínguez, Angel Vázquez de Parga, Jesús Cañizal Alonso, Manuel Pérez Criado, José Montalbo Andrés, Matías Blanco Cobaleda, Julián Coca Gascón, Fernando García Sánchez, Andrés Rubio Polo, Fructuoso Victoriano Pedraz, Manuel Gil Remírez, Julio Ibáñez Vicente, Angel Nuño Sánchez, José Herrera, Rafael Cuesta Bermúdez de Castro, J. L. de Bayo Arana, Crecencio Fuentes Príncipe y Miguel de Unamuno y Jugo.

Al día siguiente, «La Gaceta» publicó la foto de la constitución del nuevo Ayuntamiento, en la que aquel hombre viejo está mirando al suelo, con las piernas displicentemente cruzadas, apoyado en una mesa, con su cabeza blanca sobresaliendo como una llamarada del resto de los concejales, que miran a la cámara, entre felices y presuntuosos, firmes sobre los dos pies, satisfechos y desafiantes, trascendentales y ejecutivos, en fuerte contraste con el abatimiento y la preocupación de aquel hombre viejo, que se despegaba del conjunto por la delgadez de su cuerpo y la juvenil arrogancia de su vejez. ¿Por qué estaba allí? Porque, a pesar de todo, Salamanca seguía siendo republicana y porque había venido, desde hacía ya años, reclamando una rectificación de la República que la rebelión militar parecía garantizar. No era el primer desacato frente al Gobierno de Madrid, pues, como diría unas semanas más tarde, él no había cambiado, era «el gobierno el que había tomado el camino equivocado». Y, como era el hombre de más prestigio y de más edad, habló, pero no en nombre de todos, sino en el suyo propio.

Era el mismo lugar, donde poco más de cinco años antes, había proclamado la República, donde le habían recibido a su vuelta del destierro; era la recámara de las arengas, la reserva de las esdrújulas edílicas, la antesala de los tópicos. Aquel hombre recogió su propia tradición de hombre público, de sermoneador laico y de catedrático discursivo y volvió a usar la palabra para impartir doctrina, justificar sus pasiones y tratar de racionalizar unos hechos que se resistían a darle la razón. Pero, ¿quién le podía escuchar?, ¿quién podía participar de sus razonamientos dialécticos, con las cárceles repletas, el paisaje desangrándose y las conciencias anquilosadas por el terror y la furia?, ¿qué República estaba defendiendo, con aquel fervor democrático de profeta bíblico?, ¿qué civilización occidental trataba de salvar, qué cristianismo proponía a las conciencias cainitas de sus conciudadanos?, ¿qué paz esperaba conseguir con su luisiano gesto de apaciguamiento, mientras atacaba a los gobernantes, como licenciados de presidio? Probablemente, aquel recinto impedía la libertad y él no lo sabía, porque una tradición de elocuencia política le ocultaba la inutilidad de sus esfuerzos de buena fe. Hizo lo que creía que debía hacer.

Habló, bajo el calor de julio y con los primeros muertos ya en la conciencia de todos, con la bandera republicana todavía vigente y el estado de guerra decidido en todo el país, con todos los ojos puestos en sus palabras, con su pasado de luchador de la libertad —¿qué libertad?— y su verbo apasionado, cultivado académicamente, con dejos de tribuna parlamentaria, en las buenas tradiciones del XIX, en el salón de los líderes, con el respeto de los maestros, con la voz de los iluminados, con el brazo gesticulante de la verdad poseída, y la convicción implícita de su inteligencia en la venerable ancianidad de su cabeza blanca, que teñía de antemano de autoridad cualquier afirmación, cualquier adjetivo, por mostrenco que fuera, con la incontrovertible seguridad de su fama universal, orgullo ciudadano, mito doméstico, mantenido por la crítica y la admiración diarias, exaltado por las frustraciones colectivas, azuzado por los odios de campanario y aureolado por la heterodoxia de las sucesivas condenas eclesiásticas, próximo al demonio de los catecismos parvulares, atractivo en la alteridad misteriosa de su profesorado de griego, modelo inalcanzable para las imaginaciones mercenarias, y dijo, proveyendo de nuevas palabras a las necesidades sentimentales de los otros, que compartían con él el salón municipal, el tiempo de julio, el nombramiento de concejal y la incipiente experiencia de una guerra civil, una vez más inesperado, sorprendente, paradójico y contradictorio, inerte en su ser, una vez más salido de madre, eruptivo y tormentoso, dijo:

Estoy aquí porque me considero un elemento de continuación, pues

el pueblo me eligió concejal el 12 de abril, y porque el pueblo me trajo, aquí estoy, sirviendo a España por la República.
No se trata hoy de ideologías; no se respetan las ideas, ni se oponen éstas a las otras; es triste, triste es decirlo, un estallido de malas pasiones, del que hay que salvar a la civilización occidental, que está en peligro.
Aquí me tienen, mientras me lo permitan mis otros servicios, hasta mi edad. Lo peor no es tampoco la mala pasión, sino que se pierda la inteligencia, creando una generación de idiotas, pues los chicos de dieciocho años físicos tienen la mentalidad de los de cinco.
Todos los días, al ir a la Casa Rectoral, paso ante la estatua de fray Luis de León, que es la mejor de Salamanca, con su magnífico gesto de la mano tendida, en signo de paz y de calma.
Hay que salvar la civilización occidental, la civilización cristiana, tan amenazada. Bien de manifiesto está mi posición de los últimos tiempos, en que los pueblos están regidos por los peores, como si buscaran los licenciados de presidio para mandar.

Fueron palabras espontáneas, incoherentes y significativas, porque por ellas sabemos las razones de su adhesión al levantamiento militar. La confesión personal se mezcla con la frase política, el gesto individual con la proclama; pero sabemos que creía estar «sirviendo a España por la República», para «salvar a la civilización occidental», porque «no se pierda la inteligencia» y como un «signo de paz y de calma». Republicano, civilizado, intelectual y pacífico, aquel hombre viejo volvía a insistir en su antiguo mensaje, de hacía casi medio siglo, de «paz en la guerra», anclado en sus recuerdos, alérgico a la monarquía, hijo del paradigma luisiano y profesor universitario, formado con la racionalidad del pasado, con los modelos de la cultura recibida, asumida y metabolizada en carne propia. La República, la civilización, la inteligencia y la paz, todo se estaba perdiendo, delante de sus ojos y no lo veía, no lo podía ver, porque su extremo idealismo creaba la realidad que le rodeaba, porque su República no era la que realmente había existido, porque su civilización occidental cristiana no era la que estaban defendiendo los militares sublevados, porque la inteligencia, como comprobaría tres meses más tarde en el propio Paraninfo de su rectorado, estaba de verdad en peligro y no salvaguardada por los rebeldes, y porque la paz era un hipotético deseo de su subconsciente, amueblado por la cultura y tejido por el infierno de sus angustias vitales, un deseo negado insistentemente por la experiencia de unos cuantos días de rebelión, a costa de algunos de sus amigos; la paz era no más que una palabra del sistema de signos de su cielo platónico, sin la más mínima correspondencia con lo que representaban las consignas de los militares sublevados. Pero él era sincero hasta donde sus palabras se lo permitían.

No creía que en la guerra se estuviesen debatiendo ideologías y reducía el enfrentamiento a «un estallido de malas pasiones». Meses más tarde volvería a decir lo mismo, prisionero de sus palabras, alumbradas con el dolor de sus arrebatos, repitiendo también sus críticas a los políticos de la República, como había venido haciendo desde el verano del año 31. Sin embargo, mantenía un respeto por el sistema político y se sentía permanentemente ungido por la voluntad popular, que una vez le había votado, creyendo que, como en los votos religiosos, imprimía carácter. Acumulaba razonamientos para justificar su posición, decidiendo antes de pensar, con los esquemas y los métodos, tan poco metódicos, que le eran habituales. Era coherente con su pasado y su coincidencia con los sublevados estaba fuera de sus previsiones. Ejercía una libertad individual, que le parecía sagrada, y estaba ajeno a las consecuencias de sus palabras, como siempre lo había estado. Todo lo que decía era cierto, desde la perspectiva de su liberalismo agónico, que efectivamente estaba en peligro; pero no sólo por los errores de los gobernantes de la República, sino por la marcha de la historia irreversible. Sus palabras se volvieron a adelantar a las necesidades de expresión de los rebeldes. Su idea de la defensa de la civilización occidental cristiana haría fortuna, porque había introducido, entre tópicos de cuartel y sugerencias de sermonario, una bonita coartada para la carnicería.

Entonces fue cuando se supo que habían matado al profesor Prieto Carrasco, amigo de aquel hombre viejo y alcalde de la ciudad republicana, y a José Andrés Manso, presidente de la Federación Obrera, que muchas veces le había invitado al hombre viejo a hablar en la Casa del Pueblo, del Arco de la Lapa, que él mismo había incorporado a uno de sus poemas autobiográficos:

> *Catedral Vieja, queda lo eterno;*
> *Santo Domingo, reposo inquieto;*
> *Arco de Lapa, fervor obrero;*
> *blanco de aula de mis ensueños.*

Los fusilaron unos falangistas, venidos de Valladolid, en el kilómetro 37 —fue larga la agonía de aquel viaje y los asesinos se fueron lejos, camino de su ciudad— de la carretera general de la capital del Pisuerga, en el término municipal de La Orbada, y sus cadáveres fueron encontrados por un lechero, que dio cuenta a la Guardia Civil, que se lo comunicó al juez, que mandó levantar los cadáveres, que fueron llevados al depósito, donde fueron reconocidos por la familia. Con el cuerpo del profesor Prieto Carrasco, como un signo, estaban sus gafas, muertas con él. Antes de morir, desde la cárcel, había escrito dos cartas tranquilizadoras y líricas a su familia y, presintiendo lo peor, una especie de «diario» de prisionero, en el que, amargamente, reflexionaba sobre la situación y se quejaba duramente de la actitud que había tomado su amigo, aquel hombre viejo, ante la rebelión militar, llamándole entre otras cosas vieja osamenta soez.

Aquellas dos muertes, en la cuneta de la carretera, parecieron la señal y las cunetas de las carreteras de la provincia empezaron a convertirse en improvisados lechos de cadáveres. Poco después, sería fusilado el concejal Casimiro Paredes Mier, obrero, y dos meses después Manuel Alba, concejal y ferroviario, que no quiso ocultarse porque «nada tenía que temer», fue encarcelado el día 20 de julio y murió fusilado en septiembre, en una de las «sacas» de la cárcel. Otro de los muertos amigos de aquel hombre viejo, fue el profesor Salvador Vila Hernández, rector de la Universidad de Granada, querido discípulo suyo cogido en Salamanca, con su mujer y llevado hasta la capital andaluza de su residencia, donde a últimos de agosto lo fusilaron, días después de haber matado a García Lorca. Era un hombre de treinta años, con un ligero defecto de pronunciación, tímido, «sonriente siempre y sencillo y bueno»; cuando se lo llevaron de Salamanca, donde estaba pasando sus vacaciones, le aseguraron a su maestro, aquel viejo solitario del «Novelty», que no debía temer por su vida, porque iba en buenas manos, las de la Guardia Civil.

Los fusilamientos continuaron; el pueblo inerme empezó a caer abatido por la gente armada, militares y falangistas. En los pueblos de la provincia la purga, mediatizada por los odios aldeanos, fue feroz, organizada como una cacería por pequeños burgueses, asustados terratenientes de media canga, frustrados estudiantes universitarios, yunteros desalmados, avaros y rencorosos, jóvenes fascistas recriados en el sopor pueblerino, representantes de la mediocre aristocracia rural, aduladores renteros de latifundistas y señoritos aburridos, como el que patentó el procedimiento del tiro de gracia a los fusilados, con un disparo en cada ojo, a bocajarro de pistola, haciendo saltar la masa encefálica, sanguinolenta sobre el rostro de los muertos. Los falangistas armados, jugaron al chito con sus pistolas sobre los jornaleros respondones, obligados a subirse a los berruecos, dejando sus cuerpos entre los rastrojos de los trigos recién recogidos, junto a los carrascos de los campos de encinas y de bruces en los arroyos secos del verano. El rojo de los campos no fue sólo de amapolas. La locura comunal, de la que hablaba aquel hombre viejo de Salamanca, se extendió por el Campo Charro, por las cumbres serranas de Béjar, sobre la arcilla reseca de los barbechos de Peñaranda y en los arribes del Duero, en uno de cuyos pueblos un hombre estuvo quince días escondido en un colector de aguas fecales, albañal aldeano, buscado por los falangistas para matarlo.

Pero aquel hombre viejo todavía no creyó que aquello era

una guerra civil. Pensó que el gobierno republicano se lo tenía merecido y que aquello era la consecuencia lógica de sus errores, que él venía denunciando desde hacía mucho tiempo y a los que alguien, siguiendo la dinámica ejemplar del siglo XIX, de su formación histórica e intelectual, tenía que poner remedio con las armas levantadas. Aquel hombre viejo, desde el mismo 14 de abril de 1931, se había ido llenando de aprensiones frente a la imagen que su soñada República le presentaba. Por desgracia, aquel mismo día, mientras se estaba proclamando la República, entre el fervor y el misticismo democráticos, en el Ayuntamiento por el profesor Prieto Carrasco y aquel hombre viejo, un exaltado, delante de él, arrojó dos bustos históricos contra el suelo, con un gesto de rabia y liberación, y los hizo pedazos con una terquedad complacida; aquel hombre viejo lo miró horrorizado y estalló de cólera y de sorpresa; la República no era eso, pero también era eso; un odio contenido parecía haber guiado aquel gesto iconoclasta, que intentaba romper el pasado, que aquellas esculturas representaban, destruir todas las reliquias de un modo de vida que había excluido al agresor y despreciar la historia que eternizaban las estatuas. Fue un signo que alteró el pulso intelectual de aquel hombre viejo, que adoraba el pasado, vivía en la historia de las estatuas y había aprendido mucho de la eternidad de las piedras.

Probablemente, entonces, empezaría a solidificarse su vieja idea del resentimiento social, que acabaría centrando su racionalización de los hechos de la guerra civil. Su ira fue la misma que un día le encendió, crispado y despectivo, al ver en Salamanca una manifestación de mujeres violentas, desgreñadas y vociferantes, como viragos; eran las mujeres suburbiales, que reclamaban sus derechos económicos de un modo tumultuoso y soez. Este espectáculo, como el del destructor de estatuas, se le quedó en la memoria y le originó reflexiones negativas sobre los contenidos reales de aquella República. Su liberalismo se sintió afectado por estas muestras de violenta intransigencia y se le nubló la imaginación de presagios. Hacía años que venía defendiendo a los obreros de los expolios patronales y a los campesinos de la opresión de los terratenientes, incluso había dicho que nunca se habían olvidado aquellas campañas suyas, «no las de la Universidad, que pudiéramos llamar académicas, sino las campañas en la Federación Obrera, que hoy llaman Casa del Pueblo, que es a la que debo el haber venido por primera vez a ser concejal»; pero aquella irrupción de las masas airadas y aquella floración súbita de ramplonería se le quedaron en el fondo de la subsconsciencia, manteniendo sentimentalmente su dialéctica de la contradicción frente a la política de los gobiernos republicanos, avivada por las necesidades de su exhibicionismo.

Aquellos rostros agrios de los muchachos que un día se encontró en una calle de Salamanca, de «una insolencia salvaje», eran una parte de la cara con que se le aparecía el Frente Popular, la otra parte era la tentación marxista que ya en su juventud había rechazado, después de una tibia aceptación de joven incómodo y reivindicativo. Su proyecto de la República había incluido la lucha por la libertad de todos y, desde el primer momento, sintió amenazada su libertad de hombre culto, de preocupaciones espirituales y de amor a la tradición. A las razones históricas, políticas, sociales y hasta filosóficas que Jean Bécaraud investigaría para determinar sus discrepancias con la República, habría que añadir, en un hombre tan personalizado como él, las motivaciones sentimentales, anecdóticas, convivenciales y hasta físicas, que influían siempre sobre su pensamiento y que tanto participaban a la hora de tomar sus decisiones ideológicas. Entre su hegeliano ser-para-sí y su ideología se interponía siempre su experiencia inmediata, directa, superficial y fáctica.

Aquel yo su-yo, tieso e irreductible, era difícil que, agredido por su entorno, se aviniera con la República pequeño burguesa, alicorta y picoteadora, del primer tiempo, y, menos, con la República, posterior al bienio negro, marxistizante y populachera, economicista y agresiva, del segundo tiempo, confirmada físicamente por sus experiencias visuales. Desde el principio estuvo en contra de la usurpación de «su» proyecto republicano y su desencanto fue inmediato y duradero, una vez pasada la euforia física, de carne y hueso, del 14 de abril, cuando, como era inevitable, se apartó de la gente y se recogió en el silencio angustioso de su cuarto de trabajo en Salamanca, porque donde había más de una persona no podía habitar la verdad. ¿No había escrito, a los dos meses de proclamada la República, que «toda teología es una «egología», que «Dios es el universal concreto, el de mayor extensión y, a la vez, de mayor comprensión; el alma del Universo, o, dicho en crudo, el yo, el individuo personal, eternizado e infinitizado», colocando el yo en el centro del universo y responsabilizándolo de todo? ¿No había dicho también entonces que «al poner a Dios, a mi Dios [es decir, a mi yo] sobre todo y por encima de la patria y de la religión, del Estado y de la Iglesia, del Imperio y del Pontificado, declaro que hay algo que no puedo ni debo sacrificar ni a la patria, ni a la religión, ni al Estado, ni a la Iglesia?».

En agosto del 31 su decepción iba en aumento; en un texto escrito en Santander y publicado en «El Sol», el día 8, acumulaba algunos de los reproches al gobierno de la República y decía: «de la realidad y de los problemas reales se está haciendo camelo»; «[Alfonso XIII] quiso hacer del optimismo una profesión y el republicanismo que le sucede le imita en esto como en otras cosas», «hay quien no sabe hablar de sus libertades —que a menudo nada tienen que ver con la verdadera libertad, con la libertad real y efectiva— sin herir la cuerda más viva del corazón de quien quiere oírle cordialmente», porque añadía, inventándose un refrán: «No hay peor resentido que el que no quiere entender.» En aquella ocasión defendía la unidad espiritual de España, frente al separatismo vasco, e introducía en sus consideraciones políticas la idea del resentimiento, que haría fortuna en sus posteriores racionalizaciones de la política y de la sociedad españolas. Y en el mismo artículo, volvía a la idea del resentimiento, para explicar las raíces del separatismo vasco: «Todas [las inquisiciones fracasan], hasta las de los que hablan resentimentalmente de sus supuestas libertades perdidas.»

En octubre del 31, en la inauguración del curso académico, había recordado que al establecimiento de la República él había «contribuido más que cualquier español», lo que le daba ciertos derechos de autor sobre el régimen recién inaugurado y le convertía en severo controlador de su vida y de lo que él consideraba sus errores. Con este absolutismo dialéctico y desde su propia tradición intelectual, no es de extrañar que fuera la cultura su primera obsesión republicana, aunque la cultura no fuera ni republicana, ni monárquica: «No ha habido, no, solución de continuidad, como pretenden algunos... Ni la Ciencia, ni las Letras, ni las Artes son monárquicas o republicanas. La cultura está por encima y por debajo de las pequeñas diferencias contingentes, accidentales y temporales de las formas de Gobierno.» El marco universitario en el que hablaba le imponía el tema de la cultura, que era también para él un tema central de la libertad; apéndice de las viejas propuestas krausistas, la cultura se le aparecía como la primera condición de la libertad. La única revolución real debería ser la de la cultura y los esfuerzos republicanos que no fueran en esa dirección serían esfuerzos baldíos; sus críticas permanentes a la revolución social y económica se apoyan en esta inicial premisa de la libertad. Para él no había más revolución que ésa y el revolucionarismo republicano era una obscena palabrería, como diría en sus artículos de junio y septiembre.

Por eso, en su discurso académico de la inauguración universitaria de aquel mes de octubre del 31, insistió en afirmar, como una consigna política: «Lucharemos por la libertad de la cultura, porque haya ideologías diversas, ya que en ello reside la verdadera y democrática libertad. Lucharemos por la unidad de la cultura y por su universalidad...». Con estos presupuestos parece natural que el 17 de octubre, a los seis meses de la proclamación de la República, escribiera a Francisco Cerdeira, director de una revista portorriqueña: «Me pregunta usted que cómo va la República. La República, o res-pública, si he de ser fiel a mi pensamiento, tengo que decirle que no va: se nos va. Esa es la verdad... En fin, esto dura poco. El pobre Hamlet tiene su fiel representación en ese falso templo de la Ley: palabras, palabras. No hemos cambiado. Medio siglo de dura experiencia de nada nos ha servido.» Su maximalismo le exigía milagros a la República y su impaciencia cultural se desesperaba en los meandros de la política práctica, que fueron amplificando el campo de sus críticas hasta cubrir todo el horizonte republicano. En junio del 31, había escrito en «El Sol» sobre «un Gobierno en que no se confía» y, después de afirmar perentoriamente que «todos los regímenes han acabado por sucumbir bajo la tiranía de los encargados de sostenerlos con las armas», se interroga preocupado: «Milicia revolucionaria armada, Soviet de soldados rojos, fajo de camisas negras, todo es igual. ¿Qué salida hay para esto?» De la crítica abstracta, pasa a la crítica concreta de lo anecdótico, de la menudencia administrativa: «Se dice que estamos en una República de trabajadores, y por los últimos acontecimientos más bien creo que es una República de funcionarios, en que todos quieren vivir a costa del Estado», les decía a los estudiantes de Derecho de Salamanca el día 29 de noviembre del 31.

Su desencanto de aquella República fue progresivo y total. Todos sus textos del año 31 están llenos de política; la historia evangélica de Cristo y el fariseo le sirve para atacar a los políticos que quieren mandar y no gobernar, que no atienden las demandas de los que los llevaron al poder, y que tienen una «estrecha concepción sectaria y de partido». Su intransigencia le convierte en profeta de catástrofes; en abril del 33 critica el superficial sentido de la «revolución» y advierte con sabiduría secular: «De la misma muchedumbre que grita: "Abajo el fascio", saldrán los fajistas. Vendrá la resaca, vendrá el golpe de retroceso. Es ley de mecánica social como lo es de mecánica física.» Y después volvía a autobiografiar la acción política: «El que tenga fe en el espíritu, es decir, en la libertad, aunque perezca también ahogándose en el torbellino de la contrarrevolución, podrá sentir, en sus últimas boqueadas, que salva en la historia su alma, que salva su responsabilidad moral, que salva su conciencia. Su aparente derrota será su victoria», en «Ahora», abril del 33, donde describía premonitoriamente su caso personal, en la Salamanca del otoño del 36. Y, una vez más, hace la denuncia de la calle, como experiencia personal, que le afecta profundamente: «Siente uno aquí, en la calle, algo así como la sensación de una telaraña invisible e intangible, formada de un tejido de miradas de odio, de envidia, de desdén, de desprecio», escrita el 1 de abril del 33.

Con todo esto, era inevitable que escribiera, en mayo del 35: «La República la del 14 de abril, la apodada auténtica, empezó... por no existir.» Un año después, en julio del 36, creyó sinceramente que la República podía echar a andar, purificada de sus errores y reconducida al buen camino, por hombres, como él, de intocable pasado republicano. El día 3 de julio del 36, coherente consigo mismo, sin haber cambiado su razonamiento habitual, había escrito en «Ahora» su último ataque al Frente Popular, antes de la rebelión militar, apoyándose en anécdotas vulgares, que convertía senilmente en signos universales. Porque las anécdotas llovían sobre el mojado de sus convicciones: «Un muchacho hacía sus necesidades en un rincón y, cuando le viene a reprender un guardia, grita: «¡Que soy del Frente Popular!» Como se ve, estaba maduro para aceptar cualquier acción que condujera a la destrucción del Frente Popular; ya no se hacía preguntas, simplemente disparaba: «He tenido ocasión de hablar, escribía en el mismo artículo, con pobres chicos que se dicen revolucionarios, marxistas, comunistas, lo que sea..., daba pena oírles en confesión... Tragaldabas que reservan ruedas de molino soviético para hacer comulgar con ellas a los papanatas que los leen... Cada vez que oigo que hay que republicanizar algo, me pongo a temblar, esperando alguna estupidez inmensa. No injusticia, no, sino estupidez... Porque el 14 de abril no lo produjeron semejantes estupideces. Entonces, los más que votaron la República ni sabían lo que es ella ni sabían lo que iba a ser "esta" República.» En el punto cero de su desilusión republicana, se explica que acogiera con esperanzas el levantamiento militar, en nombre de la República. La indignación le cegaba los recursos de su dialéctica y en ese artículo de principios del mes de julio del 36 hacía la panorámica de su desesperación: «No se hable de ideología, que no hay tal. No es sino barbarie, zafiedad, soecidad, malos instintos y, lo que es —para mí, al menos— peor, estupidez, estupidez, estupidez. De ignorancia no se hable.» En este estado de ánimo, recibió las noticias de la rebelión militar y aceptó formar parte del Ayuntamiento de Salamanca.

Al día siguiente 26 de julio, Hitler envió veinte trimotores «Junkers» y seis cazas «Heinkel», consignados al general Franco. El día 27, aquel hombre viejo fue a las Casas Consistoriales a firmar las actas de constitución del Ayuntamiento y no volvió nunca más por allí. El día 29, su viejo contrincante político conservador, Diego Martín Veloz, visitó al general Cabanellas que aquel día estaba en Salamanca, y al día siguiente fue nombrado presidente de la Diputación; también ese día se militarizaron los empleados del servicio de autobuses de la ciudad y, procedente de Valladolid, partió para Madrid, la columna del comandante Lisardo Doval, con el marqués de Albayda de teniente. Entre la exaltación bélica y el calor estepario, salió de Salamanca una columna de camiones, con cañones y morteros, con el propósito confesado de su jefe de «ir a tomar café a Madrid»; mil quinientos hombres, entre profesionales y voluntarios, obligados y fanáticos, felices y cantando, entre las flores de las miradas y el fervor cainita de los gritos. Lisardo Doval, comandante de la Guardia Civil, había ayudado ya al general Franco en la represión de Asturias del 34 y había huido a Portugal de donde había vuelto el 24 de julio del 36 para incorporarse a la rebelión militar. En Avila, se le unieron algunos falangistas y algunos curas exaltados, como Joaquín Rendin y Elías Alduán y se dirigieron por el Alberche a la conquista de Madrid, mientras llegaban a Marruecos los primeros aviones mussolinianos para transportar las tropas sublevadas a la península. Aquel mismo día los ferroviarios salmantinos fueron militarizados y, con ello, se yuguló uno de los núcleos más fuertes de la resistencia obrera en la ciudad.

AGOSTO

El día 1 de agosto aparecieron las primeras esquelas en la primera página de los periódicos salmantinos; los primeros muertos oficiales de la guerra ensangrentaron los ojos de la ciudad. Aquel hombre viejo tomó las primeras notas para un posible libro sobre la guerra civil, mientras el puente aéreo, servido por aviones mussolinianos y hitlerianos, entre Africa y España, y un convoy marítimo, con protección aérea italiana, trasladaban las tropas rebeldes a tierras de Andalucía, donde iniciaron la marcha sangrienta, que llegaría a los oídos de aquel hombre viejo en Salamanca, hacia el centro peninsular, como una expedición punitiva; bajo el estímulo de los pasodobles toreros, el Tercio y las tropas de Regulares fueron arrasando los pueblos blancos, indefensos, con bayonetas, machetes y bombas de mano. Las listas de la suscripción abierta para los gastos de la guerra aumentaban generosamente de día en día, como un certificado de buena conducta. El lunes, 3 de agosto, terminó la huelga de la construcción, que había empezado el 19 de julio, y con ella desapareció el último signo externo de la resistencia obrera en la ciudad.

Aquel mismo día 3, un amigo del hombre viejo de Salamanca, traductor y exégeta suyo, el francés Jean Cassou, medio español, participó en un acto, celebrado en el Ateneo de Madrid, en apoyo de la República, junto a otros intelectuales franceses y españoles. Era el hombre extranjero que probablemente mejor conocía su obra y que en el «Mercure de France» le había dedicado un largo análisis, admirativo y esclarecedor. Con su viaje desde el París en paz al peligroso Madrid de la guerra, parecía criticar la actitud de su amigo. Pocos días después, otro intelectual francés Romain Rolland le envió una carta al presidente de la República, Manuel Azaña, para comunicarle su solidaridad y su apoyo al régimen republicano. Poco a poco, fueron llegando a Madrid, los telegramas de los grandes intelectuales europeos en favor de la República: André Gide, Thomas Mann, André Malraux, que además se presentó después como piloto para servir a las órdenes del régimen republicano, Jules Romain, Aragon, Henri Mann... y los norteamericanos John dos Passos, Waldo Frank y más tarde Hemingway.

Los intelectuales españoles, como Antonio Machado, que tanta admiración y comprensión le había demostrado siempre, y Juan Ramón Jiménez y el joven Vicente Aleixandre y el novelista Ramón J. Sender y María Zambrano y muchos más estaban con la República y, entre todos, le aislaban más y más a aquel hombre viejo, que seguía contra corriente, contra todos y contra todas las evidencias, emperrado en sus razones, que eran, antes que nada, suyas, crecidas desde dentro, afirmadas en las raíces de su persona, vividas en su totalidad a través de sus palabras, incendiadas con su propia sangre. Inverosímilmente, incomprensiblemente, irracionalmente seguía defendiendo a los militares sublevados. Su mismo yerno, José María Quiroga Plá, por el que tanto se preocupaba desde Salamanca, temiendo por su vida, víctima de aquellas «bandas armadas» y de aquellos «presos en libertad», que, según él, dominaban Madrid, escribía por aquellos días de agosto un largo romance a la derrota de la columna Doval, aniquilada por las milicias populares de Mangada, que publicaría en «El Mono Azul», la revista de la «Alianza de Intelectuales Antifascistas para la Defensa de la Cultura», con el título de «Doval, en fuga, y el pueblo en marcha»:

> ...¡Mal contaba él con el pueblo!
> Que en Navalperal le aguardan,
> flor de la española sangre,
> las Milicias de Mangada.
> Le rechazan por dos veces,
> dos veces le derrotaban.
> El campo deja cubierto

> *de muertos de su mesnada*
> *y en manos del vencedor*
> *sus pertrechos de campaña.*
> *Con reniegos cuarteleros*
> *a escape se encierra en Avila,*
> *donde requetés y fascios*
> *salían a echarle en cara*
> *los humos perdonavidas*
> *de sus pasadas bravatas...*
> *¿Dónde irá que no le alcance*
> *la justicia que no marra?*
> *Pidiéndola están a gritos*
> *las viejas piedras serranas*
> *y los ríos enturbiados*
> *de sangre moza y honrada;*
> *y por montes y breñales*
> *con el puño en alto avanza,*
> *clamando justicia, nuestra*
> *República democrática,*
> *que el pueblo ha sacado vida*
> *del hondón de sus entrañas,*
> *y está dando a manos llenas*
> *sangre y vida por salvarla.*
> *La libertad va con ella*
> *vestida de miliciana.*

El día 4 supo que se había izado la bandera bicolor en el Ayuntamiento de Salamanca, y tuvo noticia del bombardeo que alcanzó a la basílica del Pilar, lo que no dejaría de impresionarle, y utilizaría posteriormente como uno de los signos delatores de la verdadera naturaleza de la guerra, que se le iba apareciendo como una explosión de irracionalidad patológica, mientras veía acercarse el ejército africano, que avanzaba por la vieja vía romana de la Plata, que canalizó por el Oeste la marcha de los rebeldes: Mérida, Almendralejo, Plasencia, Béjar, y, por fin, Salamanca. El día 6, el general Franco llegó a Sevilla desde Tetuán y por Madrid se corrió la noticia de que aquel hombre viejo había hablado por Inter Radio, de Salamanca, para atacar a la República y a sus dirigentes; pero no era verdad; lo que ocurrió fue que un periodista leyó unas palabras suyas, sacadas de su intervención en la toma de posesión del Ayuntamiento, y se creyó que había sido él quien había hablado. En Madrid la reacción fue inmediata. «Mundo Obrero» le dedicó al tema un editorial, el día 10 de agosto, que fue el primer ataque abierto de la izquierda a su comportamiento.

Con el título de «Unamuno al servicio del fascismo en Salamanca», se decía que había hablado por radio en esta ciudad para atacar a los gobernantes de la República, con «descarados insultos», «llamándoles ladrones y gentes sin conciencia», versión deformada de aquellas palabras suyas de «los pueblos están regidos por los peores, como si buscaran los licenciados de presidio para mandar», que se le aproximaban bastante; le llamaban además «marxiófobo», hipócrita y bilioso, diciéndole que había estado toda su vida, so capa de liberal, mintiendo, haciéndose pasar por lo que no era, hombre de izquierdas, movido por su vanidad sin límites. Madrugaba públicamente la calificación de hipocresía, que, andando los años, el profesor Sánchez Barbudo, por aquel entonces en el frente de Córdoba, racionalizaría inteligentemente. La noticia abrasó las palabras en Madrid y todavía el día 29 de agosto coleaba, pues el periódico «El Sindicalista» de Madrid, dirigido por Angel Pestaña, publicó una caricatura, de gran tamaño, en la que aquel hombre viejo, sentado frente a un micrófono de «Radio Salamanca», con un papel prendido a sus espaldas por un imperdible, en el que se leía: «Dejarle. Está chalado», estaba hablando, con unos versos al pie que decían:

> *Soberbio y atrabiliario,*
> *siempre fue un ente arbitrario,*
> *Miguel de Unamuno y Jugo;*
> *hoy, el santón literario*
> *del mílite y el verdugo.*

Lo que no supieron en Madrid, aunque lo sabrían más tarde, es que el día 8 en una de las listas de las suscripciones abiertas para recaudar fondos para la guerra, aparecía su nombre, con la cantidad de 5.000 pesetas, cantidad excesiva para sus posibilidades económicas, si se piensa que era la misma que había aportado doña Inés Luna Terrero, una gran latifundista de la provincia, y Benito Peix, un importante industrial de productos asfálticos de la ciudad. ¿Convicción ideológica? ¿Terquedad senil? ¿Salvoconducto para la supervivencia? La verdad es que no se apresuró a dar su dinero para la guerra, pues su nombre tardó en aparecer en aquellas listas, que todos los días se leían en la ciudad provinciana con espíritu aduanero de control ideológico; aquellas listas eran el pasaporte para la respetabilidad ciudadana, la garantía de la honradez cívica que permitía el acceso a la comunidad en condiciones de igualdad en relación con las leyes de la guerra. Por aquellos días los periódicos alentaban contra los sospechosos, azuzaban las delaciones y amenazaban a los marginales y a los reticentes. Las veleidades críticas o las actitudes ambiguas podían terminar frente al paredón.

La guerra continuaba invadiendo la realidad y homogeneizando las conciencias. El día 10, en su casa de Salamanca, fue detenido Filiberto Villalobos, antiguo ministro de Instrucción Pública, médico y catedrático de la Universidad, liberal e independiente, muy alejado del espíritu frentepopulista, rodeado de grandes afectos populares y de un extenso respeto intelectual. La detención de Villalobos incidió dolorosamente en las reflexiones de aquel hombre viejo, que muchas veces había hablado con él y había paseado con él, según su costumbre, por los altos de la carretera de Zamora. Era impensable que la disculpa de «los enemigos de España» y de «las hordas marxistas» se le pudiera aplicar de ninguna manera a aquel buen liberal, equilibrado y campechano, que había intentado reformar la enseñanza en España, con los tímidos criterios de su liberalismo político y la integridad de su laicismo moral. Después, cuando supo que había corrido peligro de morir, ya no tuvo ninguna duda: aquella sublevación no iba dirigida sólo contra los marxistas del Frente Popular. Por la noche fue tiroteado por unos desconocidos el joven Mariano Mirat, que perteneciente a la alta burguesía industrial de la ciudad, acostumbraba a recorrer con su coche los puestos de guardia, repartiendo alimentos y bebidas entre los soldados que vigilaban la ciudad nocturna, que se enfangaba cada vez más en el terror, en las sospechas, en las denuncias, en las represalias. Por aquellos días, fue nombrado un nuevo comandante militar, el general Luis Valdés Cabanilles.

Su posición en aquel momento se conoce por una carta que le escribió a un socialista belga, amigo suyo, al que le hizo las confidencias de su estado de ánimo político, con más tranquilidad y más consciencia que en sus declaraciones públicas, en entrevistas o en discursos. Su dialéctica es menos compacta que en sus palabras del mes de julio; pero sigue aferrado todavía a sus primeras decisiones respecto a los rebeldes, aunque necesita justificarse.

Mi querido amigo:
Espero no ofenderle llamándolo «mi querido amigo», cuando parece que tantas cosas nos separan. Supe hoy, por una carta llegada de Bélgica, que usted censura muy severamente mi actitud respecto a ciertos acontecimientos presentes. Ayer estaba con el gobierno de la República y ahora no lo estoy. ¿Es esto acaso lo que le apena? ¡Qué bien comprendo que usted difiera de mi opinión acerca de estas cosas! Amo sobre todo la libertad de pensamiento.
Si a pesar de todo esto le llamo «querido amigo», es porque supongo que los dos creemos en la amistad entre dos hombres emplazada por encima de las contingencias políticas. No nos hemos visto a menudo; pero sí con bastante frecuencia para conocernos un poco. Un amigo común me habla de su prestigio en su país. Conociendo su modestia, no dudo que aquél procede por entero de sus propios méritos. Esto es lo que estimo en usted y poco me importan sus opiniones sobre los hombres o las cosas.
Hace un par de años, en su última carta, escribía usted: «Mi querido Unamuno». En aquel tiempo pensábamos del mismo modo y éramos

ambos bastante liberales. Yo aún lo soy mucho, puedo asegurárselo. ¿No lo es usted? Sería una pena (dejase de serlo). Lo lamentaría de veras.

Hoy, como ayer, creo que el bienestar del pueblo puede sólo conseguirse mediante profundas reformas. Pero es necesario precisar quién es capaz de realizarlas en verdad, para bien común. Quienes seguí al principio no lo consiguieron. Esperaba ayudarlos, contribuyendo a la elaboración de sus doctrinas. Llegué a conseguir, como usted sabe, prestigio de gran pensador, de aquel prestigio le confesaré que no me siento orgulloso.

Todos estos esfuerzos fueron en vano. Esto me decidió a unirme a quienes no había cesado de combatir hasta ahora. ¿Puede ser esto inconstancia por mi parte?

Quizá podrían reprocharme muchas faltas. Sostengo sin embargo que ésta, la inconsistencia, no disculparía nunca el haber traicionado la amistad espiritual, por así decirla, que nos une. Esta es la razón por la cual continúo llamándole bien sinceramente «Mi querido amigo».

Estoy seguro que al leer esta carta, comprobará usted de nuevo que dos corazones pueden latir al unísono, aunque los espíritus se hallen en desacuerdo.

Tal vez esta frase acerca de dos corazones le haga sonreir. Pero nosotros, los españoles, somos hombres de sentimiento, aún bajo la toga austera del profesor o del sabio. No sabemos lo que es ser uno de esos despiadados individuos que dominan sus sentimientos y retenemos en nuestro interior una reserva de emoción que a veces hace saltar las lágrimas. Sí, quiero confesarlo: he llorado.

He llorado porque una tragedia ha caído sobre mi patria. España se enrojece y corre la sangre. ¿Sabe usted lo que esto significa? Significa que en cada hogar español hay dolor y angustia. Y yo, que creía trabajar para el bien de mi pueblo, yo también soy responsable de esta catástrofe. Fui uno de aquellos que deseaban salvar la humanidad sin conocer al hombre.

No dudo que muchos se precipitarán a difundir las nuevas: «Unamuno nos ha traicionado. Ha repudiado ignominiosamente el concepto soberano de la democracia socialista, por oportunismo o por puro miedo.»

No, no permita que propaguen esta leyenda. Sé que han hablado de mí en los periódicos de su país y algunos me han juzgado muy severamente. Tal es su derecho. Pero yo también tengo derecho a exigir la verdad. No me abochorna confesar que me he equivocado. Lo que lamento es haber engañado a otros muchos. De esto quiero dejar constancia y si entraña una humillación, la aceptaré, como usted la aceptaría sin duda alguna.

Considero un deber contarle todo esto. Sé que al dirigirme a usted, hablo a un hombre sincero y de buena voluntad. No le pido que publique esta carta, que llegará a usted sin dificultad a través de Valladolid y Pamplona. Cuando alcance su destino, quizás esta terrible guerra haya llegado a su fin. Será una lección difícil de olvidar para muchas generaciones.

No hablo así por haber tenido que cambiar mi vida. No he sufrido pérdidas personales. La fortuna es a veces injusta. Veo a mi alrededor un pesar inmenso, del cual soy responsable. La gente muere, pena, ve hundirse sus fortunas o desaparecer sus modestos ahorros.

Nada de esto me ha ocurrido a mí. A los ojos de quienes no pueden verme el alma, soy un hombre privilegiado. Tal vez usted, mi querido amigo, concluya que si he cambiado de bando, lo hice para salvarme de ciertos peligros. No lo crea.

La historia me había mostrado la imagen de una España grande y espléndida. Sentí el dolor de su decadencia. Creí necesario invocar la democracia socialista para levantarla. Creí que una antigua tradición de civilización cristiana podía sustituirse impunemente, e incluso con provecho, por el más «progresivo» materialismo. Luché por esta reforma. Conocí la persecución y el exilio. Pero no cejé hasta llegar al fin. Un día saludé entusiasta la llegada de la República española. Amanecía una nueva era. ¡España revivía! Pero España estuvo a punto de perecer.

En muy poco tiempo el marxismo dividió a los ciudadanos. Conozco la lucha de clases. Es el reino del odio y la envidia desencadenados. Conocimos un período de pillaje y crimen. Nuestra civilización iba a ser destruida.

Usted comprenderá probablemente el impulso irresistible que hoy empuja al pueblo español a expulsar a aquellos que lo engañaron. Crece este impulso entre la sangre y el sufrimiento. ¿Qué será de él mañana, el próximo mes?

Es a usted a quien me dirijo; a usted que está todavía con «ellos». No quiero dudar de su buena fe. Pero, ¿no sentirá remordimiento el día que ardan los hogares de su país, cuando se maten los hijos de su tierra y todo porque usted sembró el odio en sus corazones?

Miguel de Unamuno

Salamanca, 10 de agosto, 1936.

Un hombre viejo, sentado en su cuarto de trabajo, sosegado, sentimental y desencantado escribe este testimonio de arrepentido, deseoso de la comprensión de los otros: «No me abochorna confesar que me he equivocado». Temeroso de la opinión de los demás, compone su retrato con el idealismo de su mirada interior; pero, al mismo tiempo, hay una melancolía crepuscular de equivocado, una tristeza de inutilidad abrumadora. Es como siempre autobiográfico y está todo él metido de lleno en su texto, al que no le falta ni siquiera su perpetuo afán proselitista, de predicador frustrado, que llega al corazón de sus oyentes con el golpe bajo de las preguntas retóricas que no esperan respuesta. A estas alturas, todo empieza a estar bastante claro para él, pero, prisionero de su lenguaje, repite las palabras que estaba acostumbrado a decir, con las que, no obstante, empieza a sentirse incómodo. No ha pasado ni un mes desde que aquello estalló y se siente desvalido frente a los hechos, porque, más allá del fulgor hipócrita de las palabras, se siente culpable de aquella carnicería. Y, aunque afirme lo contrario, tiene un miedo, que su soberbia se niega a reconocer y menos a comunicar. Sus siguientes declaraciones públicas serán cada vez más matizadas; pero, él tan orgullosamente procaz durante toda su vida, no dirá todo lo que piensa ocultando una parte de la verdad, esquivando los signos de su equivocación, temiendo la violencia que le cercaba por todas partes, como una jauría de perros.

Un periodista norteamericano llegó a Salamanca y se entrevistó con aquel hombre viejo, que ardía de ira y de confusión, proa a sus remordimientos y a sus exaltaciones, fiel confusamente a sus primeras palabras de julio y envuelto ya en sus primeras dudas y ya arrepentido de su primer impulso. La conversación con el periodista Knickerbocker debió ocurrir el día 13 o el día 14, pues el día 15 «La Gaceta Regional», el diario conservador de Salamanca, daba la noticia de las declaraciones de aquel hombre viejo, junto a las que Celia Gámez había hecho a Inter Radio, la emisora local, llenas de énfasis bélico y de fogosidades patrióticas. «El Adelanto», el otro periódico salmantino, de tendencias más liberales, publicó el día 18 la entrevista completa, bajo el título de «Una guerra entre la civilización y la Anarquía, dice Unamuno», con un subtítulo: «El poder de Madrid está en manos de unos pistoleros. Como acto patriótico, Azaña debía suicidarse».

Knickerbocker, el as de los reporteros norteamericanos, se encuentra como enviado especial de la «Internews», recorriendo el territorio que dominan las fuerzas nacionales. Knickerbocker es acaso el periodista del mundo que ha desempeñado las misiones más difíciles. Knickerbocker ha enviado desde Salamanca a su agencia, que sirve a 2.000 periódicos, la siguiente crónica.
Fechado en Salamanca en el cuartel general del Ejército nacional, corresponsal de la gran agencia americana «International News» telegrafía:
«Madrid está bajo el control del bandidaje y la licencia, y el mundo debe enterarse de que la guerra civil española no es una guerra entre liberalismo y fascismo, sino entre civilización y anarquía», estas palabras del profesor Unamuno, rector de la Universidad de Salamanca, y uno de los más famosos filósofos actuales, le fueron dictadas hoy en su casa por el citado profesor. Estas declaraciones de Unamuno pesarán más en el orden internacional que las declaraciones todas de los jefes militares del patriótico movimiento español.
...El profesor Unamuno nos decía con fiera exaltación, al hablar del gobierno de Madrid, que Manuel Azaña, presidente actual de la República debiera suicidarse como acto patriótico.
—¿Y cómo a una República que usted ha ayudado a crear, la execra así para ponerse al lado de los militares patrióticos?
—Porque el gobierno de Madrid y todo lo que representa se ha vuelto loco, literalmente lunático. Esta lucha no es una lucha contra la República liberal, es una lucha por la civilización. Lo que representa

Madrid no es socialismo, no es democracia, ni siquiera comunismo. Es la anarquía, con todos los atributos que esta palabra terrible supone. Alegre anarquismo, lleno de cráneos y huesos de tibias y destrucción.

... Pero se levantó y se vistió para recibirnos. El viejecito es un luchador. Sus ojos brillaban y su escasa barbita blanca temblaba de emoción al decir que Madrid sufría una enfermedad mental. La anarquía es una enfermedad y Madrid la tiene. No olviden ustedes que España es la única nación que queda en el mundo con un partido anarquista, que tiene cientos de miles de afiliados. Tantos que el mismo Trotski en su visita a España quedó asombrado, y les preguntó si deseaban fundar un Estado proletario. «Nosotros no queremos ningún Estado», fue la respuesta de los anarquistas. Les preguntó de nuevo: «¿Y cómo haríais funcionar los ferrocarriles?» «Nosotros no tendremos ferrocarriles.»

—Como usted ve —me dice Unamuno— eso es la locura alegre e inconsciente. Y ésas son las masas, que ahora son las que mandan. No tienen ideas ni ideales; no sienten otros deseos que el urgente de la destrucción.

—¿Y cómo empezó este extraordinario movimiento?

—Históricamente está en la sucesión entre Marx, fundador del socialismo, y Bakunin, el filósofo anarquista. Al producirse la ruptura, los rusos y los alemanes se fueron al lado de Marx. España quedó fiel a Bakunin porque los españoles son esencialmente fatalistas. Quieren ir en todo hasta el límite; gustan de los extremismos. No olvidemos que la sangre que corre por venas españolas es no sólo morisca, vasca, sino también gitana. La enfermedad de Madrid no es propia de España; es también el resultado de la Gran Guerra, que redujo el nivel mental del mundo y lo llenó de manivelas y ruedas dentadas de todas clases.

Esos energúmenos declaran que tienen derecho a quemar iglesias, porque las iglesias son feas y llaman República libre a la que quiere suprimir todas las libertades religiosas.

Campesinos sin instrucción alguna hablan de Rusia, como si la conocieran. Pero los reproches más ácidos de Unamuno son para los dirigentes de Madrid, a quienes acusa de haber desvanecido sus sueños de una República liberal libre, entregando el poder en manos de los pistoleros.

—¿Usted recuerda el caso de Valmaseda, presidente de la República

de Chile? Valmaseda era un hombre progresivo e inteligente, que tuvo un conflicto con su Parlamento, conflicto que degeneró en una guerra civil. Valmaseda huyó a la Argentina, y allí escribió su famoso manifiesto, hermosa declaración, conmovedor documento, en que explicaba a sus conciudadanos que aún no estaban preparados para su reforma. Era todo el documento una apelación a la paz y concluía declarando que, para poner término a la guerra civil, él desaparecería. Y efectivamente se suicidó.
—Yo quiero recordar este suceso —me decía el viejo profesor con mirada resoluta— en forma de pública declaración, recomendando al señor Azaña que siga el ejemplo de su colega de Chile.
Unamuno tiene una opinión pesimista para la humanidad. «La humanidad, dice, es como una gata con siete gatitos. Se come tres y cría cuatro. No es así como el mundo puede curarse de la enfermedad que le legó la última guerra, hasta que otra nueva nos aflija. Aunque Unamuno no es hombre rico, cree ardientemente en la causa del Ejército nacional, y ha donado 5.000 pesetas a la suscripción del general Mola.
—Yo no estoy a la derecha ni a la izquierda. Yo no he cambiado; es el régimen de Madrid el que ha cambiado. Cuando todo pase, estoy seguro de que yo, como siempre, me enfrentaré con los vencedores.»

Insiste en la primera declaración del Ayuntamiento, la amplía y la precisa. Continúa sus razonamientos de cinco años de régimen republicano y vuelve sobre las ideas que tantas veces había expuesto: su desencanto de la política de los dirigentes de la República, su coartada de la civilización frente a la anarquía, su recurso a la psiquiatría como explicación racional de los hechos de la guerra civil, su desprecio por los anarquistas, sus reticencias sobre el pueblo campesino, sus ataques al gobierno de Madrid y su personal comprobación de la falta de ideología en la lucha. Al desarrollar sus opiniones, las justifica con un aparato verbal más elaborado. No abdica de su liberalismo ni de su republicanismo, ni de su socialismo y reduce la situación a cuestiones pasionales y a errores humanos. Se alza nuevamente como poseedor de la verdad absoluta y acude a la historia reciente para completar el sentido de sus palabras. La visita de Trotski a España y el caso del presidente chileno Valmaseda le sirven de erudición política para concretar sus intenciones dialécticas. Y ve, como explicación histórica, la guerra civil española como una consecuencia de la guerra del 14. Toda su exhibición verbal parece que se esfuerza por coincidir con la propaganda de los rebeldes, que tomarían muchas de sus aportaciones verbales al discurso de la guerra, que a su vez le provocarían a aquel hombre viejo nuevas coincidencias, en un círculo vicioso, con el lenguaje del fascismo español, elaborado durante la contienda, sobre el que se organizó toda la propaganda de la posguerra.

Su imagen se dibuja en el texto, con su fiera exaltación, sus ojos brillantes de indignación y su barba blanca temblando con la violencia de sus afirmaciones. Su focalización sobre la figura de Azaña era otra de sus obsesiones del momento, que le impedían distanciarse de los datos objetivos de la guerra. Envuelto en sus rencores privados y en sus odios de clase, llevados hasta el extremo por sus determinaciones psicológicas, era incapaz de ver la guerra como un producto de la historia, en la que no creía seriamente, y se arriesgaba en hipótesis positivistas, de la ciencia de su juventud, sobre la influencia genética de la sangre y las enfermedades mentales del pueblo, con un determinismo trágico, que, en otro contexto, podría parecer irónico. De todas maneras y aunque pasadas unas semanas volvería a decir lo mismo, hay que tener en cuenta el largo proceso de sus palabras hasta llegar al lector español, que incluía la primera versión del hombre viejo al periodista americano y del periodista americano a su agencia, para concluir en la versión de los servicios de propaganda de los rebeldes, ofrecida a los periódicos salmantinos. No obstante, el tono y el vocabulario parecen auténticos, en su mayor parte.

El día 18, el general Mola pronunció un discurso, en el que, con bochorno, aquel hombre viejo de Salamanca reconoció algo que él había dicho, con parte de su vocabulario y algunas de sus obsesiones de aquellos días, envueltas en el delirio bélico de las circunstancias: «Sólo un monstruo, un monstruo de la compleja constitución psicológica de Azaña pudo alentar tal catástrofe... Azaña debe ser recluido para que escogidos frenópatas estudien su caso». Fue humillante para su orgullo profesoral reconocerse en las palabras de uno de los hombres que más despreciaba. Se estaba convirtiendo, inconscientemente, después de los préstamos literarios que le había tomado el general Franco, de los que él se había dado cuenta, en proveedor verbal de la rebelión contra la República, descubridor de un lenguaje para la guerra, abastecedor de clichés publicitarios para la retórica de los sublevados. Su antigua veta de libelista, ejercitada con pasión contra el general Primo de Rivera y contra el rey Alfonso XIII, volvía a proporcionarle la inspiración que necesitaban los servicios editoriales de la propaganda fascista. Azaña como monstruo culpable y la frenopatía como ciencia adecuada para el entendimiento de lo que estaba ocurriendo, se convertirían en la base de sus declaraciones de aquellos tiempos.

El día 20 fueron difundidas en el extranjero, las declaraciones del hombre viejo al corresponsal de la «International News» y todos supieron de qué lado estaba; pero no supieron nada de lo que realmente pensaba, revueltas sus palabras con sangrientos partes de guerra, arengas castrenses, insultos profusos y consignas antiliberales; sus palabras, realzadas por su prestigio y enriquecidas por su imagen de pensador independiente, llegaban lastradas a las conciencias de sus lectores y perdían su significado original, en cuanto se convertían en letra de guerra, pigmentada de las previas posiciones de cada lector. Porque, como había dicho una vez Jean Cassou, para él «hacer política es también salvarse; es defender su persona, afirmarla, hacerla entrar para siempre en la historia». Pero nadie iba a pararse en estas sutilezas, en estos distingos personales, en aquellas circunstancias dramáticas, en que las palabras significaban lo que el lector quería que significaran, prescindiendo del emisor y del medio de la trasmisión. Por eso, todo el mundo supo que se había puesto del lado del levantamiento militar.

Entre las noticias calientes de aquel verano caliente, ésta fue una de las que más quemaban. Aquel hombre viejo, terco y coherente, no se apeaba de su primera declaración; pero se iba guardando el horror que le producían las noticias de la guerra, que su memoria continuaba almacenando, con exactitud de archivero. Su devastación interior crecía a medida que los días se sucedían con la monotonía de sus mensajes sangrientos. Como siempre le había ocurrido, entre su experiencia vivida y su consiguiente expresión verbal, trascurriría un tiempo de maduración, como un noviciado de autenticidad. Sus palabras, para nacer, necesitaban un período de gestación, a partir del estímulo real que provocaba su nacimiento. Semanas más tarde, todo aquel horror acumulado acabaría explotando en sus textos privados y en sus conversaciones íntimas; pero, mientras tanto, seguía justificando la rebelión militar, a sabiendas de que sus razones iban perdiendo consistencia y que los cadáveres continuaban amontonándose en el cementerio y que los fusiles no se callaban ni para dormir.

Y, como era de esperar, la respuesta no tardó en llegar. Al día siguiente, el 21 de agosto, su antiguo amigo, el escritor ruso Ilya Ehrenburg, fechaba en París una «Carta a don Miguel de Unamuno», para el periódico «Pravda», que reprodujo «El Pueblo» de Valencia, el día 30 del mismo mes, el diario «Mediodía» de La Habana, y, en su número 4, la revista de guerra «El Mono Azul», que dirigía Rafael Alberti en Madrid y que era el órgano de expresión en España de la «Alianza de Intelectuales Antifascistas para la Defensa de la Cultura», a la que pertenecían Aldous Huxley, Thomas Mann, André Malraux, Waldo Frank, Romain Rolland, etc. El ataque no podía ser más feroz, pues se abría con estas palabras: «Don Miguel de Unamuno, profesor de la Universidad de Salamanca, ex-revolucionario y ex-poeta, colaborador del general Mola» y añadía a continuación: «No quiero recordarle nuestras entrevistas, que le comprometerían ante los ojos de sus dueños». Debemos pensar que la traducción, aquí también, traicionaría los matices del artículo del periodista ruso, pero, también aquí, el sentido se aproximaba al original.

Probablemente, aquel hombre viejo, por su ceguera y su terquedad, se merecía este trato; pero no era verdad que alguna vez hubiera sido «revolucionario», ni podía dejar de ser «poeta» por una anécdota política, por comprometida que fuera. La dialéctica bélica no parecía la más a propósito para el cultivo de la racionalidad, siquiera primitiva, porque después le acusaba de «colaborador del general Mola» y hablaba de comprometerle «ante los ojos de sus dueños». Pero la guerra encendía los adjetivos y equivocaba los verbos, haciendo de las palabras carne de cañón. Era no querer entender nada, porque había que conocer poco a aquel hombre para poder suponer que podía ser «colaborador del general Mola» y menos sufrir «dueños». Aquel hombre estaba acostumbrado a quemar su parte de verdad con palabras excesivas y la guerra civil le devolvía sus palabras en forma de insultos, ataques, balas. La parte irracional de su lenguaje se rebeló contra él y aquellas palabras de Ilya Ehrenburg determinarían para mucha gente la imagen de aquel hombre, que unida a los otros testimonios sobre su actitud de entonces fijaría su iconografía fascista para muchos años. Fue una guerra de palabras, en la que nunca se pudo decir la última palabra.

«Hace cinco años estuve en el pueblo de Sanabria. Vi allí campesinos martirizados por el hambre», escribía Ehrenburg, «comían algarrobas, cortezas». A orillas del lago había un restaurante para turistas. Me enseñaron el libro de firmas de los huéspedes. Usted, Unamuno, había escrito en sus páginas unas líneas sobre la belleza del paisaje circundante. Español que hacía profesión de amor a su pueblo, no supo usted ver más allá de las suaves ondulaciones del agua, del óvalo de las colinas. No vio usted los ojos de las mujeres que apretaban contra su pecho a los hijos medio muertos de hambre. Por entonces escribió usted artículos profundamente estéticos en todos los periódicos callejeros de Madrid. Hasta escribió usted un artículo sobre el hambre: cien renglones de investigación filológica acerca de la palabra «hambre». Exponía usted minuciosamente cómo el apetito del hombre del Sur no es el apetito del del Norte, y cómo el hambre des-

crita por Hamsun difiere del hambre descrita por Quevedo. Se lavaba usted las manos; no quería usted estar ni con los hambrientos, ni con los que los alimentaban con el plomo de las balas. Quería usted ser poeta puro y colaborador de periódicos de gran tirada.
Han pasado cinco años. Lo más bajo de España: verdugos, herederos de los inquisidores, carlistas dementes, ladrones como March, han declarado la guerra al pueblo español. En Sanabria cayó en poder de los bandidos el general Caminero, leal al pueblo. Los malaventurados campesinos de Sanabria habían huido al monte. Con armas de caza bajaron contra las ametralladoras. ¿Qué hizo usted, poeta, enamorado de la tragedia española? De la cartera, donde guardaba los honorarios de las elucubraciones poéticas sobre el hambre, sacó usted, con la esplendidez de un verdadero hidalgo, cinco mil pesetas para los asesinos de su pueblo.
Dice usted: «Me indigna la crueldad de los bárbaros revolucionarios». Y lo escribe usted en la ciudad de Salamanca. De seguro pasea usted con frecuencia bajo los soportales de la Plaza Mayor. La plaza es preciosa y usted ha sido siempre un enamorado del estilo Renacimiento español. ¿No ha visto usted, paseando por la plaza, el cuerpo del diputado Manso, que los nuevos amigos de usted han ahorcado para defender la cultura contra los bárbaros? Las columnas obreras han ocupado Pozoblanco. Han hecho doscientos prisioneros de la Guardia Civil. No han dado muerte ni a uno solo de ellos. En Baena los blancos rociaron de bencina y quemaron vivos a diecinueve campesinos inermes. El diputado por Córdoba Antonio Jaén, que manda los obreros que sitian esta ciudad, se ha dirigido por radio al que fue su amigo, el general Cascajo, que lucha ahora al lado de los rebeldes: «Si no te rindes, serás responsable de la suerte de una ciudad tan querida, de miles de vidas humanas, de los monumentos artísticos de Córdoba»; éstas han sido las palabras de Jaén. Y Cascajo ha contestado: «Te aconsejo, Jaén, que no vengas hacia Córdoba, porque tengo en mis manos a dos hermanos tuyos».
Usted, Unamuno, ha escrito mucho sobre la hidalguía española. Sí, yo me inclino reverente ante la hidalguía del pueblo español; pero no son los verdugos de Salamanca sus herederos, sino los trabajadores de Madrid, los pescadores de Málaga, los mineros de Oviedo. Quiere usted mantener la tradición artística de España. También la mantienen los obreros, que han salvado del fuego centenares de cuadros y de imágenes de las iglesias, que los fascistas habían convertido

en fortalezas. Su mecenas, el general Franco, ha declarado que está dispuesto a destruir media España con tal de vencer...

Dice usted que el mísero y el analfabeto hablan con entusiasmo de Rusia. «No pueden saber lo que es Rusia, cuando no conocen ni su propio país.» Sí, tiene usted razón; en su país hay muchos analfabetos. ¿Y quién tiene la culpa? Cuando se tomó Tolosa, los blancos se apresuraron a sacar todos los libros de la biblioteca pública para quemarlos solemnemente en la Plaza Mayor... Donante generoso, sus cinco mil pesetas no son para escuelas, sino para hogueras.

De pronto se ha puesto usted a hablar con palabras vulgares, al alcance de todos. Ha dejado usted de hablar sobre raíces y sufijos. Bendice usted a los verdugos y afirma usted que está «defendiendo la cultura»... «Los escritores de España no van por vuestro camino. El poeta Antonio Machado, lírico y filósofo, digno heredero del gran Jorge Manrique, está con el pueblo y no con los verdugos. El filósofo Ortega y Gasset, que había vacilado mucho, ha vuelto la espalda a los bandidos en esta hora decisiva. Ramón Gómez de la Serna ha declarado que está dispuesto a luchar al lado del pueblo. El joven poeta Rafael Alberti, al que unos campesinos libraron de la horca de «los defensores de la cultura», lucha valientemente contra los de los galones de oro.

Decía usted antes: «No han hecho nuestros abuelos a España con la espada, sino con las palabras». Pero ha llegado un día en que ha entregado usted para espadas el dinero que le dieron las palabras. Recomienda usted al presidente Azaña que ponga fin a su vida. El presidente Azaña está en su puesto, como todo el pueblo español. No le diré a usted, Unamuno, que se suicide para corregir así una página de la historia literaria española. Se suicidó usted ya el día en que entró al servicio del general Mola.

Se parece usted físicamente a Don Quijote y quiso hacer su papel; desterrado, sentado en la Rotonde, encaminaba usted a los chicos españoles a la lucha contra los generales y los jesuitas. Ahora matan a aquellos muchachos con balas que permite comprar su dinero. No, no es usted un Don Quijote, ni siquiera un Sancho Panza; es usted uno de aquellos viejos sin alma, enamorados de sí mismos, que sentados en su castillo veían cómo sus fieles servidores azotaban al malaventurado caballero.»

Estos ataques los llegaría a conocer y se sentiría insultado por los rojos, con motivo para hacerlo. Su yo político, histórico y superficial se sentía agredido; pero su yo íntimo seguía tan incólume y tan inocente como el primer día de la creación. Desde fuera todo justificaba aquel ataque, en aquellos tiempos de sangre y fuego. Con su cuota de guerra, aquel hombre viejo creía hacer algo por salvar a la República de sus errores y era coherente con sus habituales desprecios al Gobierno de Madrid; si después de gastar tanta pólvora verbal contra aquella República, no hubiera actuado en consecuencia, hubiera sido un cobarde. Y la cobardía no entraba en la larga lista de sus pecados capitales, aunque en aquellos momentos el miedo participara en cierta parte de sus decisiones. Aquel viejo, determinado por la inerte estructura de su pensamiento, sobrevivía entre sus propios modelos morales del pasado y el terror de sus circunstancias presentes.

A su amigo, el profesor Prieto Carrasco, ya lo habían fusilado y cuando, a finales de mes, le llegó la noticia del asesinato de García Lorca, su indignación y su miedo le rodearon como culebras exaltadas de un Laoconte histórico agonizante, luchador imposible, defensor inútil de sus propios hijos que eran sus palabras. Ehrenburg exageraba y se equivocaba, pero su parte de razón era tan brutal, que descubría los puntos vulnerables de su remordimiento. El cuerpo del diputado socialista Manso no estuvo nunca colgado de una farola de la Plaza Mayor de Salamanca, pero era verdad que la crueldad de los rebeldes era equiparable a la de «los bárbaros», de sus insultos al Frente Popular. Era verdad que existían «los verdugos de Salamanca», a los que él había apoyado; pero no eran «sus nuevos amigos», ni era «su mecenas el general Franco», ni menos había entrado «al servicio del general Mola». Naturalmente, acababa llamándole «fascista», con un improperio que, unido a su nombre, haría furor durante algunos años. En agosto del 36, los ánimos andaban calientes y las palabras adquirían la forma de las pistolas. Impulsados por la vehemencia de la guerra, nadie manejaba palabras, sino sonidos articulados, con significados peregrinos.

Nunca bendijo a los verdugos; pero sí es cierto que creyó que estaba «defendiendo la cultura», su cultura, la cultura del liberalismo tradicional, la cultura del liberalismo de su niñez, la cultura del liberalismo de los libros, un concepto de cultura del que no podía prescindir, acreedor de la inercia de su pensamiento. También en esto, aquel viejo era una víctima de su tiempo. Su cultura era él y la defendía con desesperación de sitiado; su cultura era su expresión y se sentía amenazado por los nuevos conceptos de la cultura, por los nuevos modos de entender la cultura, que no entendía y despreciaba, como siempre había hecho con lo que no era directamente suyo. Defendía la cultura de su yo, la que había ido formándose durante setenta años, tejiéndose de palabras, en un largo y penoso proceso de aprendizaje y solidificación, creciendo con sus perplejidades y sus iniciativas, organizándose alrededor de sus necesidades, alimentándose de su sangre. Era la cultura de un individualismo erizado y agónico, en perpetua y vigilante reacción, retroalimentándose de sus insuficiencias. Era la cultura, para decirlo con sus palabras, de su carne y de sus huesos, la cultura de un profesor universitario, funcionario del Estado, obsesionado por sus recuerdos filiales infantiles, ardoroso cultivador de sus disidencias, psicológicamente mantenidas, inflamable y señero, trabajador voluntarioso y náufrago de una crisis europea, que sobrepasaba sus propias angustias personales. Sí, defendía su cultura.

Ilya Ehrenburg, recordándole aquella cita suya de «no han hecho nuestros abuelos a España con la espada, sino con la palabra», sabía que era por donde más daño podía causarle. Las palabras como creadoras de la historia, qué oportuna cita para aquel viejo preocupado, que había vivido de palabras y empezaba a darse cuenta de la inútil esperanza depositada en aquel montón de palabras que había ido acumulando durante años. Sus palabras no habían hecho la España que tenía delante, que era una realidad extraña, ajena y distante, que sólo tangencialmente coincidía con aquella realidad que él llamaba España. ¡Qué enorme responsabilidad la de las palabras, si eran las culpables de aquella locura colectiva! La cita era precisa, pero no en el sentido denigrante que Ehrenburg le daba, sino en la situación temporal en que colocaba el pensamiento de aquel hombre viejo, con aquel «decía usted antes», con este adverbio de tiempo que fijaba unas circunstancias y denunciaba, sin saberlo, un fracaso intelectual. Porque, ¿podía seguir diciéndolo ahora?, ¿quién había hecho a España, tal como ahora se manifestaba, tal como quizás era, la palabra o la espada?, ¿qué razonamiento, por supuesto verbal, le había hecho creer que la palabra podía crear una realidad histórica? De momento, en aquellos días sangrientos de agosto, era la espada la que estaba haciendo, tajando el contorno de España.

Pero no era verdad que hubiera dado su dinero para espadas, sino para poder seguir diciendo sus palabras, sus viejas palabras de agonía, Dios, muerte, nada, existencia, inmortalidad, que sentía amenazadas por el gregarismo verbal que le aterraba y el materialismo espiritual que le empobrecía. Se equivocaba Ehrenburg, porque él creía poder cambiar las espadas por palabras, aquellas palabras que venían de los siglos y que le habían hecho a él ser lo que era, un devorador y un creador de palabras. Había dado dinero, sí, para las espadas, pero con la esperanza de poder seguir diciendo palabras. Le había costado mucho tiempo y mucho esfuerzo hacerse con aquellas palabras, que él creía que estaban en peligro, sobre las que se asentaba su yo, las que mantenían su vitalidad de viejo de setenta años, las que le habían facilitado su resistencia ante la desesperación, ante su vieja proclividad al suicidio, su permanente vigilia frente al abandono. Las espadas eran un episodio inevitable, para que las palabras siguieran viviendo, ofreciendo una inestable seguridad de cimiento eterno.

En cuanto a lo de Azaña era una historia que venía de lejos y en la que se mezclaban desafinidades personales, divergencias políticas y concepciones históricas diferentes. Desde aquel día, que recordaba Madariaga, en que agriamente había dicho: «Hay que tener cuidado con Azaña que es un escritor sin lectores y será capaz de hacer la revolución para que la gente le lea», habían pasado muchas cosas, que habían ido añadiendo irritación a aquel primer sarcasmo. Ahora, creía, y lo volvería a decir, que Azaña no representaba, si se prescindía de las leyes del sistema democrático, al pueblo español. Quizá su maximalismo le traicionara, teniendo en cuenta que Azaña había sido elegido democráticamente; pero quizás imaginara aquella anécdota que contaría Sánchez Albornoz, cuando, de viaje en tren hacia Valencia, y ante las aclamaciones de las multitudes entusiastas que gritaban, frente a las ventanillas a las que Azaña se asomaba: «¡Muera la burguesía!», éste comentaba por lo bajo: «Yo soy un burgués».

El día 22, el Gobierno de Madrid decidió destituir de todos sus cargos honoríficos a aquel hombre viejo, que se los había venido ganando a pulso, por una larga lucha por la libertad, a través de las palabras, desde aquellos tempranos artículos de «La lucha de clases», de Bilbao, cuando era un joven socialista, que leía a Marx en refritos, que repetiría después muchas veces en la fecha del 1 de mayo; además había frecuentado la Casa del Pueblo, en Salamanca, y había proclamado la República desde el balcón del Ayuntamiento salmantino, en la misma Plaza Mayor en la que había conocido la noticia de su destierro a Fuerteventura, por oponerse al dictador Primo de Rivera. Y había sido concejal, elegido por los votos obreros, y diputado a Cortes por el grupo republicano-socialista. Pero también había hecho méritos suficientes para que el Gobierno, y en su nombre el Presidente de la República, Manuel Azaña, le destituyera de su rectorado vitalicio y de cuantos otros cargos desempeñara, dependientes del Ministerio de Instrucción Pública. El día 23, «La Gaceta de Madrid» publicó el Decreto, que no se conoció en Salamanca hasta el día 27, vía Lisboa, y que decía así:

El Gobierno ha visto con dolor que don Miguel de Unamuno y Jugo, para quien la República había reservado las máximas expresiones de respeto y devoción y para quien había tenido todas las muestras de afecto, no haya respondido en el momento presente a la lealtad a que

estaba obligado, sumándose de modo público a la facción en armas. En vista de ello, y de acuerdo con el Consejo de Ministros y a propuesta del de Instrucción Pública y Bellas Artes,
Vengo a decretar:
Artículo 1. Queda derogado y nulo en todos sus extremos el decreto de 30 de septiembre de 1934 por el que se nombraba a don Miguel de Unamuno y Jugo rector vitalicio de la Universidad de Salamanca, que creaba en este centro la cátedra «Miguel de Unamuno», señalando como titular de ella al mismo señor, y se designaba con dicho nombre al Instituto Nacional de Segunda Enseñanza de Bilbao.
Artículo 2. Queda asimismo separado de cuantos otros cargos o comisiones desempeñara relacionadas con el Ministerio de Instrucción Pública y Bellas Artes.
Dado en Madrid, a veintidós de agosto de mil novecientos treinta y seis.—Manuel Azaña.—El ministro de Instrucción Pública y Bellas Artes, Francisco Barnés Salinas.

Otra cosa no tendrían, pero los republicanos sabían escribir y este Decreto huye tanto de la afectación política como de la asepsia funcional del lenguaje administrativo; sin embargo ignoraban que aquel hombre viejo había recibido los honores republicanos como un obligado reconocimiento a su lucha por la libertad democrática. El texto del decreto traducía, en contenidos términos oficiales, una mínima parte de la indignación que recorría los medios intelectuales y políticos del Madrid republicano, asediado ya por la guerra y entregado devoradoramente a la pasión homicida de la parcialidad. En la zona rebelde, la noticia fue acogida con alegría y el hombre viejo recibió los testimonios de satisfacción de los antirrepublicanos, comprobando las inesperadas consecuencias de sus errores. Las felicitaciones que recibió le colocaban en el lugar en que realmente estaba y en el que realmente estaba a disgusto. El rector de la Universidad de Zaragoza, con membrete del rectorado, le escribió una carta el día 25 de agosto de 1936.

El Rector de la Universidad de Zaragoza
25 agosto 1936

Excmo. Sr. D. Miguel de Unamuno
Rector Destituido de la Universidad de Salamanca

Mi querido D. Miguel: Más rector que nunca, al enterarme de que Unión Radio le ha hecho el alto honor de destituirle, me apresuro a felicitarle y después de un VIVA ESPAÑA enviarle fuerte abrazo de compañero y amigo
Calamita.

En Bilbao se le quitó su nombre a la calle que lo llevaba y se rebautizó con el nombre de «Simón Bolívar» el Instituto de Segunda Enseñanza que hasta entonces se llamaba de «Miguel de Unamuno». Cinco días después, en la revista, que dirigía en Madrid Rafael Alberti, «El Mono Azul», en su primer número, en el que también se publicaban textos de Juan Ramón Jiménez, José Bergamín, Ramón Sender, Luis Altolaguirre, María Teresa León y el propio Alberti, apareció un artículo, que haría fortuna y que se repetiría en las bibliografías de la guerra civil y en la de aquel hombre viejo; lo firmaba Armando Bazán y sus cincuenta y dos líneas, en la última página de la revista, no hacían presumir su repercusión y su tenaz resistencia a dejarse olvidar. Se titulaba «Unamuno junto a la Reacción» y decía así:

Unamuno está disparando sus más envenenados fuegos desde la trinchera enemiga. Su voz que muchos creían excelsa, se ha puesto a tono con la del ebrio consuetudinario Queipo, con la de Mola, con la del patriota Franco, que nos envía cabilas para civilizarnos. Después de haber mantenido en el más completo engaño a casi todo el mundo del pensamiento, nos ha descubierto toda la mezquindad de su espíritu, toda la fealdad monstruosa de su inhumanidad.
Tenía dotes excepcionales, dotes verdaderamente geniales de gran impostor. Se hacía considerar como un cristiano inmaculado, como un abanderado de la libertad, como un pionero del perfeccionamiento

humano. Y su juego no fallaba nunca. Este hombre, maculado por el vicio de un orgullo satánico, de un egocentrismo feroz, paseaba ante el mundo una albeante testa de apóstol venerable. Pero los marxistas habíamos visto desde hace mucho tiempo el truco del malabarista. Por eso, a pesar de su fama y su gloria, quisimos presentarle siempre en sus condiciones esenciales, en sus dimensiones precisas.
El marxismo nos enseñaba a gritos que la obra de Unamuno estaba toda alimentada de sangre reaccionaria, que su aliento venía desde la misma noche medieval. Reconocíamos, por eso, que su llamada «personalidad representativa de España» no era del todo desacertada. Reconocíamos que, efectivamente, la voz y el pensamiento de Unamuno representaban a una España decadente y moribunda, que en sus espasmos de muerte desgarraría la entraña de la España joven, que trae una aurora nueva para el mundo en la frente.
No hemos tenido que esperar mucho tiempo para ver con nuestros propios ojos el hundimiento de Unamuno en medio de un mundo de generales, de obispos y de terratenientes.

Nada de esto era cierto; pero la guerra ponía difícil la ecuanimidad. El respeto que, a pesar de todo, le tenía la izquierda se perdió desde entonces y la apariencia conservadora de su pensamiento, con su lenguaje metafórico de Dios, cristianismo, inmortalidad, etc., fue distorsionada hasta la confusión; le negaron el pan y la sal y lo condenaron al pelotón de los indeseables; fue un sambenito nunca levantado del todo, ni siquiera cuando explícitamente demostró el error de estas acusaciones, pero un pensamiento tan personal como el suyo estaba abierto a todos los riesgos. Aquellos ataques y otros semejantes le dolieron a aquel hombre viejo, que durante los meses que le quedaban de vida repetiría con destemplada tristeza: «Me atacan los rojos», con sorprendida resignación. Pero, además, hasta el día 27, en que oficialmente se abolió la bandera tricolor, la República amparaba sus disidencias democráticas y podía pensar que todos se mataban en nombre del mismo régimen republicano, que había engendrado su propio acto reflejo de purgación necesaria y perentoria. Pero seguían creciéndole sus dudas, aferrado a sus desplantes contra aquella República que lo había decepcionado, con una coherencia nunca desmentida. Su última ceguera intelectual nunca fue tan evidente como en aquellos días finales de agosto, que no se acababan de terminar. Su actitud contrastaba con la de otros intelectuales, mucho más minoritarios que él, creadores de palabras selectas, de poéticas intensamente líricas, como era el caso de Juan Ramón Jiménez, que el día 27 de agosto publicó en Madrid un texto en defensa de la lucha popular:

Creo que en la historia del mundo no ha existido ejemplo de valor material e ideal semejante al que en este 1936 está dando el gran pueblo español. En un solo día de decisión maravillosa, de recobro inconcebible, de extraordinaria incorporación, tomó su lugar exacto contra el extenso frente militar, organizado año tras año, y, en medio de su confianza, contra él... Yo deseo de todo corazón, no creo necesario expresar este anhelo de toda mi vida, que tantas veces he manifestado en mis palabras y en mis escritos, el triunfo sin mengua del pueblo español, su triunfo material y su triunfo moral... Que el hermoso pueblo español salga entero del cuerpo que le quede y de toda su alma, pleno de alegre conciencia de esta empresa decisiva a que ha sido cruentamente citado. Entonces España, eterna y grande, alzará bandera de valor y conducta ante todos los pueblos del mundo.

El frente de la guerra se iba alejando de Salamanca y el general Franco se iba acercando. El día 26 abandonó Sevilla y se instaló, con su cuartel general, en el Palacio de los Golfines, en Cáceres, donde las aleccionadas multitudes empezarían a llamarle caudillo tempranamente. Por aquellos días, llegó a Salamanca la noticia de la muerte de García Lorca, ocurrida en Granada el día 17. Aquel hombre viejo añadió horror a su conciencia y añadió nuevas razones para pensar que aquella guerra no era lo que al principio, hacía poco más de un mes, había creído; era un estallido de cólera y de locura, que se intentaba disfrazar de guerra ideológica. Lo de la salvación de la República, a finales de agosto, ya no se mantenía en pie; aquel mes fue el mes del descubrimiento, que se le confirmaba con cada noticia que le iba llegando. La historia, aquella historia de la que siempre había desconfiado, había irrumpido brutalmente en su intrahistoria de Salamanca. Todos sus pensamientos sobre España se le venían abajo; no entendía nada y como no entendía nada le echó la culpa de todo a la locura, a una especie de epidemia que había atacado al pueblo español y que iba para rato.

Y, además, hacía calor y era difícil pensar en aquel bochorno sonoro de la guerra en una Salamanca frenética y espesa. Aquel hombre viejo tuvo miedo, rodeado de antiguos enemigos que esperaban una ocasión para su fusilamiento; agosto debió ser un mes largo para su conciencia enfebrecida, para su organismo de anciano, con más de treinta grados en los breves oasis de las sombras monumentales de la ciudad y con muchos amigos suyos muertos a tiros. Siempre había necesitado tener razón contra alguien, incluso contra él mismo, pero ahora tiraban con bala y sintió la inútil satisfacción de tener razón contra todos. Los rebeldes le desencantaban con los crímenes diarios de aquel verano sangriento y los gubernamentales no cesaban de atacarle, como dándole más motivos para su distanciamiento irreversible. El día 27 de agosto, en el primer número de «El Mono Azul», un editorial demostraba la reacción de una izquierda chasqueada por su actitud, que traducía el nivel de su ira por las cotas de su antigua admiración:

¿Quién no se conmueve? Don Miguel de Unamuno, no. Esa especie de fantasma superviviente de un escritor, espectro fugado de un hombre, se alza, o dicen que se alza, al lado de la mentira, de la traición, del crimen. Unamuno fue siempre propenso a meter la débil agudeza de su voz en aparentes oquedades de máscara. Máscara Don Quijote para él. Máscara el Cristo de Velázquez. La autenticidad del escritor revelaba entonces dignamente el secreto trágico de tales nobles mascaradas. Pero ahora no es una voz, en grito angustiado de tragedia, la que viene a decirnos su palabra. Es algo terrible para él, angustioso de veras para la dignidad humana de la inteligencia. Es la más dolorosa de todas las traiciones: la que se hace el hombre a sí mismo por la más innoble de las cobardías; la que reniega, rechaza, abomina de la excelsa significación de la palabra, de la vida, de la independencia, de la libertad. Esta horrible mentira, encarnada entre los labios del superviviente Unamuno, ¿qué nueva perspectiva sangrienta y amarga nos abre ante su pasado, manchándolo y envileciéndolo quién sabe durante cuánto tiempo ante las generaciones futuras?

Quedaba una especie de reserva, como un último respeto por aquel viejo escritor, al que la memoria intelectual del editorialista guardaba un afecto profesional, nacido precisamente de «la excelsa significación de la palabra», que era donde más le dolía. Pero se equivocaban, porque una vez más aquel hombre viejo se hurtaba a las expectativas y estaba yéndose ya del lugar en que todos creían que estaba. Por eso, cuando en Salamanca se arrió definitivamente la bandera republicana en el Ayuntamiento, no acudió al acto, aunque seguía siendo concejal, ni participó en ninguna reunión de la corporación municipal. Sin embargo, a contrapelo de todos, impulsado por las estructuras de su psiquismo, zodiacalmente impelido a armonizar los extremos más irreconciliables, como Libra expósito, zarandeado por las tentaciones más opuestas, a merced de los últimos calores del verano y de los primeros signos del otoño, volvió a incidir en sus críticas a la República en unas declaraciones a los periodistas, que se publicaron el día 30 de agosto, al día siguiente de haber abierto los periódicos de la ciudad con grandes titulares en la primera página con nuevas consignas para la supervivencia: «Te pueden oír... Enemigos... No preguntes... No contestes.»

El ilustre pensador don Miguel de Unamuno ha hecho unas nuevas declaraciones a los periodistas, en las que se afirma que el estado anárquico en que se hallaba España era debido a la intromisión de Moscú en nuestros asuntos interiores y a la falta de cultura del pueblo. También algo de esto se debe a la implantación de una República, que concedió una amplia base de libertad que no han sabido aprovechar las masas. Añade que Azaña es el único responsable de todos los horrores desencadenados sobre España.
«El señor Unamuno expresa después la gran admiración que siente por las mujeres españolas, que han sido las primeras en contener los avances del comunismo, sacrificándose de la manera gloriosa que lo

han hecho. Termina diciendo que era necesario salvar a España del caos, porque si sucumbiera, no sería sólo España, sino Europa entera y la civilización occidental.»

SEPTIEMBRE

Septiembre venía bueno. El mismo día 1, el general Cabanellas, presidente de la Junta de Defensa Nacional, firmó en Burgos el decreto de reposición de todos sus cargos al hombre viejo de Salamanca, y el catedrático de su Universidad Isaías Sánchez Tejerina publicaba su alocución radiada en la que pedía la reposición del Santo Oficio, que terminaba con estas palabras: «¡Salmantinos, viva la nueva inquisición española!» El texto militar, aparecido en la prensa salmantina el 10 de septiembre de 1936, era más prudente:

Ostenta la personalidad de don Miguel de Unamuno en el campo docente, como en otras manifestaciones de la cultura, bien acusados relieves que le otorgan destacada notoriedad. De otro lado, la cruzada emprendida por España —pueblo y Ejército— para librar a la civilización de Occidente del secuestro, en que gentes incomprensivas de su excelencia, la retenían, han merecido de tan ilustre prócer del saber la adhesión fervorosa y el apoyo entusiasta que de intelecto y espíritu tales cabía esperar.
A circunstancias tan preclaras y a tan relevantes hechos, cúspide feliz de una vida ascendente sin rellanos ni altos en su declive, y que, antes de ahora, movió a homenaje a quienes el poder público representaban, no ha de corresponder la Junta de Defensa Nacional con desdén, ni siquiera con olvido o indiferencia; antes al contrario, a fuer de directora del gran movimiento nacional, siente el deber de hacerse eco de unos y otros, de destacarlos ante propios y ajenos y de honrarlos cual requiere la Justicia. Más aun, cuando los verdugos de aquella civilización, cuyas huestes libertadoras han visto reforzado el entusiasmo en su afán santo con el hálito patriótico del pecho, siempre sincero, del maestro de Salamanca, acusan el matiz dominante de su empresa con la pretensión de derrocar, a golpe de pluma, lo que a

aquél solamente le fue reconocido por los hombres, ya que no por ellos, sino por Dios, otorgado.
Por tanto, como presidente de la Junta de Defensa Nacional, y de acuerdo con ésta, vengo en decretar:
Artículo único. Se confirma a don Miguel de Unamuno en los cargos de rector vitalicio de la Universidad de Salamanca y titular de la cátedra de su nombre en el mismo centro, con cuantas prerrogativas y atribuciones se le confirieron en el decreto de 30 de septiembre de 1934.
Dado en Burgos, a 1 de septiembre de 1936.

Miguel Cabanellas

A los rigores de la guerra, aquel hombre viejo tuvo que añadir la lectura de este texto, abrumado de palabras y de conceptos mostrencos, que no podían menos de irritarle, aunque en ellos naufragara su feliz expresión de la civilización occidental en peligro. Pero volvió a ser rector vitalicio, como en los buenos tiempos de la República, once días después de que el Gobierno republicano le hubiera destituido. El general Mola, como general en jefe del Ejército del Norte, le envió un telegrama de felicitación. Los militares rebeldes le agradecían su apoyo, cuando él empezaba ya a negárselo en su interior, y lo consideraban como uno de los suyos, dándole la razón a los ataques de Madrid, aunque nunca había sido uno de ellos, traído y llevado, pero centrado en sí mismo, en su inmóvil derecho a su libertad individual. Aplaudido o execrado, todos se volvieron a equivocar, también en esto.

La guerra estaba ya instalada en todas las conciencias y el país sangraba por todos los costados. A su alrededor, se seguían produciendo las anécdotas de la contienda, a las que él estaba atento, con aquella ávida curiosidad que siempre había tenido por los cotilleos de lo cotidiano. A falta de José Antonio, Manuel Hedilla había sido nombrado jefe provisional de la Falange. Gil Robles había vuelto a pasar por Salamanca el día 3, después de su primer viaje el 29 de agosto, camino de Burgos. Los rebeldes habían conquistado Talavera de la Reina, cuya toma y sus horrores consignó en sus notas de guerra y al día siguiente entraban ya en Irún. Como rector repuesto, recibió las peticiones de los catedráticos desplazados de Madrid y conoció otro aspecto de aquella dolorosa situación. Con fecha 3 de septiembre, el profesor Miguel Catalán le escribió desde Segovia para comunicarle sus problemas y pedirle ayuda.

Mi admirado maestro:
«Estando en San Rafael con mi mujer y mi hijo veraneando tuvimos que desalojar precipitadamente de allí por los combates que se celebraron en el mes de julio y refugiarnos en El Espinar y más tarde en Segovia. En esta ciudad presto ahora servicios en el Centro de Información de Heridos, pero acercándose la fecha en que tendrán que comenzar las tareas docentes universitarias y pensando que acaso pudiera mejor en estos momentos servir con mi modesta ayuda a esa vieja Universidad Española de Salamanca, me atrevo a ofrecerle mi entusiasta y devota colaboración a V. como Rector, por si tuviera a bien aceptarla.
Mi cátedra en Madrid es de la Facultad de Ciencias, Estructura atómico-molecular y Espectroscopia y como acumulada la de Mecánica. Mi interés, tanto en la Universidad, como en el Instituto Nacional de Física y Química (Rockefeller), en el que estoy encargado de una de las secciones, es la Química relacionada con la Física.
Sería para mí el mayor honor servir en estos momentos a España bajo su dirección y consejo.
Con todo el respeto y adhesión suyo affmo. s. s. q. e. s. m.

Miguel Catalán.

El día 6 se conoció en Salamanca la noticia, a través de Hendaya, del cambio de nombre de la calle que le habían dedicado en Bilbao y de la sustitución del nombre del Instituto de Segunda Enseñanza «Miguel de Unamuno» por el de «Simón Bolívar». Se entristeció al saberlo, pero más se entristeció con la carta del mismo día 6, que recibió, estampillada en la Cárcel Provincial de Salamanca, de uno más de sus amigos presos, el pastor protestante de la comunidad salmantina, al que habían encarcelado simplemente por masón.

Mi buen amigo D. Miguel: Por mi esposa sé las molestias que Vd. se está tomando con respecto a este extraño encarcelamiento del que soy objeto desde hace 38 días. Muy grave debe ser la causa para tenerme apartado de mi Ministerio Evangélico, aun cuando todavía no sé si estoy a disposición de algún juez o del Comandante Militar. De todos modos le agradezco su solicitud. Mi esposa me ha dicho que ha estado usted en mi casa hace unos días. ¿Quizás esperaba Vd. encontrarme en ella? Ello sería un buen augurio para mí.
Bien quisiera volver a gozar de la libertad, pero me figuro que aquí se entra con demasiada facilidad para poder salir con la misma. Espero con impaciencia que acabe esta trágica lucha y estoy pidiendo constantemente a Dios en mis oraciones que todos los españoles depongan las armas y se amen como hermanos. Los primeros en dar el ejemplo hemos de ser los cristianos. «Ve y haz tú lo mismo», fue el mandato de Cristo a aquel doctor de la Ley que le preguntaba quién era su prójimo.
De nuevo repito la gratitud que siento por la deferencia que en esta ocasión memorable ha tenido para mí y mi esposa.

Suyo en el Evangelio,

Atilano Coco.

Aquel hombre viejo seguiría gestionando la libertad de aquel pastor protestante, inútilmente insistiendo en los despachos oficiales, como venía haciendo con otros amigos y conocidos, incluso con desconocidos, chocando contra la muralla de las promesas y de las evasivas, pidiendo al menos la instrucción de un juicio, pues los encausados no eran objeto de las temibles «sacas», que equivalían al fusilamiento. Pero no se desanimaba y, amparado en su cargo y en su prestigio, conseguiría algunos procesos, algunas revisiones, algunos aplazamientos. Porque sus ataques al Gobierno de Madrid no impedían su ayuda a los republicanos, a los frentepopulistas, ejerciendo una política de moral individual, personalista y directa, por encima de las ideas y de los compromisos públicos. Esto ya había ocurrido antes, cuando sus críticas a la República no habían sido obstáculo para su frecuente presencia en la Casa del

Pueblo y su participación en los actos públicos de los partidos de izquierdas. Era su salvación individual frente a las imposiciones de sus deberes intelectuales. Pero sus gestiones fueron en mucha parte ineficaces y conoció el dolor de los desesperanzados rostros familiares de los condenados y participó del horror colectivo de aquella interminable y dura represión. Tras aquella operación sangrienta, empezaba a descubrir el odio y, lentamente, le fueron abandonando las pocas dudas que le quedaban sobre el carácter y la finalidad de aquella sublevación.

El día 12 apareció en Salamanca el general Millán Astray, llegado de América para incorporarse al ejército de los rebeldes, y en Valladolid se presentó el general Martínez Anido a ofrecerse para luchar contra la República. Un periodista del diario conservador francés «Le Matin» le hizo una entrevista a aquel hombre viejo, que repitió sus propios tópicos sobre el levantamiento militar y buscó nuevas razones para apoyar su actitud, que, desde el día 10 de agosto, sabemos que había cambiado. ¿Por qué? Probablemente por el miedo y la convicción que le obligaban a dedicar unos elogios al ejército, que nunca había sentido, y unas palabras al general Mola, que de ninguna manera eran suyas. La prensa de la facción rebelde reprodujo alborozada el día 13 estas declaraciones:

En el extranjero todavía no se ha comprendido la naturaleza de la guerra más espantosa que ha conocido España. No se comprende que España atraviesa una crisis de demencia desencadenada a la sombra de un Gobierno delicuescente, que no admite otra solución que no sea por el hierro y por el fuego.
Se habla de una guerra de ideas, pero en esta guerra no hay ninguna idea a debatir. Se trata de vencer a un tirano. Se habla de una tregua, pero no es posible. En España hay una epidemia de locura. Estamos ante una ola de destrucción, asesinatos y crímenes de todas clases. Los comunistas nunca tuvieron una noción de política constructiva. Los anarquistas, por su parte, no fueron rozados por tal idea. Esos hombres están atacados de delirio furioso. Tal vez se trate de una crisis de desesperación. Las iglesias que saquean e incendian, las imágenes que decapitan, los esqueletos que exhuman, acaso sólo sean ges-

tos de desesperación; pero en todo esto debe haber otra cosa de origen patológico. No es el alcoholismo, porque el pueblo español no bebe. Pienso en otro origen de la decadencia o tara mental.
No hay gobierno en Madrid; hay solamente bandas armadas, que cometen todas las atrocidades posibles. El poder está en las manos de los presidiarios que fueron liberados y empuñaron las armas. Azaña nada representa. Lo imagino muy bien en su palacio, porque lo conozco hace treinta años. Se perdió en su sueño ocupado en tomar notas para escribir sus memorias. Es él el gran responsable de lo que acontece. Cuando el movimiento surgió creyó que se trataba de un simple pronunciamiento. No comprendió que había un pueblo dispuesto a unirse al ejército. Sólo pensó en el Frente Popular, sin tener en cuenta que los campesinos, los obreros y los pequeños burgueses que vivían con dificultades eran más pueblo que los elementos del Frente Popular, y armó a unos hombres, que en el momento que se encontraron con un fusil en la mano, se transformaron en bandidos. La lucha será larga, muy larga y espantosa; me estremezco pensando en Cataluña. ¡Qué locura imbécil la de la idea separatista aliada a la anarquía! En el país vasco, que es el mío, el absurdo no es tan evidente. Felizmente, el Ejército ha dado pruebas de gran prudencia. Franco y Mola tuvieron el supremo cuidado de no pronunciarse contra la República. Son dos hombres sensatos y reflexivos.
Yo mismo me admiro de estar de acuerdo con los militares. Antes yo decía: primero un canónigo que un teniente coronel. No lo repetiré. El ejército es la única cosa fundamental con que puede contar España.

Fechadas en Salamanca, el día 9 de septiembre, «El Mercurio» de Chile publicó unas declaraciones de aquel hombre viejo, que a su vez reprodujo «El Mono Azul» de Alberti, el día 22 de octubre, y que son las mismas de «Le Matin», con ligeras variantes, que precisan el sentido, rectifican los errores de la traducción al francés y del francés al castellano o recogen matices inexistentes en el texto publicado en los periódicos españoles de la zona rebelde, con alguna pintoresca equivocación como la de confundir «un canónigo» con «un cañón».

Reinstalado en su cargo por decreto de la Junta de Burgos, después

de haber sido expulsado de él por el Gobierno de Madrid, Unamuno ataca ahora violentamente al señor Azaña diciendo:
Ustedes oyen hablar del Gobierno de Madrid, pero ya no hay ningún gobierno en Madrid. Sólo hay bandas armadas que cometen toda clase de atrocidades.
El poder está en manos de presos en libertad, que esgrimen pistolas.
Azaña ya no representa nada... Es un monstruo de frivolidad... Es el más responsable de todo lo que pasa... Armó a gentes que, apenas tuvieron rifles en sus manos, demostraron ser bandidos.
No le es permitido a un estadista tener tan escaso sentido histórico, el que no consiste en tener la nariz sobre los libros, sino en comprender su propia época y aquilatar los movimientos de rebelión. Entre estos criminales y el pueblo en armas, que los combate con el Ejército, la lucha será larga, muy larga y terrible.
Esa locura imbécil que es la idea del separatismo, que se alía con la anarquía.
En el País Vasco, que es mi país, sólo hay un clero sin sentido.
Afortunadamente, el Ejército ha demostrado gran sabiduría.
Franco y Mola tuvieron la alta prudencia de no pronunciarse contra la República.
Militarmente, por lo menos, el soldado debe salvar a España.
Me sorprende el encontrarme hoy dando mi confianza a los militares. En cierta ocasión dije en Francia; «Más vale un cañón que un teniente coronel». Hoy no repetiría eso. El Ejército es el único cimiento, con el cual uno puede dar una base seria a España.

Convertidas en noticias de periódicos las palabras de aquel hombre, se cambiaron, manipularon y exhibieron como un escándalo. De la comparación de los dos textos, parece deducirse que proceden de una misma emisión, aunque interpretada según el oyente, con algunas variantes significativas, que, no obstante, no ocultan el fondo del discurso, que sigue la línea de sus anteriores ataques a los gobiernos republicanos y, en especial, a Azaña, y de su concepto de la guerra como una cuestión patológica, que no deja de ser pintoresca a sus años y con su pasado antipositivista. Sus críticas al separatismo no son nuevas, obsesionado por la unidad de España, debida a la fuerza expansiva del ideal histórico castellano, que había venido repitiendo, entre místico y voluntarista, desde finales del siglo XIX. Pero sus elogios al Ejército y, sobre todo, a los generales Franco y Mola, eran totalmente inesperados, hasta tal punto que él mismo se mostraba sorprendido de sus palabras, como si hubiera un distanciamiento entre quien hablaba y lo que decía. Lo cierto es que nunca había sido antimilitar, aunque con mucha frecuencia había sido antimilitarista, y su primera reacción ante el levantamiento militar estaba muy próxima a la que ahora echaba en cara al presidente Azaña: levantarse contra la República para salvar la República era el razonamiento de base de los pronunciamientos militares del siglo pasado.

Pero lo que realmente sorprendía en sus palabras, por ser nuevo y por ser insólito, eran sus razonamientos aduladores sobre los generales Franco y Mola, conociendo sus textos posteriores dedicados al general Mola, al que hacía responsable máximo y directo de la crueldad de la represión en la retaguardia, es decir, del hombre del que dependía su vida. Al general Franco nunca le perdió un cierto respeto y confió en él como un elemento conciliador y apaciguador del estamento militar, adornado de ciertas cualidades que él apreciaba como la prudencia y una especie de gallardía, que había demostrado frente al dictador Primo de Rivera, cuando había hablado de la «casta de los militares». Pero al general Mola no sólo no le tenía ningún respeto, sino que lo despreciaba, calificándolo con sus más duros adjetivos, como un ser abyecto, vesánico y rencoroso. Además, poco tiempo después, tendría un pequeño altercado con él, a propósito de un certificado que se le pedía sobre el general Martínez Anido, al que tenía en igual concepto que al otro.

Aquel hombre viejo, en aquellas declaraciones a «Le Matin», simplemente mentía. Ya no le quedaba la coartada del levantamiento en favor de la República, porque sabía que la bandera tricolor había sido prohibida; pero seguía hablando de que los generales «tuvieron el supremo cuidado de no pronunciarse contra la República». Y tenía la evidencia, como lo escribiría más tarde, que el general Mola no era ni sensato, ni reflexivo. Sin embargo, en aquel caos y sobre aquel tremedal, con su tendencia a buscar algo sólido sobre lo que reconstruir su concepto de España, que se le hacía aguas por todas partes, pensaba sinceramente, que el Ejército era «la única cosa fundamental con que puede contar España», decepcionado de los políticos y de los civiles y desencantado de que pudieran dar cohesión al desintegrado cuerpo nacional, en el proceso, próximo al que había propuesto hacía años Ortega y Gasset, de la vertebración española, que también él juzgaba necesaria y urgente, sobre todo desde el comienzo de aquella carnicería.

Mentía; se sabía egoísta y envidioso, como había dicho Max Aub; ahora se mostraba adulador; era un hombre de carne y hueso, no el hijo de Dios encarnado, era defectuoso, humano en sus rencores y en sus contradicciones; pero con una prodigiosa capacidad de reacción, a merced de sus estímulos y de sus humores, ingenuo en sus astucias, desnudo total en su inocencia, sincero en la versión de su pensamiento dialéctico, arriesgado y prudente al mismo tiempo, generoso y mezquino, heroico y cobarde a partes iguales, en la frontera permanente de todas las afirmaciones y de todas las negaciones, cambiante y sin embargo coherente, con razones suficientes para hacer lo contrario de lo que hacía y remordimientos tenaces por lo que había dejado de hacer, vulnerable en su energumenismo de caseta de feria y verdaderamente imponente en su solidez de monumento, mantenido por la mirada de los espectadores, infantil en su demanda de atención y senil en la inercia mortal de su pensamiento.

Mentía, porque ocultaba parte de lo que sabía sobre la represión en Salamanca, que sin embargo iba anotando en sus notas sobre la guerra, a las que llegaban los rumores sobre detenciones, las noticias sobre los fusilamientos, los comentarios sobre los métodos de los represores y las anécdotas del miedo y de la desesperación. Repetía las informaciones conocidas, difundidas por la Propaganda de los rebeldes, sobre las macabras historias de exhumaciones, sacrilegios y saqueos; pero se callaba los crímenes de la retaguardia rebelde, que conocía muy bien por afectar en muchos casos a personas de su entorno ciudadano y de su amistad particular. Porque, entonces, hacia mediados de septiembre, no sólo estaba arrepentido de su inicial adhesión a la facción rebelde, sino que empezaba a sentir la necesidad de reaccionar contra lo que estaba viendo en la Salamanca militarizada y ahogada de sangre y de miedo, impulsado por sus remordimientos y por su obsesión de afirmación personal. Por aquellas fechas, ya sólo esperaba la ocasión de saltar y organizaba, con prudencia aldeana, la estrategia de su protesta.

El día 13 de septiembre, la ciudad de San Sebastián fue dominada por los rebeldes y aquel hombre viejo lo acusó en sus notas; aquel mismo día el Boletín de la Junta de Defensa Nacional de Burgos publicó un decreto por el que suprimía todos los partidos políticos del Frente Popular, con lo que se cegaba cualquier duda sobre el carácter antidemocrático de la rebelión militar. Fue otra confirmación, ya casi ociosa, para aquel hombre que se había propuesto luchar, como había dicho en los primeros tiempos de la reinstauración republicana, por la pluralidad de ideologías y por la diversidad de opciones políticas. Pero lo que más le afectaba a aquellas alturas de la guerra, aparte del desencuentro consigo mismo y su consiguiente desazón, era el horror de la muerte, la violencia consuetudinaria, el genocidio institucionalizado, del que iba dejando constancia en sus papeles privados. Era la explosión de la sangre, la que llenaba su horizonte visual y no sólo a él, que podría simbolizar la conciencia normal de los sufrientes hombres de la calle, sino a gentes como monseñor Olaechea, obispo de Pamplona, que por aquellos días, ya preotoñales, de mediados del mes de septiembre, en una carta pastoral pedía patéticamente: «¡No más sangre! ¡No más sangre!», mientras «El Norte de Castilla» de Valladolid se avergonzaba de los hombres, mujeres «y hasta niños» que acudían a ver, con gozoso sadismo, en romería, las ejecuciones, que aquel hombre viejo también criticaría.

Como rector de la Universidad, aquel hombre viejo fue nombrado Presidente de la Comisión Depuradora de responsabilidades políticas en el distrito universitario de Salamanca, que afectaba a catedráticos, profesores y maestros, lo que significó un mal trago para su sensibilidad moral; delaciones, documentos secretos, fichas policiales, testimonios humillantes, pasaron por sus manos, y las súplicas, las denuncias, las protestas y los terrores llegaron hasta sus oídos incrédulos. Continuó practicando su política de ayuda a los acusados, hasta donde las normas se lo permitían, y tuvo que despachar informes desfavorables contra sus convicciones y sus deseos. Pero quedaron más a la vista sus certificados de culpabilidad, a veces con rostros, voces y nombres conocidos, que sus informes exculpatorios y sus peticiones de clemencia. Su participación en aquella burocracia de la muerte le repugnaba y añadía nuevos motivos a sus crecientes remordimientos. Mucha gente dejó de hablarle y otros muchos le culparon de sucia complicidad con las autoridades militares, con la única justificación de salvar el pellejo. Judas, al menos, había acabado ahorcándose.

Su correspondencia se llenó de cartas femeninas, de mujeres desoladas que pedían caridad, justicia y esperanza para sus maridos encarcelados y acusados de pertenecer a partidos políticos perseguidos o de haber participado en actividades revolucionarias. Eran cartas simples y monótonas, siempre conmovedoras y directas, contenidas en sus temores y abiertas a todos los milagros, no siempre correctamente escritas, pero siempre respetuosas y desesperadas. Mujeres de maestros que habían querido la libertad en los pueblos de los caciques; funcionarios administrativos enfrentados a sus jefes por el recuerdo de unas elecciones; profesores que habían asumido públicamente sus compromisos partidistas; catedráticos que figuraban en listas o en ficheros ineludiblemente delatores. Cartas pensadas en la soledad de los lechos matrimoniales, ante los hijos anticipadamente huérfanos, sobre los escritorios profesionales involuntariamente inútiles. Mujeres con hermosos nombres de vírgenes, con gentilicios usados por la costumbre y la memoria. Nóminas familiares, las Teresas, Soledades, Mercedes, Cármenes, Olallas, Conchas, Blancas o Puras, de su «Oda a Salamanca», nombres que fueron miel para los labios, brasa en el pecho.

El día 17 el general Franco hizo en Cáceres unas declaraciones al mismo corresponsal de «Le Matin» que había hablado con aquel hombre viejo, que pudo comprobar sus coincidencias verbales con el que empezaba a expresarse como jefe de la rebelión. José María Ramos Loscertales, de antigua ideología liberal, confusamente convertido en pocos días en asesor intelectual de los falangistas salmantinos, decano de la Facultad de Filosofía y Letras, recibió el encargo de preparar un texto de apoyo a la rebelión militar, en nombre de la gloriosa Universidad de Salamanca. Gil Robles pasó nuevamente por la ciudad, el día 19, ya temeroso por la ascensión imparable de los signos fascistas en las manifestaciones multitudinarias de la guerra y por la invasión falangista en la burocracia de la incipiente administración del nuevo Estado, a expensas de sus hombres de Acción Popular, marginados por los expeditivos méritos de guerra en la retaguardia de los hombres de la camisa azul. El día 20 el profesor Ramos Loscertales preparó el texto del «Mensaje de la Universidad de Salamanca a las Universidades y Academias del mundo acerca de la Guerra civil española».

Al día siguiente, alrededor de las nueve de la mañana, empezaron a llegar automóviles militares a la Plaza Mayor. Los salmantinos, acostumbrados ya a la parafernalia de la guerra, se sorprendieron no obstante de aquella inusitada concentración de generales, que entraron a desayunar en el «Novelty». Algunos rostros eran ya reconocidos por las gentes que se apezuñaron para aclamarlos, con sus uniformes de campaña y las danzantes borlas de sus gorros de reglamento. La barba blanca y la sólida contextura del general Cabanellas fueron detectadas por los curiosos, así como los grandes bigotes del general Saliquet, con las guías tiesas y la baja estatura del general Franco. Mientras tanto Kindelán y Lecea preparaban en la finca de San Fernando, del ganadero Antonio Pérez Tabernero, cerca de Salamanca, la reunión a que aquellos generales, junto a los que aterrizaron en el cercano campo del Hospicio, entre los que el servicio de la finca reconocía el bigote breve y la campechanía del general Queipo de Llano y el descaro de movimientos del general Mola, indespistable por sus gafas, habían sido convocados, dentro de una lista preparada en el Cuartel General de Franco en Cáceres, por el general del Aire, Alfredo Kindelán, monárquico, para tratar de los asuntos de la guerra y de la unificación del mando militar, en busca de una mayor eficacia resolutiva.

El día 26, por la tarde, se convocó un claustro extraordinario de la universidad, en el que el profesor Ramos Loscertales propuso un texto de circunstancias con el «Mensaje» a las universidades del mundo, que aquel hombre viejo corrigió levemente con algunas rectificaciones de estilo y que decía así:

Mensaje de la Universidad de Salamanca a las Universidades y Academias del mundo acerca de la guerra civil española.

La Universidad de Salamanca, que ha sabido alejar serena y austeramente de su horizonte espiritual toda actividad política, sabe asimismo que su tradición universitaria la obliga, a las veces, a alzar su voz sobre las luchas de los hombres en cumplimiento de un deber de justicia.
Enfrentada con el choque tremendo producido sobre el suelo español al defenderse nuestra civilización cristiana de Occidente, constructora de Europa, de un ideario oriental aniquilador, la Universidad de Salamanca advierte con hondo dolor que, sobre las ya rudas violencias de guerra civil, destacan agriamente algunos hechos que la fuerzan a cumplir el triste deber de elevar al mundo civilizado su protesta viril. Actos de crueldades innecesarias —asesinatos de personas laicas y eclesiásticas— y destrucción inútil —bombardeo de santuarios nacionales (tales el Pilar y la Rábida), de hospitales y escuelas, sin contar los sistemáticos de ciudades abiertas—, delitos de esa inteligencia, en suma, cometidos por fuerzas directamente controladas o que debieran estarlo por el Gobierno hoy reconocido «de jure» por los Estados del mundo.
De propósito se refiere exclusivamente a tales hechos la universidad

—silenciando por propio decoro y pudor nacional los innumerables crímenes y devastaciones acarreadas por la ola de demencia colectiva que ha roto sobre parte de nuestra patria—, porque tales hechos son reveladores de que crueldad y destrucción innecesarias e inútiles o son ordenadas o no pueden ser contenidas por aquel organismo que, por otra parte, no ha tenido ni una palabra de condenación o de excusa que refleje un sentimiento mínimo de humanidad o un propósito de rectificación.
«Al poner en conocimiento de nuestros compañeros en el cultivo de la ciencia la dolorosa relación de hechos que antecede, solicitamos una expresión de solidaridad, referidos estrictamente al orden de los valores, en relación con el espíritu de este documento.»

Salamanca, 20 de septiembre de 1936. El rector, Miguel de Unamuno.

Aquel hombre viejo firmó el texto sin ningún comentario y con él firmaron los claustrales presentes, profesores Esteban Madruga, vicerrector, Arturo Núñez, José María Ramos Loscertales, Francisco Maldonado, Manuel García Blanco, Ramón Bermejo Mesa, De Juan, Antonio García Boiza, García Rodríguez, Villaamil, Andrés García Tejado, López Jiménez, Serrano, Teodoro Andrés Marcos, Nicolás Rodríguez Aniceto, Peña Mantecón, Sánchez Tejerina, Wenceslao González Oliveros, González Calzada, Román Retuerto, Mariano Sesé y Arcochacena.

El hispanista holandés Brower estuvo en Salamanca, por aquellos días, y se entrevistó con aquel hombre viejo, que se sinceró con él más que con sus compañeros de claustro y más que con los periodistas que le visitaban; lo que le dijo al holandés está más cerca de sus apuntes secretos que de sus manifestaciones públicas: se quejó del militarismo y se irritó con las solteronas que asistían con placer a las ejecuciones, cosa frecuente en aquellos tiempos, como vimos en los comentarios que citamos más arriba de un periódico de Valladolid: «La cultura, le dice a Brouwer, no puede encarnarse y florecer bajo un régimen militar... ¡Es imposible! Bajo el militarismo nada puede prosperar.» El hombre viejo estaba al límite de su aguante, explotando ante el primer extranjero que llamaba a su puerta. Andaba muy lejos de las melifluas confesiones que le hiciera al corresponsal de «Le Matin» hacía tan sólo un par de semanas. Los militares ya no tenían su confianza, ni eran el cimiento de un proyecto regenerador, como había dicho entonces. La cultura, que había sido la gran coartada de su inicial adhesión a la facción rebelde, no estaba garantizada bajo un régimen militar. Parecía volver a sus tiempos jóvenes, cuando en 1897 escribía: «En la general incultura de nuestra España, aún se distinguen los militares por su incultura», o cuando en su madurez, en 1915, decía: «Civilidad es el contrario de "militaridad", como civilización se opone a "militarización".»

También le habló a Brower de las mujeres que asistían a las ejecuciones: «Estas muchachas, estas mujeres son peores que los hombres; estas vírgenes solteronas, estas fanáticas. Pasan la vida en celibato y ante el espectáculo de las ejecuciones sienten todo el placer que les fue negado.»

Era otro más de los episodios cotidianos de aquella convulsión que le horrorizaba y en la que estaba atento tanto a los aspectos históricos, de política nacional, como a los mínimos detalles del acontecer individual, para globalizar sus impresiones en un testimonio que abarcara la totalidad de su experiencia, yendo de lo infinitamente pequeño de la recóndita intimidad personal hasta lo infinitamente grande de la actuación colectiva. No fue la primera vez, que la mujer aparecía en sus declaraciones de entonces, como intrigado por la participación femenina en aquella catástrofe, tanto como sacrificadas por la guerra, como heroicas luchadoras frente al comunismo, asombrado de la irrupción femenina en la vida pública, al margen de su tradicional papel social de madres, que desde siempre les había asignado en su reparto de papeles familiares.

Rebajadas sus defensas por la ansiedad, los conflictos y el cansancio de aquel verano sangriento, un virus peregrino dio con aquel hombre viejo en la cama los últimos días de mes, con un catarro preotoñal que lo encerró en la soledad de su alcoba blanca, en el aislamiento forzado de su reposo imposible, rodeado de la solicitud de su hija Felisa y los cuidados de Aurelia, la criada. Sufre y se reconcome, en el silencio sonoro de su marginación, mientras le llegan los rumores de que los generales se han vuelto a reunir el día 28, otra vez en la finca de San Fernando, porque la primera vez no se pusieron de acuerdo, por la oposición de Cabanellas al mando único y ciertas reticencias del general Mola y de Queipo de Llano. Se supo también que Nicolás Franco, el hermano del general, había reclutado falangistas y requetés para que fueran a aclamar en el aeródromo a éste como generalísimo. Las noticias corrieron pronto y al día siguiente se supo que, por fin, los generales se habían puesto de acuerdo en aquel barracón de madera de cuatro por ocho metros de la dehesa salmantina, cuna simbólicamente exacta de la reacción militar del nuevo Estado frente a la República.Se rumoreó que, al salir de la reunión, el general Franco, exultante de satisfacción, le había dicho al ganadero Antonio Pérez Tabernero, dueño de la finca: «Me han elegido para dirigir la guerra. Este es el momento más importante de mi vida.» Sin embargo el general Cabanellas, presidente de la Junta de Defensa Nacional, todavía no estaba de acuerdo sobre el nombramiento.

Aquel hombre viejo seguía encamado y comido por todas las hormigas de sus remordimientos, adelgazando a ojos vistas, envejeciendo por momentos, con aquella fiebre, que ya no era metafórica, y las toses interminables de sus pulmones enfermos. Y hasta la cama de su soledad y de su impotencia, le trajeron una carta, que añadió un adarme más de desesperación a su colmada capacidad de tristeza, en aquellas vísperas de sus setenta y dos años. La carta era de la mujer del pastor protestante encarcelado, que ni siquiera se atrevió a firmarla, ni se acordó de ponerle fecha. Era una carta amargamente esperanzada.

Don Miguel: Soy la esposa del pastor evangélico y le voy a molestar una vez más.
Se acusa a mi esposo de masón y en realidad lo es, lo hicieron en In-

glaterra el año 20 o 21; me dice que consulte con usted qué es lo que tiene que hacer; mi esposo, desde luego, no ha hecho política de ninguna clase; le hicieron eso porque sabe usted que en Inglaterra casi todos los pastores lo son, y muchos también en España; en Inglaterra lo es el rey, y también el jefe de las iglesias anglicanas. En España he oído que lo son algunos generales; no sé lo que habrá de verdad en esto.

Creo que esto pasará al Gobierno Militar, y sí quisiera que usted cuando pudiera se informase de algo, o que dé alguna luz sobre esto. Perdone que le moleste hasta en la cama; que mejore usted y Dios le premie todo lo que por nosotros está haciendo.

Aquel hombre viejo se sintió sobrecogido por esta carta. No sabía qué hacer. La acusación de masón, con anuncios en los periódicos diciendo que «todo masón es un traidor a la patria», era mortal de necesidad. El P. Tusquets preparaba la publicación de un libro titulado «La francmasonería, delito de lesa patria», que saldría antes de fin de año. El hombre viejo sabía que era un caso perdido; las blancas paredes de la alcoba eran más que nunca cárcel. Recordó sus visitas a la casa del pastor protestante para contarle a la mujer sus averiguaciones y mantener sus esperanzas. Y recordó la carta del pastor, que rezaba por la reconciliación de los españoles y confiaba en recobrar pronto la libertad. Las sábanas se calentaban con su cuerpo enfebrecido, mientras la resignación no quería entrar en su cabeza. Los golpes de tos irritaban más sus pensamientos revueltos. Rebelarse, decírselo a alguien, dejar constancia de algún modo de aquella injusticia, a la que sin saberlo había contribuido y casi alentado. Pero esta muerte no estaba prevista en sus palabras. El aire era denso en la habitación, mientras el otoño se empezaba a insinuar en el exterior.

Casi simultáneamente le llegaron las noticias de la toma del Alcázar de Toledo y de la elección del general Franco para dirigir la guerra. Aquello era ya una máquina imparable y las premoniciones eran desalentadoras. El día de su cumpleaños no fue para él precisamente una fiesta; algunos amigos, pocos, se acercaron a felicitarle. Estaba leyendo a Shakespeare, que permitía vivir los acontecimientos diarios con insólita grandeza, con cegadora lucidez. Desde hacía casi seis meses, desde el 10 de abril, no había vuelto a escribir en su «Cancionero», y el día 29 de septiembre, el día que cumplía setenta y dos años, volvió a él para escribir un soneto, que era como una liberación de los compromisos de la historia, después de aquellos últimos meses, quemados en una exterioridad que le obligaba a traicionar a su yo íntimo. Sintió un alivio al tantear en su memoria las formas de expresión de su naciente poema. Le costó trabajo terminar el soneto y rectificó varias veces casi todos los versos; tachó, añadió, intercaló y se ofreció varias soluciones, antes de quedar medianamente satisfecho del resultado:

> «*Un ángel, mensajero de la vida,*
> *escoltó mi carrera torturada,*
> *y, desde el seno mismo de mi nada,*
> *me hiló el hilillo de una fe escondida.*
>
> *Volvióse a su morada recogida,*
> *y aquí, al dejarme en mi niñez pasada,*
> *para adormirme canta la tonada*
> *que de mi cuna viene suspendida.*
>
> *Me lleva, sueño, al soñador divino;*
> *me lleva, voz, al siempre eterno coro;*
> *me lleva, suerte, al último destino;*
>
> *me lleva, ochavo, al celestial tesoro,*
> *y, ángel de luz de amor en mi camino,*
> *de mi deuda natal lleva el aforo.*»

Volvió el niño que fue, al cumplir sus setenta y dos años, y de toda la tragedia que le rodeaba nada penetró en el poema, salvo la presencia del tiempo inexorable que le llevaba, de la mano de su infantil ángel de la guarda. En su obra, siempre autobiográfica, nunca había dejado de hablar del niño que había sido y ahora, al reanudar su costumbre de la poesía escrita, una vez más el niño volvió al centro de su escritura, desde el seno de la nada, la cuna y la deuda natal, que se paga poco a poco a lo largo de la vida. Estaba viejo, enfermo, atribulado y solo y, como en un insistente proceso involutivo, el niño se asomaba a su memoria para representarle, para ser él, fuera de la sucia historia, escoltado de infantiles ángeles de amor, que le llevaban convertido en sueño, voz, suerte y ochavo al umbral de la muerte. La idea del acabamiento, del final, del último destino atraviesa el poema de melancolía y de oscuras premoniciones.

Su amigo, el portugués Eugenio de Castro, profesor de la Facultad de Letras de la Universidad de Coimbra, le había escrito una carta el día 28, que añadía nostalgia de otros horizontes y nuevas pesadumbres a su aislamiento. No había sitio para la literatura en aquella carta, ni siquiera para las fórmulas de la felicitación, oscurecido y negado todo por la tragedia del país.

«Mi ilustre y querido Amigo:
De todo corazón le vengo acompañando en espíritu desde que se desencadenó sobre España el ciclón de las atrocidades y de las infamias comunistas, y de todo corazón ruego a Dios que restituya a ese glorioso país la prosperidad y el sosiego que merece.
Apretado abrazo de su viejo admirador y fiel amigo

Eugenio de Castro»

La lengua portuguesa ponía suavidad en el mensaje de aquella amistad lejana; pero, con fecha del día 29 recibió otra carta en duro castellano, que también le recordaba viejas amistades y camaraderías políticas y a la vez tristezas y remordimientos. Había algo de acusación implícita en aquella letra de mujer y sobre todo en el ribete de luto que orlaba la carta, como un signo funeral. La viuda de Casto Prieto Carrasco, a los dos meses justos del fusilamiento de su marido, le escribía para pedirle ayuda, como amigo del muerto, por el que poco había podido hacer, pero cuya memoria poco había favorecido poniéndose del lado de sus asesinos.

29-9-36

>Sr. D. Miguel de Unamuno
>Salamanca

Muy señor mío: Después de saludarle atentamente y desearle salud en compañía de sus hijos; paso a comunicarle: El objeto de la presente es participarle a Vds. en la situación tan desastrosa que con la muerte de mi marido, q.e.D., nos ha dejado, a mis hijos y a mí, y confiando en la amistad que unía a Vds. con mi marido por eso me atrevo a dirigirme a Vds. para que interceda siquiera por mis hijos, para que estos terminaran sus carreras.
El dador de esta, Don Juan López mi sobrino, le explicará a Vds. si no le sirve de molestia, la situación tan crítica en que la muerte de mi marido nos ha dejado.
Con este motivo esperando ser atendida le doy gracias anticipadas y se despide de Vds. su afma. q.e.s.m.

Ana Carrasco

En Nota aparte y con otra letra, se explicaba a aquel hombre viejo la situación económica familiar del que fuera Alcalde de la ciudad y Profesor de la Universidad, además de médico.

Al Sr. Casado a quien le compraron la casa le deben 30.000 pesetas. A la Caja de Ahorros le hicieron un empréstito por valor de 36.000 pesetas; éstas fueron para la reparación de la casa.

Una náusea moral le dominó a aquel viejo con la carta patética y digna entre las manos. Ni un reproche, ni una queja, ni siquiera un lamento que no fuera económico. Las paredes de la alcoba tenían blancura sepulcral. Aquella noche del día 29, por fin, el general Cabanellas se decidió a firmar de madrugada el nombramiento del general Franco como Jefe del

Gobierno del Estado y Generalísimo de los Ejércitos y el obispo Plá y Deniel de Salamanca ultimaba su Carta pastoral, «Las dos ciudades», que sería el primer apoyo oficial de la Iglesia a la rebelión militar, amparado en un cita del Libro XIV, Capítulo XXVII de «La ciudad de Dios» del delicado San Agustín.

Segunda Parte

Por la boca muere el hombre
Las palabras

«No sólo se piensa, sino que se siente con palabras»,
Unamuno, 1934

OCTUBRE

El día 1 de octubre se supo en Salamanca la noticia de que la Junta de Defensa Nacional, de Burgos, había nombrado al general Franco, Jefe del Gobierno del Estado. Aquel hombre viejo respiró, dentro de lo que cabía, aliviado, pues tenía una buena opinión de aquel general, enérgico y prudente, buen técnico y no demasiado comprometido en conspiraciones militaristas; además, le asqueaba la posibilidad de que hubiera podido ser elegido el general Mola, al que despreciaba profundamente y para cuya calificación disponía de un buen repertorio de adjetivos denigrantes, que empezaban con «vesánico» y de ahí para arriba. Pero el joven general Franco parecía encarnar el mal menor de un gobierno militar, del que ya no esperaba a estas alturas la defensa de la República, ni la restauración de las libertades formales. Todas las obsesiones de su lucha contra el general Primo de Rivera volvieron a crecerle; pero ahora sin el apoyo exterior de la opinión pública republicana, que no sólo no estaba con él, animándole, sino contra él. El sistema de su vocabulario político estaba amenazado por el absurdo; cuando hablaba de libertad, en pleno campo del antiliberalismo, nadie entendía lo que quería decir, y cuando hablaba del pueblo, frente al Gobierno republicano, sus enemigos no le entendían. Porque nadie conocía realmente su código lingüístico personal, al que la falta de complicidad semántica de sus oyentes invalidaba. Había justificado inicialmente la necesidad del levantamiento militar para mantener la cultura occidental cristiana; pero estas mismas palabras habían sido utilizadas por el general Franco, en la toma de posesión de la jefatura del Gobierno del Estado, en Burgos, el día 1 de aquel mes de octubre, y sus servicios de Propaganda incorporaron aquella expresión al caudal de sus fórmulas mostrencas, habituales en sus textos, con un significado muy distinto al que aquel hombre viejo de Salamanca le había dado. La perversión de sus palabras le resultaba intolerable. Envejecía.

Las nuevas palabras inundaron su creciente soledad de viejo. La palabra «caudillo», privada de sus adherencias románticas, apareció en el vocabulario cotidiano de la ciudad y se introdujo en su propia habla. La imagen verbal de la calle cambió de signo y los carteles murales proponían imperiosamente, desde las paredes, al subconsciente colectivo, la tajante afirmación de las consignas indiscriminadas y antidiscursivas: «Un Estado, una Patria, un Jefe». El hombre viejo, repuesto de su achaque preotoñal, se sentía marginado por aquella sintaxis epiléptica y por el ritual de las nuevas antífonas que, como aquella que rezaba: «Los césares son siempre generales victoriosos», presuponían el nacimiento de una nueva mitología, que le repugnaba. Hasta la simple bufonada del general Queipo de Llano, al terminar sus charlas por la radio en Sevilla con un «¡Viva la República!», había desaparecido y el vocabulario público se homogeneizaba, se uniformizaba, se empobrecía, para dar lugar al lenguaje funcional de la guerra civil, edulcorado por las metáforas de los falangistas, que se empeñaban en seguir llamando a las cosas por un nombre que no les correspondía, entre violencias de estercolero y liróforos celestes posmodernistas. La cultura, verbal por supuesto, estaba dirigida por José María Pemán, recién nombrado vocal de la Junta Técnica de Burgos, aquel hombre al que el viejo de Salamanca había rechazado, hacía tiempo, en un encuentro ocasional, cuando alguien había intentado presentárselo, con un destemplado ademán sonoro: «¡No! ¡No! ¡Quiero morirme sin conocerlo!», que cortó, en presencia del interesado, la intentada aproximación. La guerra civil, con Pemán en medio, se apoderaba de la lengua.

La cosa en realidad empezó a partir del 20 de julio en los periódicos, cuando todos los recursos enfáticos de la lengua salieron a la superficie, con intención invasora. Los titulares de primera página se volvieron abstractos, en mayor medida que lo habitual, y se llenaron de metáforas bélicas y de adjetivos contundentes como cuchillos: «Salamanca, la primera en hombres; la primera en dinero; la primera en sacrificio». No es que el lenguaje se degradara, es que simplemente mentía. Un día, las pupilas de los falangistas se contrajeron, inundadas de luz, cuando leyeron en el periódico, con tipografía de escándalo: «El jefe de Falange, libertado». El general Franco ni se inmutó, porque sabía que era mentira. Expresiones como «cálidos tonos patrióticos», «magnífica demostración», «entusiasmo desbordante», «los nuevos héroes», «la Guardia cívica», etc. se instalaron en la costumbre de los titulares y en la prosa de la letra pequeña. Una tela de araña de palabras iba envolviendo la conciencia de la realidad de las gentes, como un telón de humo ensordecedor que ocultaba la verdad, más parcializada que nunca.

Para decir verdad, la guerra civil había empezado en octubre; hasta entonces todo estuvo confuso y vacilante, nadie lo había programado como una guerra, sino como una operación de emergencia. Pero, después de tres meses de sangre, heroísmo, intransigencia y odio, no se podía creer que los militares se habían rebelado para salvar a la República y menos que nadie aquel hombre viejo, que había creído de buena fe, predispuesto por su desencanto republicano, que aquél había sido el proyecto de la rebelión armada. Las palabras ya no podían seguir mintiendo, una vez cumplida su falaz misión táctica. Ya no cabía duda: la España inerte, una vez más, intentaba destruir a la España viva. Aquel hombre viejo había madurado ya la idea de su nueva decepción y sólo esperaba, sin saberlo, la ocasión para dejar estallar su ira. Porque, con la terminación del verano rural, el otoño ciudadano trajo la evidencia. La Salamanca agrícola y aldeana fue sustituida por la Salamanca universitaria y universal; el anaranjado crepuscular de sus doradas piedras estelares tenía ahora pigmentos de sangre y rubores intelectuales. Aquellos pasquines ominosos de la Propaganda exhibían su irracionalidad sobre las fachadas de la historia y de la memoria colectiva; la Salamanca renacentista involucionaba, en un nietzscheano eterno retorno, hacia la peor Edad Media. Aquel viejo se interrogaba, asustado: «¿Volverán Chateaubriand y De Maistre?» Por debajo del seco olor de las eras de los caníbales, más allá de la neblina sagrada del incienso azul de los cómplices y por encima de la aspereza sonora de la pólvora de los asesinos anónimos, los aromas invisibles y silenciosos de los libros, de las palabras codificadas por los siglos y del distanciamiento profesoral de las ideas, insinuaron su parte de verdad en lo que estaba ocurriendo. Porque el caldo de cultivo maduraba para que alguien gritara, con las antiguas palabras de una precaria racionalidad: «¡Muera la inteligencia!» El segundo acto de la tragedia de aquel hombre viejo se abrió en octubre.

En octubre, Salamanca, elegida como sede de su cuartel por el nuevo jefe del gobierno del Estado, cerca del frente de Madrid, pero a prudente distancia del campo de batalla y del área de acción de los aviones republicanos, se convirtió en la capital de la España rebelde, decimonónica y fascista, con sus monumentos como refugios antiaéreos —el general Franco se escondía, cuando sonaba la alarma de los ataques aéreos, debajo de la ingente masa de la torre de la Catedral Nueva, en un búnker preparado por los especialistas nazis, venidos expresamente para hacerlo, a pocos pasos de su cuartel general, instalado en el Palacio Episcopal, cedido por el obispo Enrique Plá y Deniel— y la proximidad de la amiga frontera portuguesa, a una hora larga de coche, en caso de emergencia. Gentes extrañas afluyeron a la ciudad, que duplicó su población en unos meses y se llenó de extranjeros y emboscados, que nutrieron la nueva burocracia oficial. Había uniformes por todas partes, capotes de campaña, nidos de ametralladoras con sacos terreros y armas fáciles y ostentosas en cada esquina. El seminario de los jesuitas, en el Alto del Rollo, se convirtió en Hospital de sangre, y las escuelas públicas del Barrio del Conejal, en improvisada cárcel de sospechosos y depurados. En la azotea del Colegio de los Padres Salesianos, en la calle de Sánchez Ruano, junto a la línea del ferrocarril de Portugal, se instaló un puesto de observación aérea, servido por nazis, mientras en los pisos bajos los niños aprendían los nuevos textos de la historia.

En octubre, la CEDA, fuertemente implantada en la provincia, las derechas agrarias, católicas y antirrepublicanas, con tentaciones totalitarias, alentadas por su jefe, Gil Robles, se estaban ya diluyendo, desbordadas por los expeditivos falangistas decapitados y despreciadas por los militares triunfantes, que no tenían nada que temer de aquella clase media, asustada por los obreros y los jornaleros del campo y encapsulada en sus frustraciones económicas, sus limitaciones religiosas y su ignorancia parvular, domesticada por su ancestral envidia y guiada por su sacralizado respeto por la alta burguesía terrateniente. No sería aquel hombre viejo el que se lamentara de su desaparición, porque en una manifestación estudiantil, años atrás, había exclamado, al oír los gritos de los manifestantes, que pedían la cabeza de Gil Robles: «Pero, ¿qué piden?, si Gil Robles no tiene cabeza».

En aquel tiempo, los falangistas acéfalos y divididos, sometidos ya a la disciplina militar y vaciados de sus específicos contenidos, empezaban a rumiar su impotencia, de la que le hablaban a aquel hombre viejo de Salamanca, al que se arrimaron huérfanos de ideas y de prestigio, como a la sombra de algo venerable que les redimiera del trabajo sucio que estaban haciendo, entregados a la temprana nostalgia de sus discursos. Manuel Hedilla, su jefe, con José Antonio prisionero en Alicante, no podía pensar en salvar a España, pues tenía bastante con tratar de salvarse a sí mismo, enfilado por el general Franco, abandonado implícitamente por sus camaradas y obligado a callar, meses después, en una Salamanca militarizada hasta en sus crucifijos y deshumanizada hasta en sus crepúsculos sangrientos, que eran signos de otros signos. En octubre a los falangistas les dejaron desfilar por la Plaza Mayor con sus correajes paramilitares, los luceros de sus romances fáciles y sus camisas azules, entre el pardo nazi de los alemanes del «Hotel Pasaje» y el negro mussoliniano de los italianos del «Hotel Las Torres», enrolados en los Servicios de Propaganda del Palacio de Anaya, frente a la Catedral Nueva, donde trabajarían Agustín de Foxá, Víctor de la Serna, Antonio de Obregón y, un poco más tarde, Giménez Caballero, controlados, no obstante, por un militar, el general Millán Astray, al que ellos proveían de metáforas rurales y de esdrújulas bélicas, de coartadas imperiales y de mitos estupefacientes. En el vocabulario personal de aquel hombre viejo eran los «fajistas», cuyo atrevido impudor conocía desde que, en el año 1935, asistió invitado a un mitin de José Antonio en el Teatro Bretón, de Salamanca, «lo que aprovecharon sus monitores para arteramente echar a volar una especie que se apresuraron a telegrafiar, con canallesco alborozo, a América, y dio lugar a comentarios aquí de quienes no se informaron bien antes...», como él mismo comentaría en el mes de marzo de aquel año.

En octubre volvieron los estudiantes y aquel hombre viejo recuperó una parte de su mejor público. ¿No había dicho, en noviembre del 31, a los estudiantes de Derecho: «No sé negarme a los requerimientos de la juventud»? A las riadas de rostros desconocidos, que habían anegado la ciudad, se añadieron, en octubre, los rostros conocidos de los estudiantes, que compensaron parcialmente el hosco signo guerrero y foráneo de Salamanca, en los últimos meses. Eran jóvenes que aseguraban el valor de su magisterio, que adquiría sentido frente a aquellas imaginaciones adolescentes, encendidas de perplejidades y de desconfianzas. Sus palabras, fuera de la costra de la rutina, significaban algo para aquellas conciencias abiertas, que esperaban el milagro de la comunicación, permeables todavía a las sugestiones de lo desconocido y predispuestos al entendimiento inmediato de cualquier utopía. Sus rostros tostados por el sol de las vacaciones, indecisos aún en sus rasgos definitivos, provocaban los estímulos de un cierto optimismo regenerador. Cuarenta años de profesorado le habían acostumbrado al reconfortante espectáculo del aprendizaje de la libertad y a la disponibilidad intacta de una generosidad sin límites. Alguna vez los había llamado sus hijos y esta seguridad de la sucesión hereditaria descrispaba su irritación de náufrago en aquella Salamanca súbitamente envejecida, militarizada y extraña. Hacía dos años, en el Paraninfo de la Universidad, les había dicho: «Tened fe en la palabra, que es cosa vivida; sed hombres de palabra», porque sabía que la palabra les haría libres.

En octubre, ya nadie podía engañarse; los juegos estaban hechos. Fue entonces cuando Hitler envió la «Legión Cóndor» en apoyo del general Franco y cuando la guerra del 39 se ensayó en tierras españolas. Y fue entonces cuando aquel hombre viejo confirmó todas las evidencias que había ido acumulando aquellos meses. Porque los tenía demasiado cerca como para no verlos; vivía en el centro del huracán y se cruzaba todos los días con ellos en la calle. Si Borges, andando el tiempo, no supo lo que era la dictadura militar argentina, fue porque estaba ciego. Pero aquel hombre viejo de Salamanca no estaba ciego, aunque lo pareciera, y los veía a todas horas, los tenía permanentemente delante de los ojos, que resucitaban en su subconsciente las imágenes de la última guerra civil, contada tantas veces en la casa de su niñez y recordada confusamente por él, que conservaba en su memoria infantil, que había repensado muchas veces el Bilbao liberal, bombardeado por los carlistas y liberado por el general Concha, al que había visto entrando en la ciudad montado en su caballo, como en un grabado.

Era otra vez el liberalismo el que corría peligro, el mismo liberalismo de entonces. Y eran los mismos rostros enemigos, a los que, a la fuerza, tenía que ver, cuando entraba en los despachos a pedir clemencia para sus amigos y sus conocidos, condenados a muerte y fusilados después, víctimas de la misma España, que no podía escuchar sus súplicas ni entender sus argumentaciones, ni tampoco cumplir sus vagas promesas de caritativa generosidad cristiana, por la sencilla razón de que las mineralogías históricas no tienen oídos, ni tienen el hábito del razonamiento, ni sufren de remordimientos morales. Deshumanizados en sus consignas bélicas, los conocía y se había dado cuenta de que todo era inútil, de que allí no había ningún general Concha que ayudara a ganar la libertad; pero seguía insistiendo, tratando de salvar vidas humanas, ante la inercia mortal de la guerra. Porque seguía presidiendo la Comisión depuradora, aunque le repugnara, y seguían pasando por sus manos papeles, denuncias, bajezas y miserias, añadiendo un nuevo horror a su conciencia sobrecargada; se resistía a las evidencias, retrasaba sus decisiones, se negaba a cumplir lo que esperaban de él. Fueron nombres que se le quedaron como un remordimiento en la mirada, porque nunca había querido ser juez, aunque siempre había sido parte. Su generosidad fue ilimitada y la gente aprendió la manera de llegar hasta él para pedir compasión. Hizo lo que pudo por salvar su responsabilidad moral, su obligación administrativa y su fe en el hombre. Espiado por sus enemigos, azuzado por su conciencia y entrizado por los reglamentos, no es de extrañar que su organismo se debilitara, ahogado de burocracia y de fascismo.

El día 4 de octubre se leyó en el balcón principal del Ayuntamiento de Salamanca el decreto de 29 de septiembre, por el que se nombraba al general Franco Jefe del Gobierno del Estado y Generalísimo de los Ejércitos; en el balcón estuvieron, junto al Alcalde comandante Francisco del Valle Marín, el obispo Enrique Pla y Deniel, el gobernador civil, teniente coronel Ramón Cibrán Finot y el gobernador militar, general José María Baigorri. Al día siguiente, 5 de octubre, el general Franco pasó en tren triunfal por Salamanca, procedente de Valladolid y con destino a Cáceres, donde tenía su cuartel general; a la estación salieron a saludarle las autoridades provinciales y locales convocadas, entre las que figuraba el rector de la Universidad, todavía con la resaca del catarro, que lo había tenido encamado la semana anterior y con curiosidad por encontrarse con el nuevo responsable máximo de la guerra, al que tenía intención de hablar de lo que estaba ocurriendo en la ciudad y que probablemente desconocía. No le causó mala impresión y confirmó sus impresiones pasadas, que lo clasificaban más bien como «pobre hombre». Antes de ir a la estación del ferrocarril, había pasado por la Universidad a firmar una convocatoria de provisión de escuelas, desguarnecidas de maestros por las razzias fascistas.

Cuando el día 6 el general Franco se instaló en el Palacio Episcopal de Salamanca, aquel hombre viejo le pidió inmediatamente audiencia, como rector de la Universidad y presidente de la Comisión depuradora de responsabilidades políticas del estamento docente del distrito universitario. Ya no le cabía ninguna duda sobre los propósitos políticos de la rebelión militar. Anclado en su siglo XIX germinal, había podido imaginar que aquel general petiso podría ser un nuevo Espartero, al que tanto había admirado siempre, caudillo liberal, militar politizado al servicio del Estado, pero sin tocarle un pelo a la Constitución, o siquiera el general Concha, entrando a caballo en Bilbao en 1874 para asegurar la libertad. Pero aquello, evidentemente, era otra cosa y la comparación se hacía de día en día más ofensiva. No obstante, fiel a la lógica contradictoria de su biografía, que le había llevado una vez a ver al rey desde su republicanismo más absoluto, pensó ir al cuartel general a entrevistarse con el hombre que pilotaba aquella guerra civil para hablar con él, pedir perdón para todos los que le habían solicitado su ayuda, incluido el pastor protestante, Atilano Coco, y tratar de influir, mediante el poder de su palabra taumatúrgica, en el ánimo de aquel hombre, para que introdujera la compasión en sus decisiones políticas. Había notado además que en alguno de sus discursos había utilizado palabras que él había pronunciado, lo que le daba una cierta confianza literaria que, sumada a su inicial reconocimiento público de la rebelión militar, podía crear un ámbito en el que pudieran entenderse. Pero su fe en las palabras, otra vez, iba a traicionarle.

Aquel mismo día 6, el general Franco había ofrecido una recepción al conde Dumoulin, uno de los representantes de Hitler en Lisboa, al que le había expresado, con la euforia de su reciente exaltación a la jefatura del Gobierno, su admiración por el régimen nazi y su gratitud por «la ayuda moral y material» que le proporcionaba; durante el banquete, con el optimismo bromatológico de la comida y la seguridad de la pronta caída de Madrid, esbozó su teoría del caudillaje de aquella guerra de «liberación» y su tajo decidido sobre las dos Españas. Por eso, cuando aquel hombre viejo vino a verlo para hablarle de compasión y de humanismo, de cultura occidental y de cristianismo, debió llegar a pensar que estaba hablando con un loco inofensivo, más loco de lo que se había imaginado en las fugaces ocasiones en que lo había visto, durante la República, y por las imprecisas noticias que tenía sobre sus actuaciones públicas durante la Dictadura de Primo de Rivera y posteriormente. Hasta su despacho del segundo piso del Palacio Episcopal había subido un viejo huesudo y nervioso, casi ascético a fuerza de fuego interior, dotado de aquella gran nariz vasca, que tanto caracterizaba a una de las etnias más sospechosas del país, con un venerable pelo blanco, un poco revuelto y una mirada alucinante de apóstol en trance, detrás de sus gafas de intelectual peligroso.

No existe ningún testimonio de la reunión, olvidada entre las muchas visitas que el general Franco recibía aquellos días; pero existe la descripción de un encuentro semejante, ocurrido meses más tarde, también con un intelectual, que igualmente le iba a pedir justicia para un amigo perseguido. Los visitantes no eran homologables entre sí, de ninguna manera, pero hay muchas razones para suponer que la entrevista se desarrollaría en términos parecidos, conociendo al general y sobre todo sabiendo que el resultado de la petición fue nulo en ambos casos y que los dos se llevaron una buena impresión del personaje. Dionisio Ridruejo, en los primeros meses del 37, fue a ver al dictador para interceder en el «caso Hedilla» y en sus «casi Memorias» cuenta lo que ocurrió: «Una puerta de dos batientes se abría al despacho que era grande y, como no tardé en ver, tenía colgado al fondo un gran tapiz. Tras aquel tapiz había otra puerta alada y en ella se colocaban, cuando las visitas eran de poca confianza, algunas personas de la confianza del jefe, con las armas prestas... Veía a Franco por primera vez y me sorprendió encontrarme con una persona más tímida que arrogante. Cuando comencé con mi memorial de agravios, me detuvo: "Ah, ¿pero han detenido a Hedilla? Aún no me lo han comunicado..." He de decir que Franco me escuchó con cierto interés y, desde luego, con paciencia, aunque a veces le veía mordisquearse nerviosamente los labios y dirigir en torno su característica mirada de reojo».

Con aquel hombre viejo debió ocurrir algo semejante, aunque teñido del respeto y de la intriga que el rector de la Universidad le inspiraba. No le hizo ningún caso, le escuchó con atención, le prometió su ayuda, le expresó una cierta admiración y le despidió con cautelosa afabilidad, haciéndose él también víctima de la guerra y de las obligaciones morales hacia el país sufriente, sin olvidar la compartida cita de la «cultura occidental cristiana» y su irresponsabilidad y desconocimiento de lo que estaba sucediendo, porque no le comunicaban nada, con gesto afligido. Al hombre viejo, que lo volvería a visitar en otra ocasión le confirmó su impresión de «pobre hombre», que incorporaría para siempre a su memoria y que todavía, en una carta que escribió en diciembre, volvería a rememorar, confiado en su gestión política, desvirtuada por sus adjuntos y sobre todo por el general Mola, verdadero culpable de todo. Con razón Baroja, con su cazurrería de casero, le llamaba ingenuo.

El día 8 se publicó, en los periódicos de Salamanca, el texto del «Mensaje de la Universidad de Salamanca a las Universidades del mundo», firmado por aquel hombre viejo, y al día siguiente empezó la preparación editorial de la «Fiesta de la Raza» en los periódicos, con un «vibrante» suelto, empedrado de tópicos y de exaltación patriótica. El día 11, a la vez que la advertencia de la obligación de asistir a los actos de la Universidad, con motivo de la «Fiesta de la Raza», con traje académico, los periódicos iniciaron la publicación, que seguiría los días 14, 15 y 16, en folletón a pie de página y con letra pequeña, de la Carta-pastoral del obispo de la ciudad, Enrique Pla y Deniel, «Las dos ciudades», con fecha 30 de septiembre. El índice de la primera entrega decía: «Año 1936, piedra miliar en la historia de España. Revolución y Contrarrevolución. Los dos amores que las engendraron y con ellas a las dos ciudades. Frente al vandalismo de los hijos de Caín, el heroísmo y el sublime y fructífero martirio de los hijos de Dios». El segundo capítulo empezaba así: «Identidad de los principios doctrinales de la Iglesia ante diversas circunstancias políticas».

También el día 11, se publicaron dos editoriales, uno sobre «El Pilar y la Raza» y otro sobre «La Fiesta de la Raza en Salamanca», y un artículo de Casimiro M. Ramos sobre el significado de aquella Fiesta. Aquel día, el hombre viejo, mientras en el rectorado hablaban de los preparativos de los actos en la Universidad, le rogó a su vicerrector, el profesor Esteban Madruga, que ocupara la presidencia del acto religioso, pues él no pensaba ir a la misa, y, cuando éste le preguntó si intervendría en el acto académico, le contestó que no quería hablar, por temor a decir alguna inconveniencia: «No, no quiero hablar, pues me conozco cuando se me desata la lengua». Es decir que ya lo tenía todo muy claro y únicamente se resistía a hablar por temor a que su subconsciente le traicionara, porque no estaba el horno para bollos. Esta confesión involuntaria es toda una confesión. Sus textos posteriores confirmarían que su actitud ante la guerra civil y ante sus responsables directos había cambiado desde su adhesión del principio hasta su rechazo total. Y sólo el miedo le retenía la lengua, a él que nunca había dudado en actuar de provocador allí donde estuviera; pero ahora, en aquella Salamanca frenética y ensangrentada, todo era distinto. Ni defensa de la República, ni gaitas; lo que aquella rebelión pretendía era simplemente acabar con el régimen republicano e instaurar un régimen autoritario, al modo italiano. Nunca más la falacia de que el fin justifica los medios, nunca más la coartada de la civilización occidental, nunca más la idea de la construcción, sino de la destrucción total. Su pensamiento mitológico se arboló de tragedias.

El general Franco le dio al hombre viejo de Salamanca su representación en el acto académico del día 12, en la Universidad, conmemorativo del Descubrimiento de América. Era la primera gran ocasión para los rebeldes de exaltar los valores por los que se habían sublevado y por los que estaban llenando de sangre los campos y las ciudades de España, la gran coartada de la gran matanza que habían iniciado. La glorificación de la raza española, de la hipotética y heterogénea etnia hispánica, la fiesta de la épica nacionalista, recordatorio de la efemérides ejemplar, en la que habrían participado por igual todos los españoles —salvo los republicanos, que eran antiespañoles—, pasados y futuros, homogeneizados por un destino universal, genéticamente heroicos, evidentemente distintos del resto de los mortales, autárquicamente viviendo de sus eternas hazañas pretéritas, repetidas en el presente, como se venía a demostrar por la gesta en la que España, en aquellos días históricos del 36, estaba comprometida contra la anti-España. Era la autocomplacida celebración de los valores que aparentemente mantenían aquella guerra fratricida, de exterminio y egocentrismo político y de soberbia histórica. La palabra «raza», que no traducía ningún concepto étnico, inspiraría al general Franco un guión cinematográfico, que un pariente de José Antonio Primo de Rivera pondría en imágenes, en una película de obligado consumo para las conciencias parvulares de los indefensos niños de las escuelas públicas y privadas españolas, durante los años de la primera posguerra; hasta tal punto la Fiesta de la Raza, en aquella Salamanca enfebrecida por la guerra, se ofrecía, debidamente caldeada por los editoriales de los periódicos y las alocuciones de la radio, como la gran disculpa para una inmensa floración verbal al servicio de la carnicería.

Y fue aquel hombre viejo, de setenta y dos años, con su catarro no curado del todo, harto de estar callado, enfurecido por lo que estaba viendo, avergonzado de lo que había dicho y fiel a la contradicción permanente, sin dejar de ser él mismo, de su vida, y dijo no. Como había previsto, se le desató la lengua, que evidentemente tenía atada, y dijo no. En medio del ceremonial del nuevo vocabulario, rodeado de los partidarios armados y exaltados del sí, dijo no. Se atrevió a decir lo que hacía semanas que venía pensando, lo que creyó que tenía que decir, una vez más sin medir las consecuencias, fuera de las circunstancias y contra las circunstancias. Como siempre, dijo lo que nadie esperaba, lo que nadie podía suponer que iba a decir; ni siquiera el general Franco, que era el más listo de todos, había podido pensar que el hombre que le sustituía en aquel acto, al que le había dado la confianza de su representación, se atrevería a decir lo que dijo, en el lugar que lo dijo y delante de quien lo dijo. Porque aquel hombre viejo, como un supremo sacerdote, dijo no.

Después de la misa, a la que el hombre viejo no asistió, se celebró el acto académico, que él, como rector y en nombre del general Franco, presidió en compañía de las autoridades militares, eclesiásticas y civiles de la ciudad en guerra, de la mujer del jefe del Gobierno del Estado, Carmen Polo, de la buena sociedad ovetense, y del general Millán Astray, fundador de la Legión Extranjera, la de borrón y cuenta nueva, mutilado de guerras anteriores y de pintoresco verbo castrense. Aquel hombre viejo, arropado en la negra muceta de su autoridad académica, de la que se había revestido en la casa rectoral, con la que había atravesado los claustros bajos encristalados de la Universidad, iluminados por el sol otoñal y caldeados de consignas guerreras y de uniformes militares y paramilitares, y en la que se perdía su frágil ancianidad consumida y prestigiosa, aquel hombre viejo se sentó, después de diversos acomodos de los lugares de la presidencia, obligados por la habitual falta de puntualidad de sus compañeros de mesa. Y, por fin, comenzó el acto en el Paraninfo de la gloriosa Universidad, engalanado con sus antiguos tapices mitológicos, repleto de público expectante y caluroso por algo más que por el calor del prematuro veranillo de San Martín. Miradas excitadas y las escoltas personales de la mujer del general Franco y del general Millán Astray con sus armas en la mano.

Al sentarse el viejo rector, en su alto sillón presidencial, crujió la carta de la mujer de su amigo Atilano Coco, el pastor protestante, condenado a muerte, que llevaba en el bolsillo de la chaqueta y que sacó con cierta dificultad por entre la vestimenta generosa del protocolo académico. ¿Por qué llevó aquella carta tan comprometida hasta el estrado del Paraninfo, en aquel ambiente hostil, lleno de agresividad militar y de euforia bélica? Probablemente para tratar de gestionar otra vez y directamente con alguno de los jefes de la rebelión alguna medida de clemencia o para recabar indirectas ayudas, que salvaran aquella causa perdida. ¿Tenía la intención de utilizar aquel testimonio acusador, a lo largo del acto, dentro de un proyecto suicida de heroísmo verbal, como tantas veces había hecho en el pasado? ¿Deseaba ingenua y soberbiamente alcanzar la conciencia de los verdugos del evangélico pastor protestante con aquel alegato de justicia, de misericordia y de perdón, aquella confesión personal conmovedora, entre el pudor, la desesperación y la confianza, apoyado en los explícitos discursos cristianos de aquellos mismos verdugos, sabiendo que otras vías eran ya inútiles? ¿Se había propuesto una acción intimidadora desde la provocación, amparado en la notoriedad de su nombre internacional y en la connivencia de su inicial colaboración con los rebeldes? ¿Por qué había llevado hasta allí, junto a su débil cuerpo de anciano indefenso, aquella carta delatora, que era tanto un grito, como una denuncia? Probablemente, por algo de todo esto, porque sólo los tontos se mueven por una sola razón.

El viejo rector se sentó, entre una mujer de blanca dentadura sonriente y un obispo ácido y pequeño, con gafas y solideo, y al dorso de la carta de la esposa del pastor protestante anotó el orden de los oradores que iban a intervenir para darles la protocolaria entrada, con letra clara y alineación exacta, un poco a la derecha y hacia la parte de abajo del rectángulo de papel. Escribió «Ramos» con una gran capitular correctamente trazada, cuyo rasgo final despendolado atravesaba la primera vocal y se perdía en el zigzagueo vertical de la *m*, a la que siguió una *o* abierta, que se cerró con el gancho suelto de la *s* final. Debajo escribió «Beltrán de Heredia», con una *b* mayúscula apresurada en garabato, una *e* casi tan alta como la *l* que le seguía, una *t* sin tilde, una *r* diminuta e irreconocible, una *a* suelta y despreocupada, con la grave amenaza de un grueso acento, tajante y decidido, y una *n* con el palo final disparado hacia la preposición gentilicia del *de*, rápido y rasgado, y un «Heredia» garabateado y supuesto más que legible. A renglón seguido, escribió «Maldonado», con grafía clara, más reposada, facilitada por las vocales redondas y las dos dóciles, con la *l* cegada, la primera *a* abierta y sus características *des,* con vuelta y prolongación en la vocal siguiente. Luego, un poco más abajo y un poco sangrado, como retraídamente, escribió «Pemán», con *p* de caja alta de imprenta y de nuevo un acento enorme gravitando pesadamente sobre la *a*, trabada perfectamente con la *m* anterior y la *n* posterior. Y se puso a escuchar lo que decían los oradores, sin abandonar el papel en la mano izquierda y reposando de vez en cuando la cabeza sobre la mano derecha, que sentía el cosquilleo habitual de la barba.

Y la adrenalina comenzó a fluir en su sangre caliente de viejo irascible, a niveles de excepción, desde que el primer orador fue entrando en materia. Nada más empezar comprobó con disgusto el lamentable estado de las conciencias intelectuales de sus compañeros de claustro, devastadas por la quema de la guerra civil. José María Ramos Loscertales, catedrático de Historia, investigador del heterodoxo Prisciliano y de las instituciones medievales, liberal y converso de última hora, habló del imperio español y de las esencias históricas de la raza, para terminar diciendo: «¡Estudiantes salmantinos entráis en la vida cuando se ha hecho milicia!», sumando su erudición profesoral a la exaltación virulenta de los bajos instintos del orgullo nacional de los sublevados y proponiendo coartadas históricas a la violencia mortal de los códigos morales del militarismo, rebelde contra la República, que eran el pan nuestro de cada día en la literatura bélica del momento y que adquirían una nueva dimensión al ser pronunciadas por un maestro de la Universidad, aureolado de prestigio, si quiera gremial, que blanqueaba su pasado con aquella intervención académica y otras colaboraciones especiales.

Después intervino el dominico P. Beltrán de Heredia, historiador de la Universidad de Salamanca, que fue el más comedido de todos los que intervinieron en el acto, y que se refirió a los maestros de la vieja universidad salmantina y a su humanística y humanitaria preocupación por los modos de la colonización americana, en especial su compañero de Orden, el P. Vitoria, burgalés, creador del Derecho de Gentes, genial maestro de la Salamanca renacentista y nueva coartada verbal de los valores espirituales que la guerra civil predicaba defender. Ni que decir tiene que todas aquellas palabras de erudición histórica y de civilización eclesiástica, rehogadas por la pasión política del ambiente, producían un efecto vasodilatador sobre las conciencias cainitas de la gente apezuñada en el Paraninfo, que se sentían confirmadas y fortalecidas, por la retórica académica de los oradores, en sus entusiasmos fratricidas y en sus odios antiliberales. Y los que se distanciaban en su interior de aquella ceremonia homicida se veían obligados, por la homogeneización multitudinaria, a participar de las reacciones colectivas. Los aplausos hacían arder el aire del Paraninfo, embravecido de entusiasmo, cerrado de piedras y con la única ventilación posible de las puertas impedidas de curiosos y de patriotas enardecidos.

El catedrático de Literatura de la Facultad de Filosofía y Letras, salmantino de nacimiento, hijo de un amigo del viejo rector que presidía y autor de trabajos de erudición literaria, Francisco Maldonado de Guevara habló, con su barroco lenguaje, del «Caudillo de España», de las maldades de Rusia y de la necesidad de exterminar a la «Anti-España», después de haber iniciado su discurso con estas palabras: «La esfera en que se entrecruzan los intereses espirituales y materiales, en que aparecen el bien y el mal, la esfera, en fin, de la moral, constando como consta de múltiples determinaciones y de signos opuestos, ha menester para que subsistan, de un modo absoluto, unos y otros, de un primer motor y de un equilibrador constante de concinación o de gravitación armónica...», para hacer más tarde un extraño razonamiento sobre «dos pueblos industriales y disidentes y por lo tanto imperialistas», refiriéndose a los catalanes y a los vascos, sobre los que dijo también que «el impulso soberano hacia la anarquía, que movilizó las masas coloniales al servicio de catalanes y vascos, partió de éstos, estaba preparada por éstos, los mayores en riqueza y en responsabilidad, y explotadores del hombre y del nombre español, los cuales a costa de los demás españoles han estado viviendo hasta ahora, en medio de este mundo necesitado y miserable de la postguerra en un paraíso de la fiscalidad y de los altos salarios», para terminar defendiendo la unidad española y hablando de la celebración de «esta fiesta étnica». Aquello fue el delirio y lo que estaban esperando las gargantas y los pulmones, propicios al grito, de los fascistas, que corearon unánimes y fervorosos el grito legionario de «¡Viva la muerte!» y respondieron, premiosos y contundentes, a las urgencias gregarias del rito falangista con los gritos habituales de la rebelión, consignados por el general Millán Astray, de «¡España!», al que todos, tiesos e iluminados, respondieron: «¡Una!»; volvió el general, desde la presidencia, como era preceptivo y ya consuetudinario, incorporado a las leyes de la masificación política del régimen, recién nacido, gritando: «¡España!», y volvieron a retumbar las paredes del Paraninfo, con la respuesta automatizada por el ardor y el gregarismo de la multitud: «¡Grande!». Y, por tercera vez, como mandaba la tradición mítica del pensamiento trilógico, insistió el general: «¡España!» y todos expectoraron la contestación requerida, espontánea a fuerza de repetición pavloviana y coacciones belicosas: «¡Libre!».

Después José María Pemán, con su retórica parlamentaria y el gracejo de sus aspiraciones fonéticas andaluzas, se levantó para echarle más leña al fuego del delirio homicida de los presentes, en el sentido de su poema «El ángel y la bestia», en el que el ángel era la España iluminada de la tradición católica y la bestia, naturalmente, la Anti-España liberal y democrática. Empezó hablando de los «menesteres de patriótica juglaría» y, según los periódicos, hizo una «magnífica evocación histórica» del pasado español, para concluir con la sugerencia de: «Muchachos de España: Hagamos cada uno en cada pecho un Alcázar de Toledo». Como estaba programado, desde el primer tiro de la rebelión, los aplausos se atropellaron por hacerse evidentes y sonoros, acelerando la circulación de la sangre, que congestionaba los cerebros apezuñados en el Paraninfo del nacionalismo y del odio. Pemán recordaría más tarde, en el año 1964, que: «Nosotros, Maldonado y yo, hicimos dos oraciones puramente universitarias de Hispanidad». Depende de lo que Pemán entendiera por «Hispanidad»; pero lo mismo que le traicionó selectivamente la memoria sobre el número de oradores del acto, que no fueron como él atestigua, con el respaldo del ABC, en el que publicó su mentís a una versión republicana de lo ocurrido aquel día en el Paraninfo, únicamente Maldonado y él («los discursos de Maldonado y yo... eran todo el programa del acto»), olvidándose de Ramos Loscertales y Beltrán de Heredia, lo mismo pudo ocurrirle con el resto de su testimonio escrito sobre «la verdad de aquel día», puesto en evidencia por los periódicos salmantinos del día 13 de octubre de 1936, que dieron cuenta de aquel acto académico. Pemán insiste, en su testimonio descafeinado, que eran dos únicos «discursos, sin política, de pura Hispanidad»; por lo visto hablar de la «Anti-España» y del «Alcázar de Toledo» era hablar de Hispanidad y sin política.

   El viejo rector había ido escribiendo en el reverso de la carta de la mujer del pastor protestante, unas notas de comentario telegráfico a lo que, asombradamente, estaba oyendo de sus compañeros de claustro y de los intelectuales del nuevo régimen. Primero escribió con letra menuda y apelotonada, en el ángulo superior derecho: «Guerra internacional civilización occidental cristiana», «El rencor ciudadano», «Vencer y Convencer», «Odio y no compasión», «Arrib. Esp.?», «Cóncavo y convexo» y «Descubrir un nuevo mundo». Después, con letra más grande y más clara recopió estas mismas notas apresuradas y las completó con algunas precisiones, a las que posteriormente anadió nuevas aclaraciones. Esta segunda versión la rescribió en la parte que le quedaba libre en la izquierda del papel que venía usando: en columna y de arriba a abajo volvió a repetir: «guerra internacional», «occidental cristiana», suprimió lo de «rencor ciudadano» y siguió copiando lo de «Vencer y convencer» y «Odio y compasión» y debajo «Lucha unidad catalanes y vascos», prescindiendo de la alusión al grito falangista de «Arriba España» con interrogación, y añadiendo «Cóncavo y convexo» y finalmente «imperialismo lengua»; después, al renglón de «occidental cristiana» le colocó una ampliación con la palabra «independencia», y a las palabras «Odio y compasión» les añadió una aclaración al pie: «Odio inteligencia que es crítica, que es examen», lo que más tarde amplió añadiendo, después de «crítica», y «diferenciadora» y luego «inquisidora» y luego «no inquisitiva». Y, entre «Imperialismo lengua» y «Odio inteligencia», un apunte enigmático, probablemente inspirado por algo que había oído: «ni la mujer».

Es decir que revisó y retocó las notas iniciales, evitando lo más posible las alusiones concretas que pudieran molestar directamente y desarrollando algunos conceptos más generales, en busca de una mejor explicación. Sobre estas notas improvisó su intervención, pasando por alto su apunte de «cóncavo y convexo», que era una idea que había tratado en un artículo sobre la realidad española, y «ni la mujer», que hubiera vuelto sobre su tradicional idea de la mujer y su asombro ante la participación femenina en la guerra, de un modo o de otro. Pero, a pesar de las precauciones, sus palabras fueron cayendo sobre el auditorio como un latigazo inesperado, precedido de un jarro de agua fría, después del expectante silencio que preludió, cuando se levantó para hablar, su voz blanda de viejo, tensa con una veta de agresividad, que traicionaba su indignación, detrás de la larga mesa presidencial, encuadrado por el doselete que se levantaba a sus espaldas e iluminado por la luz de los ventanales, que flanqueaban el estrado profesoral, pálido sobre la negra muceta ritual y erguido como un profeta de barba blanca y cabello rebelde. Conservó durante todo el tiempo aquella carta en la mano, aquel puñado de palabras escritas, que hacían humanos a los hombres, débiles en su precariedad existencial, acongojados por la idea de su desaparición, en la orilla de la muerte. Una frágil defensa frente a la cólera de sus oyentes. Porque una vez más, como había ocurrido muchas otras veces, dijo lo contrario de lo que todos los presentes estaban esperando y para lo que, evidentemente, no estaban preparados.

Lo que se temía el día antes, acabó sucediendo; se le calentó la boca, se le desató la lengua y dijo lo que pensaba, sin importarle las consecuencias, ni las circunstancias, que eran muy distintas a las de otros discursos suyos del pasado, marcados por la sinceridad y la impertinencia. Probablemente pensó que estaba por encima de las circunstancias y que las consecuencias ya no le importaban, decidido a mantener su tendencia a ir «contra esto y contra aquello», no por un afán de contradicción infantil, sino por un intento de ser fiel a su pensamiento original. Lo que le llevó a ser más excitador que nunca, porque nunca fue más imprudente. Porque pronunció el discurso más vehemente y más inoportuno que hubiera podido pronunciar, sin traicionar su pensamiento, porque se había resucitado su violencia, mientras los otros oradores hablaban. Porque, como siempre, contradiciendo lo que oía era como mejor expresaba lo que pensaba. Fue un huracán verbal que se levantó sobre sus dudas y desde sus remordimientos y le ayudó a provocar a sus oyentes, como había ocurrido a lo largo de su vida con todas sus palabras, deudoras también de la necesidad exhibicionista de llamar la atención, que le venía desde los años de su niñez.

Fue un apóstol de voz airada, hasta donde se lo permitían los agudos de su entonación característica; fue un anciano valiente, que le echó arrestos a la cosa y se lo jugó todo, cegado por su yoización, para utilizar su propia expresión de la crisis del 97. Le quemaba aquella carta de la mujer del pastor protestante en las manos y le quemaba el recuerdo de su propio error de haber ayudado a aquellos hombres, que le habían ido demostrando, en aquellos tres meses trágicos, la indignidad de su comportamiento y las dimensiones de su equivocación. Y se levantó a hablar con una ingenuidad angelical y una soberana fe en las palabras; otra vez las palabras fueron el anclaje de su realidad. Las palabras le rebosaban, después de setenta años de complacida convivencia con ellas; eran el mejor signo de su persona, el que lo definía como ser humano; eran, como siempre lo habían sido, el vehículo de su humanidad, en un mundo amenazado constantemente por la deshumanización, inclinado hacia la creciente desertización espiritual. Era su forma de ser.

Y no las pudo contener, a pesar de ser consciente de los peligros del desbordamiento, porque le habían herido con palabras, que eran su habitat natural, el caldo de cultivo de su supervivencia, el oxígeno de su respiración intelectual. No podía permanecer callado, después de aquel abuso de confianza en las palabras, de aquella sodomización de las palabras. Había transigido con todo; pero con las palabras de los rebeldes no pudo aguantarse. Porque aquella cultura occidental cristiana, que él defendía y por la que había querido cerrar los ojos ante los crímenes, cometidos en su nombre, era sobre todo una herencia de palabras, que durante setenta años había ido descubriendo, almacenando, gozando y enriqueciendo. Oyó sus palabras traicionadas, manipuladas y ensombrecidas, lo que significaba un ataque frontal a su cultura, un escándalo verbal en el ámbito de aquel Paraninfo secular, santuario, laboratorio, caja de resonancias y relicario de la palabra. Precisamente allí, donde las palabras llegan hasta el techo, le habían ofendido con palabras y se levantó a hablar, con el preocupado deseo de devolver a las palabras su valor, el valor de aquella cultura occidental cristiana, que todos pregonaban y que nadie cumplía.

Lo que allí dijo lo venía pensando desde hacía tiempo y no fue una improvisación de última hora, porque lo venía anotando en sus apuntes de la guerra y lo seguiría diciendo durante los tres meses escasos que, sin saberlo, le quedaban de vida. El contradictorio y paradójico cultivador de palabras ya no las cambiaría y las dejó así, como las dijo entonces, para siempre, sin apartarse de ellas en sus conversaciones, en sus cartas, en sus escritos íntimos. Algunos de los sintagmas de aquella oración pasarían intactos a su memoria lingüística posterior, para aflorar al menor estímulo de una experiencia repetitiva, que ya no cambiaría para él nunca. La vida se había petrificado a su alrededor y siempre respondería, de entonces en adelante, de la misma manera, a su modo, también petrificada. La guerra civil incivil, una vez pasado el trauma de su novedad, no ofreció para él nada nuevo, sino el número de sus víctimas, el nombre de sus muertos, las anécdotas de su crueldad. Aquel hombre viejo se quedó varado a la orilla de aquel espectáculo sangriento, que le inspiró aquellas palabras que opuso a las palabras de los rebeldes, que se sucedían con la misma celeridad que las noticias de la tragedia. Su irritación le hizo precisar las palabras con una justeza, que no necesitaría retoques, ni añadidos; así se quedaron, disponibles y exactas, para su eternidad de muerto, para su agonía intelectual, mortificada por la escasez de palabras adecuadas, obligada a reconocer la bochornosa pobreza de sus recursos verbales ante la sequedad de aquella guerra.

Y confió otra vez en las palabras; pensó, naturalmente con palabras, que aquel muro de horrores que lo iba encerrando, podría atravesarse con palabras. Porque, frente a la muerte, las palabras eran la vida y era suficiente que él hablara, para que la muerte se retirara y la vida ocupara su lugar. Porque dadme una palabra y moveré el mundo. Y se levantó ungido de palabras, como los viejos profetas que separaban las aguas de los mares y hacían detenerse el sol en su camino y creaban el mundo desde la nada y separaban la luz de las tinieblas. Porque la palabra seguía siendo taumatúrgica y su propia salvación, su reivindicación como hombre de palabra, sólo podía venirle por la palabra. Era todavía el antiguo prestigio religioso de la palabra, que resucitaba muertos, curaba enfermos y estaba en el principio de todas las cosas, incluso de sí mismo y de la imagen que todos tenían de él, elaborada con palabras y originada en las palabras, de las que las últimas eran las que había pronunciado para justificar el levantamiento militar y para explicar los motivos de su adhesión a él.

Y habló, con su voz aguda e irritada, opaca por la emoción y resuelta en su fluidez fonética, apenas canalizada por las mínimas precauciones, indignado por lo que acababa de oír, con la serenidad, mientras pudo, de las decisiones irrevocables, pálido de sinceridad y de valentía, jugándoselo el todo por el todo, con un contenido gesto de desafío, de gallardía intelectual, como en sus buenos tiempos juveniles, derecho al peligro, a lo esencial, suicidamente hermoso, purificado de sus dudas y de sus errores, contra viento y marea, dijo, frente a un auditorio hostil, que ya había hecho, allí mismo, las pruebas de su irracionalidad masiva, rodeado de pistolas y mosquetones, indefenso y frágil bajo su holgada muceta aterciopelada de rector, sobre la que resaltaba su cara blanca, orlada por las canas de su barba, más blancas todavía, como la premonición de un cadáver, incontenible en su erupción magistral de «sumo sacerdote de la inteligencia», dijo, por encima de los mortales, soberbiamente solo, endosado en su yo, erguido en su conciencia soberana, dijo y se hundió el mundo:

«Estáis esperando mis palabras. Me conocéis bien y sabéis que soy incapaz de permanecer en silencio. A veces quedarse callado equivale a mentir; porque el silencio puede interpretarse como aquiescencia. Había dicho que no quería hablar, porque me conozco; pero se me ha tirado de la lengua y debo hacerlo. Se ha hablado aquí de guerra internacional en defensa de la civilización cristiana; yo mismo lo he hecho otras veces. Pero no, la nuestra es sólo una guerra incivil. Nací arrullado por una guerra civil y sé lo que digo. Vencer no es convencer y hay que convencer sobre todo, y no puede convencer el odio que no deja lugar para la compasión; el odio a la inteligencia, que es crítica y diferenciadora, inquisitiva, más no de inquisición. Quiero hacer algunos comentarios al discurso, por llamarlo de algún modo, del profesor Maldonado. Dejaré de lado la ofensa personal que supone su repentina explosión contra vascos y catalanes, llamándoles la Anti-España; pues bien, con la misma razón pueden ellos decir otro tanto. Y aquí está el señor obispo que, lo quiera o no lo quiera, es catalán, nacido en Barcelona, para enseñaros la doctrina cristiana, que no queréis conocer, y yo, que, como sabéis nací en Bilbao, soy vasco y llevo toda mi vida enseñándoos la lengua española, que no sabéis. Eso sí es Imperio, el de la lengua española, y no...».

El general Millán Astray, «sentado en un extremo de la presidencia, golpeó con su única mano la mesa presidencial, poniéndose en pie e interrumpiendo al rector. Varias veces antes ha dicho con voz bastante alta: «¿Puedo hablar? ¿Puedo hablar?» Tras su sillón, con la metralleta, estaba recostado en la pared el más fiel guardián del general. Su despertar del letargo fue acompañado del gesto automático de poner el arma a «punto», según cuenta los hechos de aquel día Emilio Salcedo, en su «Vida de Don Miguel». El general, de pie y vuelto hacia el viejo rector, pronunció un breve discurso, vehemente y tópico, a gritos incoherentes, en defensa de la rebelión militar, entre la aterrada perplejidad del público. El viejo rector enfurecido, pisándole las palabras, le replicó también a gritos, recordándole la insensatez de su necrófilo grito de «¡Viva la muerte!» y su condición de inválido de guerra, sin la grandeza espiritual de Cervantes, a lo que, sin dejarle terminar, Millán Astray, dejándose la garganta en el grito y a plenos pulmones, lanzó un estentóreo «¡Mueran los intelectuales!» y «¡Viva la muerte!», que fue contestado violentamente por el viejo rector, diciendo que estaban en el templo de la inteligencia y que sus palabras profanaban aquel sagrado recinto, mientras alguien en el estrado rectificó en voz alta el «¡Mueran los intelectuales!» del general Millán Astray, con un: «¡Abajo los malos intelectuales! ¡Traidores!». El viejo rector tuvo todavía tiempo de decir, entre las voces del auditorio y los arrebatos verbales del general, mientras los legionarios se acercaron al estrado y los claustrales se arremolinaron asustados: «Os falta razón y derecho en la lucha. Es inútil pediros que penséis en España.»

Entonces Carmen Polo, la mujer del general Franco, en medio del escándalo generalizado de voces, insultos, amenazas y abucheos, pidió a su guardia personal que se acercara, cogió del brazo al viejo rector, que estaba a su lado, y lo condujo lentamente hacia la salida, rodeado de soldados y de gestos crispados y ofensivos, con el brazo en alto gritando. Los soldados no dejaban acercarse a nadie. El viejo rector no opuso ninguna resistencia y avanzó del brazo de la mujer del jefe del Gobierno del Estado, con la cabeza un poco inclinada y una cierta gallardía en sus pasos; tropezó en la puerta de la Universidad y Carmen Polo lo sujetó con amabilidad. Una multitud de brazos en alto y de gritos patrióticos rodeó el coche oficial de la primera dama, que se introdujo en seguida en el vehículo, mientras el general Millán Astray se enfrentó todavía con el viejo rector, con un gesto de desafío junto al estribo mismo del coche, al tiempo que aquel hombre anciano entró y se sentó junto a la mujer del general Franco y los abucheos, gritos y saludos con el brazo en alto crecieron, agresivos y confiados. Dejando atrás la Universidad y la multitud atónita y exaltada, el coche por la calle de la Rúa llevó a aquel hombre a su casa, donde contó lo sucedido y recuperó poco a poco el pulso de la normalidad.

Por la tarde, el viejo rector, repuesto en familia del susto del Paraninfo, como si nada hubiera ocurrido, con la conciencia limpia de su deber cumplido, ajeno a las consecuencias de su acto de protesta, confiado en su intangibilidad ciudadana, amparado en la invulnerabilidad de su prestigio internacional y empujado por la inercia de su yo, indomable y exhibicionista, forjado en la experiencia de su permanente contrariedad, fue al casino de la pequeña y alta burguesía de la ciudad, en el palacio de Rodríguez de Ledesma y Figueroa, de la calle de Zamora, donde tenía su habitual tertulia provinciana de médicos, abogados, altos funcionarios, profesores y periodistas, perpetuos admiradores de su inteligencia y de su fama, criticones a hurtadillas de sus extravagancias, gozosos participantes de su ingenio, de su sabia palabra, atentos testigos de las primicias de sus ideas, abastecedores de chismes domésticos, que en algunos casos aquel hombre viejo llevaría a las grandes creaciones de sus libros, y comparsas felices de los monólogos apasionados de su ilustre contertulio, oyentes de sus ocurrencias y agradecidos de su proximidad gloriosa y de su amistoso trato de figura universal, aunque a veces temerosos de sus ingerencias secantes en las conversaciones y molestos por su impertinente necesidad de tener siempre razón.

Pero, nada más entrar por la puerta, aquel anciano, que había venido dignificando con su presencia aquel lugar de convivencia ciudadana, a lo largo de muchos años, se cruzó con los primeros desplantes, con las primeras espaldas huidizas y asombradas y las primeras miradas incrédulas y agresivas, con algún lejano cuchicheo y el aire enrarecido de las bajas pasiones reprimidas y a punto de estallar. Aquel hombre viejo subió la solemne escalinata, que conduce al piso superior que bordea la gracia renacentista de un patio columnado, que se beneficia de una luz cenital, que le da al conjunto una luminosidad de aquarium. En un rincón de la parte alta le esperaba su tertulia, en su sitio habitual y a la misma hora, como un rito. Gente mayor, de orden y de respeto, que siempre habían condescendido, entre tolerantes y bien educados, con las intemperancias dialécticas de aquel hombre viejo, al que conocían desde hacía mucho tiempo. Hundidos en la tranquila molicie de sus sillones corruptores, hacían la sobresaltada digestión de las últimas noticias, cuando el Doctor Pablo Beltrán de Heredia lo vio venir, ascender por la escalinata con su identificable e inconfundible cabeza blanca y gritó: «¡Buque a la vista!» Y todos se volvieron estupefactos a esperarlo, a verlo aparecer, impávido e invulnerable sobre los últimos tramos de la escalinata ducal.

Y uno de los contertulios, que lo vio venir, se levantó ostentosamente irritado, manifestando con su gesto una violenta disconformidad con aquel hombre viejo, que hasta ayer no más era su amigo. Se levantó y se fue, evitando aquella proximidad ofensiva, la amenazante promiscuidad de su disidencia. La guerra civil confirmaba sus presupuestos morales en aquella anécdota del casino. El elitista derecho de admisión se reduplicaba con el más elitista derecho de relación; la intolerancia establecía las reglas de su juego en el aire rancio, con olor a fichas de dominó y a maderas enceradas, a copas de coñac y a café humeante, del casino. La débil costra de la urbanidad desvelaba su fragilidad, a las primeras de cambio, mientras aquel hombre viejo seguía avanzando, indiferente, ingenuo o quizá soberbio o simplemente regocijado. Reconocía los rostros, que le devolvían los rasgos que su memoria visual tenía almacenados y clasificados, envueltos en contextos fonéticos y en perdidas imágenes del pasado; eran aquellos hombres de los que había escrito: «me interesan los hombres individuales» y por eso, «me quedo en la pequeña ciudad, viendo todos los días, a horas dadas, a los mismos hombres, con cuyas entrañas han chocado, y tal vez dolorosamente, alguna vez las mías». Sabía sus nombres, sus ideas y sus defectos; siempre habían sido posibles héroes de sus libros, paisaje humano de sus reflexiones. Cada uno, como él, era un condenado a muerte y esto creaba entre ellos una cierta solidaridad de víctimas.

Pero aquella tarde todo era distinto. La complacencia bromatológica de la hora de la siesta había desaparecido; los ojos blandos de la cafeína, ingerida con delectación, se habían endurecido, cuando inesperadamente se oyeron unos aplausos, dirigidos a los que abandonaban el campo en que aquel hombre viejo estaba penetrando, mientras nuevos contertulios huían, evitando el contagio, ante la llegada de aquel hombre viejo, que tardó en entender la situación, aunque finalmente se aclaró por los insultos que empezó a oír de «¡Rojo!», «¡Traidor!», «¡Que lo echen! ¡Fuera!», y más rezagado el insulto elaborado con más precisión, el insulto explicativo y racionalizado, entre la linealidad del discurso y el síncope del ex-abrupto: «¡No es un español! ¡Es un rojo!». No obstante, el hombre, el hombre viejo se sentó, cansado, sorprendido y probablemente desafiante. Pero siguió sin entenderlo, mientras sus ojos se escapaban de las gafas para evaluar las consecuencias del naufragio. Más gente sintió la necesidad de insultarle, de devolverle a la situación de la alteridad más absoluta. Pero su actitud le ganó unos instantes de silencio, un paréntesis de reflexión, que no le condujo a nada, hasta que su amigo Tomás Marcos Escribano le advirtió, con la cordialidad educada de su republicanismo rosa: «No debió venir usted, don Miguel. Sentimos lo que ha pasado hoy en la Universidad, pero no debía haber venido esta tarde al casino.»

Al hombre viejo le paralizó la lucidez, mientras la arrecida de los insultos crecía; los gritos movieron a las manos y las manos empezaron también a insultarle, sin que el hombre viejo reaccionara, detenido por el asombro y la indignación. Las palabras le asediaron, en un cerco de creciente intensidad y de progresivo vaciamiento semántico. A fuerza de repetirse, el nombre «rojo» perdía su significado. El sabía muy bien que no era rojo, y probablemente fue entonces, cuando en su subconsciente, se le insinuó la idea de que, después de todo, el rojo era el nombre de un color, del que sólo se podría predicar buenas cualidades y, desde luego, cualidades con las que él se encontraba muy a gusto: rojo sangre, rojo pasión, rojo vida, rojo amor desbocado, rojo fuego y, naturalmente, rojo pecado y rojo infierno. ¿A quién se le habría ocurrido llamarle rojo? Debió aceptar el calificativo, pero quitándole las adherencias políticas y ofensivas. El rojo no era exactamente un color político, por supuesto inadecuado, sino un insulto de emergencia, una denuncia al paredón, una identificación moral, el límite del desprecio colectivo de aquella comunidad de gentes de bien, arrebatada y vociferante.

¿Y traidor, a qué? Nadie que lo conociera, nadie que lo hubiera leído alguna vez podía llamarle «traidor». ¿Cuándo había estado con aquella burguesía ignorante de aquella ciudad a la que había denominado «Renada» y «Sideria»? Siempre había defendido lo mismo, coherente y constante. Nunca había sido militarista, nunca había sido clerical. Los inconsecuentes eran los que le lanzaban el sambenito de «traidor» como una pedrada. Aquel hombre viejo era la víctima de una necesidad de exterminio y de violencia; era la encarnación del otro, la representación prehistórica de la tribu enemiga, el estímulo necesario del odio purificador; había que matarlo, primero con palabras y después con hechos en forma de bala; había que desencadenar el primer acto de la tragedia de la sangre, guiados por el instinto de la muerte; había que echarlo del casino, de la ciudad y de la vida, eliminar al viejo insolente que se atrevía a desobedecer las consignas de la colectividad, las normas de la guerra; con razón el heroico general Millán Astray, en su arenga del Paraninfo, replicándole había combatido «a los hombres que permanecen encubiertos». Porque a los traidores se les fusila y, sobre todo, a los que no son españoles, que es el pecado imperdonable, el grado más bajo del ser humano. «No es un español», le gritaban, porque los españoles eran el grupo asaltante, calientes de venas hinchadas, enfervorizados por el número y la pasión compartida entre todos, homogénea, sostenida por la moral del grupo, frente al atrevido solitario, al imprudente extranjero, al intolerable otro. Del halago del domingo de ramos habían pasado a pedir la crucifixión del viernes santo.

Era la primera autoridad académica de la ciudad, el representante de una tradición secular de prestigio y de poder intelectual, de la que la ciudad había adquirido renombre universal, era un hombre viejo de setenta y dos años, con el esqueleto reducido de los ancianos, chupado de recónditos remordimientos y quemado de arduas insatisfacciones morales, y era, contra todos, como siempre, el que tenía razón. Porque ni era rojo, ni era traidor y era, contra aquellos reproches sangrientos, español y la palabra España había centrado y provocado sus reflexiones, durante casi medio siglo de escritor, desde aquellos ensayos de los años noventa, que acabarían formando su libro de «En torno al casticismo». Y había hecho más por aclarar el concepto de España, que todos sus asaltantes enloquecidos. ¿Por qué decían que no era español? Pero a nadie le importaba nada y la moral de grupo determinaba la moral individual; ¿no había escrito en el pasado mes de mayo sobre «el pavoroso problema de la relación entre la conciencia colectiva y la individual»?

Rafael, su hijo, lo sacó de allí, lo arrastró fuera de aquella jauría, excitada por el olor a sangre. Y se lo llevó hacia la calle, por la puerta excusada de la calle del Concejo, discreta y servicial, como mal menor; pero aquel hombre viejo se resistió, se soltó del brazo de su hijo y se negó a salir por ningún sitio que no fuera la puerta principal, por donde había entrado, por donde salía todos los días y por donde era normal entrar y salir. Duro, indomable, incombustible y soberbio, aquel hombre viejo aguantó los insultos y se resistió a salir por la puerta de los criados. Y tuvieron que bordear de nuevo el patio columnado con luminosidad de aquarium y exponerse de nuevo a las miradas homicidas de los cainitas, que tenían la sangre levantada y la saliva con sabor a pólvora, entre las voces que acompañaban su salida y el vocabulario soez del anonimato. El único que le acompañó fue el escritor local, Mariano de Santiago Cividanes, de profesión delineante, mediocre y fiel, que con su insignificancia hacía más patente el abandono de todos. Por la Cuesta del Carmen llegó hasta su casa, donde su herida soledad se hizo más creciente, envuelto en las palabras de una nueva lucidez más dolorosa.

Los periódicos de la mañana siguiente, día 13, abrieron la primera página con grandes titulares: «La Fiesta de la Raza se celebró este año en Salamanca con excepcional y magnífica solemnidad.» «En la Catedral, el sermón fue pronunciado por el P. Guillermo Fraile y en la Universidad tomaron parte Ramos Loscertales, P. Vicente Beltrán de Heredia, Maldonado de Guevara y Pemán.» Del incidente entre el rector y el general ni una palabra, limitándose a consignar que «finalizó el acto con unas breves palabras del señor Unamuno y otras del heroico general Astray, combatiendo a los hombres que permanecen encubiertos». En las fotos que acompañan la noticia del acto, extensamente tratado con los discursos completos de todos los oradores mencionados, se ve la presidencia del Paraninfo, el público y la salida de la mujer del general Franco, que está entrando en el coche, seguida del viejo rector, en presencia del general Millán Astray y de una multitud erizada de brazos levantados.

Aquel mismo día, se reunió la Corporación Municipal, en sesión secreta, para decidir la expulsión de aquel viejo, que todavía seguía siendo Concejal del Ayuntamiento. La propuesta fue defendida por el concejal Andrés Rubio Polo que recordó la «actitud incongruente, facciosa y antipatriótica» del Sr. Unamuno, patente en sus «frases vertidas con descortesía rencorosa, alevosía y premeditación», lo que demostraba su «incompatibilidad moral corporativa», por su «vanidad delirante y antipatriótica». Porque España estaba en peligro, «apuñalada traidoramente por la pseudo-intelectualidad liberal masónica». Hizo una larga exposición de motivos, en la que repitió, amplió y actualizó las acusaciones de antiespañol, antipatriota, rojo, etc.; pero lo más original de su intervención fue el obligado paralelismo histórico-cultural de su figura de intelectual, filósofo y hombre público peligroso con alguna personalidad semejante del pasado, que diera consistencia a la acusación y demostrara su contrastada perversión. Y entonces hizo el «retrato físico y moral de otros Erasmos modernos de menor cuantía», que «sólo en la voluntad de venganza se mantuvo firme», pues «en todo lo demás fue tornadiza, sinuosa y oscilante», porque «quiso conciliar lo inconciliable: el Catolicismo y la Reforma y fue la envenenadora, la celestina de la inteligencia y las voluntades vírgenes de varias generaciones de escolares». Erasmo moderno, vengativo, tornadizo, envenenador, celestina y corruptor de jóvenes, aquel hombre viejo no podía seguir perteneciendo al Ayuntamiento.

Ningún homenaje se le había hecho nunca que le pudiera halagar más y que, pudiera ser, en realidad, más inmerecido que aquel homenaje involuntario y equivocado. La literatura laudatoria de la ciudad, le había llamado, con la retórica del Renacimiento «la Atenas española» y «Roma la chica», pero le faltaba aquella tradición intelectual de un Erasmo moderno para completar el panegírico de la Salamanca universitaria. Probablemente haya sido el único caso en toda la historia de la civilización occidental en que el nombre de Erasmo haya sido usado como insulto. Nadie dudó de la necesidad de la expulsión y varios concejales, entre ellos el industrial Angel Nuño, apoyaron la propuesta con idénticos argumentos, aunque con razonamientos menos eruditos. Nadie defendió al viejo rector y, por unanimidad, como consta en el acta correspondiente, fue expulsado con alivio, satisfacción y reticencias del Ayuntamiento, presidido todavía por el Comandante Del Valle Marín, que era quien lo había llamado en julio para formar parte de la primera corporación municipal del nuevo régimen.

Al día siguiente, 14 de octubre, según constaba en los folios 83-86 desaparecidos del libro de actas de la Universidad de Salamanca, se reunió el Claustro universitario, a instancias del Decano de la Facultad de Filosofía y Letras, profesor Ramos Loscertales, para estudiar la expulsión de la Universidad de aquel hombre viejo, rector vitalicio y gloria de sus aulas. Sus mismos compañeros, amigos suyos algunos, se reunieron para pedir que fuera separado de su cargo y expulsado de la convivencia académica, privándole de lo que le proporcionaba todavía una mínima satisfacción. Probablemente el miedo tuvo algo que ver con esta decisión, asistida de las sugerencias oficiales; pero no esperaron mucho tiempo para echarlo. El hombre que ya en vida se había incorporado a la nómina ilustre de los grandes de todos los tiempos de la Universidad de Salamanca, junto al P. Vitoria, Fray Luis de León y el Brocense, fue expulsado por acuerdo unánime del Claustro universitario. Igualmente acordaron proponer su sustitución como rector por el vicerrector, prof. Esteban Madruga, que no asistió a la reunión.

La solicitud de destitución fue firmada por sus compañeros Teodoro Andrés Marcos, José María Ramos Loscertales, Francisco Maldonado, Elías Sánchez Tejerina, Peralta, Beato y Sala, Ramón Bermejo, Rodríguez Aniceto, Serrano Serrano, García Blanco, Román Retuerto, Rivas, Núñez García, Garrido Sánchez, Pierna Catalá y Querol.

Lo del Ayuntamiento no le dolió; pero lo de la Universidad le afectó mucho. Recibió con amargura la noticia y se encerró todavía más en sí mismo. Ya ni la Universidad, a la que había servido durante cuarenta años, le quedaba. Cuando le destituyó la República, recibió testimonios de solidaridad, pero cuando le destituyó la nueva Dictadura su cese fue acompañado de la indiferencia. Fue otro hachazo a su robustez de encina. Por segunda vez, le habían destituido del rectorado vitalicio de la Universidad de Salamanca y por tercera vez de su cargo de rector; debía ser un caso insólito en la historia universitaria; pero no era para envanecerse, sino para entristecerse. Ya no era nada; sólo, un viejo, que tenía un pasado.

El día 16, la prensa publicó un editorial de adhesión al «bizarro general Millán Astray», por sus palabras en el Paraninfo. Con la llegada del general Franco y su Cuartel General, la ciudad cambió de piel. Los jefes italianos estaban instalados en el «Hotel Las Torres», con balcones a la Plaza Mayor y tenían su cuartel en la Plaza de Colón; los alemanes requisaron el «Hotel Pasaje» y, además de su cuartel también en la misma Plaza, instalaron sus servicios en Torres Villarroel, esquina Van Dick, donde celebraban combates de boxeo, que los muchachos salmantinos seguían con curiosidad y deslumbramiento, y en unos barracones en la carretera de Zamora, desde donde atendían las defensas antiaéreas del alto de Los Pizarrales. Los moros, de la guardia de Franco, con sus chilabas y sus turbantes le dieron un aire medieval a la ciudad del Renacimiento. Cuando el día 17, a media noche, llegó el almirante Cervera, llamado por el general Franco, para dirigir desde allí la guerra naval, se sorprendió del aspecto de la ciudad nocturna: «La población a oscuras para la defensa antiaérea y con los moros rondando las calles, ofrecía un aspecto fantástico y medieval a la luz de los faros de nuestro coche». Nada quedaba de la ciudad íntima y provinciana, que aquel hombre viejo había elegido en su juventud y a la que había sido fiel durante toda su vida.

Cuando estuvo en Salamanca, Ridruejo la describió así: «Era el ambiente de Salamanca mucho más abigarrado y complejo que el de Valladolid... Quedaban uniformes caquis con la cruz de la victoria, boinas rojas, gorrillas legionarias verdeoliva, candoras, tarbus, zaragüelles, alquiceles, gorrillos de borla, que algunos sustituían por un crucifijo oscilante, camisas negras, esvásticas y todo lo demás. No eran raras las broncas. A los nuevos se les recelaba. A los alemanes se les tenía respeto, pero sin efusión. Con los italianos pasaba lo contrario... luego tenían éxito con las chicas... De lo otro, de la Salamanca, en la que desatornillaban los moros caídos de las andas de Santiago para que no se molestasen los «regulares», vio y anotó muchas cosas Agustín de Foxá, que quiso y no llegó a dejar escrito un «Salamanca, Cuartel General» irrepetible». La ciudad rebosaba de gentes extrañas y todos los edificios públicos y privados estaban llenos. El almirante Cervera, en sus Memorias de la guerra, describe algunos de estos intrusos: «Nos instalaron en el "Hotel Pasaje", moderno y muy capaz, que estaba requisado por la Legión Cóndor... Pocos días después, no quedamos más que alemanes y marinos. Los alemanes vivían bajo disciplina rígida. Presidía la mesa el jefe en plan colegio... Había alrededor de sesenta jóvenes y una señora, con cargo de ropa, equipaje y hacienda.»

Los Servicios de Prensa del Cuartel General distribuyeron en diciembre un artículo, en el que indirectamente contestaban a las palabras del rector en el Paraninfo, titulado «Frente a los intelectuales ¡los místicos de España!», escrito por Giménez Caballero para atacar a los «¡Heterodoxos, sofistas, herejes, bachilleres, pedantes, intelectuales!». El aislamiento hacía más huecos los días de aquel otoño salmantino del hombre viejo. Estarían amarillos los chopos del río; desde La Flecha se vería la silueta encendida y bizantina de las torres de la ciudad contra el nácar lento de los crepúsculos inmóviles; las arquitecturas renacentistas habían ido perdiendo el sol de sus dorados antológicos; el Palacio de Anaya se había convertido en el centro difusor y corruptor de la propaganda fajista; en el Alto del Rollo, desde donde a él le gustaba mirar la llanura de La Armuña, una batería antiaérea impedía gozar del paisaje preinvernal; sus revoltosos vencejos estivales, que tantas veces habían llegado hasta su poesía, habían sido sustituidos por los trimotores «Junkers» y los cazas «Heinkel» de Hitler en el aeródromo de Matacán; el Café «Novelty», que en la ola de nacionalismo cambiaría pronto su nombre por el de «Nacional», se llenaba de rostros desconocidos, en los lugares en que él había celebrado, con el rito de la palabra, sus tertulias socráticas, en la quietud provinciana de la hora de la siesta. Donde habían discurrido el sueño y el silencio había cada vez más uniformes militares, vehículos rápidos, motos con sidecar y soldados vestidos de cuero; la universalidad de Salamanca se perdía bajo la crecida del internacionalismo fascista, los hombres de la Legión Cóndor, la «Marion», atravesaban formados las calles, con sus grandes botas ruidosas y su enérgico saludo romano, a la vista de sus jefes.

El día 19 llegó a Salamanca el escritor griego Nikos Kazantzakis y describió la ciudad que veía y oía: «Ya es mediodía. Me paseo por las calles de Salamanca. Catedral, universidad, mansiones medievales, espaciosos balcones, joyas debidas al arte —este juego del hombre libre— ha desaparecido todo en la hoguera de la guerra civil. Corren veloces los automóviles, se ven centinelas en todas las esquinas, los oficiales suben y bajan los peldaños del antiguo palacio episcopal desde donde, invisible, vigilante, callado, Franco gobierna ahora el destino de la joven España... Una música militar se detiene en la plaza de las altas ventanas de Franco. La multitud se agolpa y algunas mujeres acicaladas se mezclan con ella. No falta nada: sacerdotes, soldados, mujeres, música, sombreros de todos los colores, ni tampoco un jefe invisible que trabaja detrás de espesas cortinas. No falta nada.»

El general Franco quería nombrar rector de la Universidad de Salamanca a Manuel Torres López, que no aceptó; entonces nombró al candidato propuesto por los claustrales, el vicerrector, Esteban Madruga, que accedió, previa consulta con el viejo rector arrinconado. El día 20, en el peor estado posible, recibió una carta, con el membrete del «Gran Hotel» de Salamanca, de Nikos Kazantzakis, que le solicitaba una entrevista. Aquel hombre viejo, hundido y temeroso, lo que necesitaba era hablar y hablar con alguien que pudiera entenderle, cansado de las visitas de los falangistas a los que no soportaba. La carta, firmada por N. Kazantzakis, ecrivain, decía así:

«Je vous supplie, cher Maître, de m'accorder quelques instants. Je suis venu hier soir de Grèce pour Vous voir. Vos admirateurs hellènes attendent avec angoisse Vôtre voix qui puisse les guider dans cet instant terrible que traverse l'Espagne et l'humanité!
Dans l'espoir que vous voudrez bien me fixer un moment de me recevoir, je Vous prie...»

Inmediatamente le concedió la entrevista y le confesó, desamparadamente, su situación y sus preocupaciones. Ya no era rector, ya no era concejal, era sospechoso a todos, republicanos y fascistas, oía las palabras más duras que nunca había oído y sentía alzarse su soledad irreversible. Seguía sin entender nada de la historia y su aislamiento venía a confirmar unas palabras que escribiera en 1918: «Todo hombre civil que sea noble y entero está predestinado a la soledad senil; su vejez será un trágico aislamiento... ¿Hay nada más grande y más heroico que un anciano vigoroso que se mantiene defendiendo su soledad?» Así es como lo vio Kazantzakis, el autor de «Cristo nuevamente crucificado», en aquella Salamanca monumental, atravesada por todos los signos de la guerra. A las puertas de la casa del hombre viejo, «las hojas se han puesto amarillas, los álamos están dorados, tres grandes cipreses, inmóviles, levantan sus siluetas negras en el crepúsculo de fuego». Por el Campo de San Francisco y el Paseo de las Ursulas, Kazantzakis se acercó a la casa de aquel hombre viejo, dejando a sus espaldas el verdor iluminado del parque y el silencio encantado del rincón de las Ursulas. Al lado de la Casa de las Muertes, entró en el solar de los Ovalle, bajo su escudo labrado en la fachada, y llamó a la puerta del domicilio del destituido rector. «Se me hace entrar en una habitación larga, estrecha y desnuda. Pocos libros, dos grandes mesas, dos paisajes románticos en las paredes; grandes ventanas, luz abundante. Un libro inglés se halla abierto en el escritorio. Oigo, procedentes del fondo del corredor, los pasos de Unamuno que se aproximan. Un paso cansado, arrastrado, un paso de anciano. ¿En dónde están, pues, las grandes zancadas, la juvenil agilidad de su paso que admiré en Madrid hace apenas algunos años? Cuando la puerta se abre veo a un Unamuno súbitamente envejecido, literalmente hundido y ya encorvado por la edad. Pero su mirada sigue brillante, vigilante, móvil y violenta como la de un torero. No tengo tiempo de abrir la boca cuando él ya se arroja en la plaza».

Es el último retrato del viejo rector y se lo hizo un extranjero, con el que habló con más sinceridad que con los españoles. Había perdido kilos, agilidad y prestancia, pero seguía siendo eruptivo, recalentado por sus propias palabras, igual a sí mismo. Y, cuando arrancó a hablar, cuando se precipitó al abismo de sus pensamientos, empezó, como siempre había hecho, por la primera persona del singular del pronombre personal, implícita en el verbo:

«Estoy desesperado —exclama cerrando los puños—. ¿Usted piensa sin duda que los españoles luchan y se matan, queman las iglesias o dicen misas, agitan la bandera roja o el estandarte de Cristo porque creen en algo? ¿Que la mitad cree en la religión de Cristo y la otra mitad en la de Lenin? ¡No! ¡No! Escuche bien, ponga atención en lo que voy a decirle. Todo esto sucede porque los españoles no creen en nada. ¡En nada! ¡En nada! Están desesperados. Ningún otro idioma del mundo posee esta palabra. El desesperado es el que ha perdido toda esperanza, el que ya no cree en nada y que, privado de la fe, es presa de la rabia».

Seguía viendo el mundo a través suyo y sus palabras se ordenaban para darle la razón. Sus reflexiones repetían lo que venía escribiendo en sus notas de la guerra, que sobrepasaban en mucho la prudencia y la parcialidad de sus declaraciones públicas. Intentaba aclarar su sinceridad en sus encuentros privados, sobre todo si eran con extranjeros, y en sus cartas particulares. La fe, la voluntad de creer en algo, que había guiado su lectura del mito de Don Quijote, se le quebró una vez más en vísperas de su muerte. Nadie creía en nada y su intensa propaganda de la fe había sido totalmente inútil, porque no le habría servido ni a él mismo, que había empezado por confesar que estaba desesperado, en el introito de sus confidencias. El viejo rector se volvió hacia la ventana y dejó que sus palabras le traspasaran de nuevo, preguntando, sin esperar respuesta: «¿En Grecia qué hacen ustedes?», para seguir su monólogo revitalizado por la luz del exterior:

«El pueblo español está enloquecido —continúa—. Y no solamente el pueblo español, sino quizás el mundo entero. ¿Por qué? Porque el nivel intelectual de la juventud de todo el mundo ha descendido. Los jóvenes no se limitan a menospreciar el espíritu, sino que lo odian. El odio al espíritu: he aquí lo que caracteriza a toda la nueva generación. Les agrada el deporte, la acción, la guerra, la lucha de clases. ¿Por qué? Porque odian al espíritu. Yo conozco a los jóvenes de hoy, a los jóvenes modernos. Odian al espíritu.»

Chocheaba y para ayudar a la endeblez de su pensamiento se levantó a coger el libro inglés que estaba leyendo y eligió una frase que confirmaba sus arrebatos generacionales. Kazantzakis, como él dice, consiguió deslizar una pregunta en el monólogo imparable de aquella exaltación, que no era senil, porque venía desde lejos y no se terminaría más que con su muerte: «¿Qué deben hacer los que todavía aman al espíritu?». El viejo rector recogió la pregunta, la computó en su cerebro y explotó de nuevo, desde el fondo de su desesperación, con la complacida seguridad de tener razón:

«¡Nada! —exclama—. ¡Nada! El rostro de la verdad es temible. ¿Cuál es nuestro deber? Ocultar la verdad al pueblo. El Antiguo Testamento dice: «El que mire a Dios a la cara, morirá». El mismo Moisés no pudo mirarle a la cara. Lo vio por detrás, y solamente el borde de su manto. ¡Esta es la naturaleza de la verdad! Debemos engañar al pueblo, para que los hombres tengan la fuerza y el gusto de vivir. Si supieran la verdad, ya no podrían, no querrían vivir. El pueblo tiene necesidad de mitos, de ilusiones; el pueblo necesita ser engañado. Esto es lo que lo sostiene en la vida. He escrito un libro sobre estas cosas, mi último libro.»

Paternalismo y autosuficiencia, el viejo rector, incapaz de saltar sobre su propia sombra, volvió a universalizar sus problemas, a unamunizar el mundo, a testimoniar sin escrúpulos sobre la revisión de sus antiguas ideas románticas sobre el pueblo, que pasó de creador a víctima, de protagonista a comparsa. Su interlocutor lo vio sobreexcitado, con las venas a punto de reventar, mientras hablaba, con sus mejillas teñidas de rojo púrpura y el busto enderezado para aumentar su parte de razón en lo que decía. «Se diría que rejuvenece». Saltó, cogió un ejemplar de su novela «San Manuel Bueno, mártir», se lo dedicó y se lo dio:

«Tome; léalo y verá. Mi héroe ha dejado de creer. No obstante, continúa luchando para comunicar al pueblo la fe que él no tiene, ya que sabe que sin la fe, sin la esperanza, el pueblo no tiene la fuerza de vivir. (Lanza una carcajada sarcástica, desesperada). Hace cerca de cincuenta años que no me he confesado, pero he confesado a sacerdotes, a frailes, a religiosas... Los clérigos a los que gusta la buena mesa y el vino, o que se dedican a atesorar dinero, no me interesan. Aquellos a los que les gustan las mujeres, me conmueven porque sufren. Y aun iré más lejos: aquellos que han dejado de creer me interesan más porque el drama de esos hombres es atroz. Así es el héroe de mi libro: San Manuel Bueno. ¡Mire!

El viejo rector, nervioso, hojeó el libro y encontró una frase que leyó: «La verdad es algo terrible, insoportable, mortal.

Si se le levanta el velo, el pueblo ya no podrá continuar viviendo. Y el pueblo tiene que vivir, vivir, vivir...». Después leyó algunos párrafos más, deleitándose en la voz alta de su lectura. Kazantzakis, interrogado sobre lo que ha oído, dijo que, lo mismo que al final de la civilización greco-latina el espíritu dialéctico se detuvo, porque había evolucionado «más de lo que era necesario», hoy ese espíritu «debe adormecerse para permitir que se manifiesten las profundas fuerzas creadoras del hombre». Y el hombre viejo contestó rápido:

«¿Una nueva Edad Media? —exclama Unamuno y sus ojos arrojan chispas—. Esto también lo dije. Se lo dije un día a Valery: «El espíritu no puede asimilar los grandes progresos realizados. Tiene que descansar.»

La guerra civil se introdujo de nuevo en la conversación, a través de una música militar que llegó de la calle, con el acompañamiento estentóreo de los habituales gritos de «¡Arriba España!». El hombre viejo se quedó parado escuchando y pensando, hasta que el ruido multitudinario se alejó; después volvió a hablar «con una voz fatigada y triste», con todos los años de su edad echados súbitamente sobre sus hombros, como en un obligado aterrizaje de emergencia, sobre un suelo que volvía a ser sólido:

«En este momento crítico por el que atraviesa España, es indispensable que me ponga junto a los militares. Son ellos los únicos que nos devolverán el orden, porque tienen el sentido de la disciplina y lo saben imponer. No preste atención a lo que se dice de mí: no me he convertido en un hombre de derechas, no he traicionado a la libertad. Pero de inmediato es urgente instaurar el orden. Verá como dentro de algún tiempo y esto no será dentro de mucho, seré el primero en reemprender la lucha por la libertad. No soy ni fascista, ni bolchevique. Soy solamente un solitario.»

Ya no justificaba su adhesión al levantamiento rebelde por la defensa de la cultura occidental cristiana; ahora se trataba de un problema de orden público. Pero le continuaba preocupando la opinión de los demás, porque conocía la dura crítica a la que la izquierda le estaba sometiendo. La libertad seguía preocupándole, pero ya no sabía lo que era la libertad. Creía que la libertad era no estar ni con unos ni con otros; tenía un concepto negativo de la libertad y se abstenía en esa zona de nadie, que le garantizaba la seguridad senil de la inercia, mientras tanto; estaba tramando algo que le redimiera de su equivocación inicial, de la que en septiembre ya estaba arrepentido. Preparaba, una vez más, su gesto de independencia, frente a todos los compromisos como si la libertad pudiera esperar a mejores tiempos. Y todavía repitió, antes de la despedida:

«Estoy solo, solo como Croce en Italia.»

El día 22, el general Franco firmó el decreto de destitución, en dos simples líneas, estrictamente funcionales, con menos miramientos que los de la República y desde luego peor prosa:

«Decreto número 36.
«Vengo a disponer cese en el cargo de rector de la Universidad de Salamanca don Miguel de Unamuno y Jugo.
«Dado en Salamanca, a 22 de octubre de 1936.
Francisco Franco.»

Cuando en Madrid se supo, vía París, la destitución, «El Socialista», del día 3 de noviembre, tituló así la noticia: «El traidor no es menester». Efectivamente, como él decía, estaba solo.
Otra víctima de la guerra le pidió ayuda y añadió un nuevo caso a su repertorio de horrores. Era una mujer, que firmaba con elegante letra puntiaguda de colegio de monjas, y había redactado su carta con precisión y fluidez para contarle sus angustias de esposa, educada en el cultivo de los buenos sentimientos y de las bellas palabras; clase media culta y sensible, en la que el hombre viejo podía reconocerse. Otro ser humano, a la intemperie de su desnudez existencial, frente a la pre-

sencia de la muerte. La carta estaba fechada en Astorga (León), el día 25 de octubre:

«Muy distinguido señor: me atrevo a molestarle y en nombre de mi marido Manuel Santamaría Andrés, ya que éste no puede hacerlo personalmente por encontrarse preso en la prisión de San Marcos, de León; está acusado de un delito de traición a la patria, a resultas de un sumario instruido por el procedimiento sumarísimo y pendiente de un consejo de guerra, que se celebrará en León en esta semana, pidiendo para él la pena capital; la única acusación que pesa sobre él y por la que se le incluye en el delito mencionado, es la de que formaba parte del Frente Popular de León; esto es totalmente falso, D. Miguel, mi marido tan sólo figuró en un comité electoral en febrero pasado, y nunca más tuvo que ver con el Frente Popular; es por eso por lo que me indicó que me dirigiese a Vd. para pedirle en nombre de sus cuatro hijos, en el mío y en el suyo, que haga la caridad de interceder por él cerca de personas que, por su elevada jerarquía, puedan hacer que la justicia resplandezca; yo le aseguro que es inocente de esa acusación y que únicamente es el ambiente que hay aquí el que le ha conducido a esta situación, y un nuevo ruego es que si se digna hacer algo por él, sea a la mayor brevedad, ya que el Consejo de Guerra está señalado para esta semana y no quisiera Dios que su valiosa ayuda llegase tarde.
»Mis perdones, D. Miguel, por esta molestia y de todo corazón sabríamos agradecer lo que hiciese por mi marido...».

Cuando recibió esta carta aquel hombre viejo ya no era nada más que un ser marginado, apartado de su rectorado y de la Comisión depuradora de responsabilidades políticas, reducido al papel de perseguido, de represaliado, él también. No podía hacer nada, porque ya no era nadie, sino un nombre que provocaba desprecio por un lado y odio por el otro. Aquella admirable mujer luchaba por su marido como una madre, que era como a él le gustaban las mujeres, desde su permanente actitud de hijo ante su mujer, a la que había trasferido sus relaciones, conscientes e inconscientes, con su propia madre. Comprendía que las mujeres se estaban introduciendo en la vida pública a través del dolor y de la desesperación. Su conocimiento femenino se ampliaba con aquellos testimonios de audacia y de fidelidad. Aquellos personajes necesitaban de su palabra para sobrevivir a la efímera vida de una anécdota de guerra. La eternidad rozaba aquellos gestos femeninos de abnegación y de congoja. Era un nuevo peso que sumar a sus remordimientos.

Lo mejor era marcharse; abandonar aquel país desgraciado y encontrar otro suelo desde el que reconstruir su libertad deshecha. Necesitaba poder volver a hablar, que era lo suyo, volver a escribir para que alguien lo leyera. Porque para un escritor como él quedarse reducido al silencio, con tantas cosas que decir, era la peor condena. Todavía recordaba la cariñosa recepción que había tenido en Inglaterra, en el pasado mes de febrero, cuando la investidura del grado de doctor «honoris causa» en la Universidad de Oxford; aquel era un gran país, de una acreditada tradición democrática, donde podría recuperar su voz en defensa de la libertad. Por fin, todos iban a saber lo que pensaba. Tenía que explicar desde un país alterutral, como a él le apetecía llamar a su propia posición, entre otra y neutral, su actitud y sus experiencias en la guerra civil, de las que había ido dejando constancia en aquellas notas que había empezado a tomar en agosto, que le servían de desahogo y de memoria y que guardaba para utilizar como la base de un libro en el que todo volviese a estar lo más claro posible. Por lo demás, no era la primera vez que se iba al exilio, del que conocía la amargura y la distancia. Porque España era un país de exiliados y nunca sería más español que haciendo realidad la metáfora del exilio, que siempre le había estado amenazando. Era huir, para estar más cerca.

Pero, naturalmente, no se lo permitieron. Demasiado peligroso, demasiado conocido, demasiado voceras. El exilio interior, que sería un componente intelectual de la próxima historia de España, empezó con aquel hombre viejo, que tantas otras situaciones posteriores inauguraría. Fue entonces cuando extremaron las medidas de seguridad en torno a él, le pusieron un policía en la puerta de su casa y dieron órdenes de seguir todas sus idas y venidas, sus paseos, sus contactos. Fue entonces también cuando llegaron al general Franco las peticiones de muerte para aquel intelectual incómodo, atrevido e imprevisible. Pero el general Franco ya tenía bastante con García Lorca para crear otro mártir de la causa internacional de sus enemigos; sólo en caso extremo se le eliminaría con discreción y de momento habría que reducirle al silencio, y vigilarle. Nada de matarle, ni de dejarle escapar a Inglaterra. Con pasiones airadas no se ganan las guerras, sino con paciente prudencia de cazador furtivo. El día 28 los periódicos salmantinos dieron cuenta del cambio de rector de la Universidad.

Aquel hombre viejo, con su pensamiento mitológico y metafórico, se llenó de inquietudes en la espera de algo que no acababa de llegar nunca. Y volvió a sentir la necesidad de purgarse con la poesía. El día 28 de octubre escribió un poema desolador, en la fría soledad de su cuarto de trabajo, sobre el blanco papel confidencial de su intensa tenacidad verbal:

«*Horas de espera, vacías;*
se van pasando los días
sin valor,
y van cuajando en mi pecho,
frío, cerrado y deshecho,
el terror.
»*Se ha derretido el engaño*
¡alimento me fué antaño!
¡pobre fe!
lo que ha de serme mañana...
... no se me ha perdido la gana...
no lo sé...!
»*Cual sueño de despedida*
ver a lo lejos la vida
que pasó,
y entre brumas en el puerto
espera muriendo el muerto
que fui yo.

>*Aquí mis nietos se quedan
alentando mientras puedan
respirar...
la vista fija en el suelo,
qué pensarán de un abuelo
singular?*»

Los versos de pie quebrado, con toda la melancolía manriqueña incorporada a su ritmo sincopado, le sirvieron para expresar su triste situación de marginado, que esperaba sin tener nada que hacer sino esperar. Desilusionado, aterido, desorientado y temeroso, escribía en estos versos una especie de adiós a la vida. Toda la soledad y la tristeza de aquellos momentos llegaban hasta este poema acongojado de preguntas y de misterios. Era el poema de la espera desesperanzada. Gide había escrito una vez sobre la densidad conceptual del castellano que tenía una sola palabra para significar la espera y la esperanza, l'attente y l'espoir, pero aquella espera de finales de octubre era la espera de quien no espera nada. Los días pasaban inútilmente y lo único que crecía era el terror; le fallaba la fe, que en otros tiempos le había ido engañando, sin ninguna seguridad en la inmortalidad buscada, entre brumas portuarias frente a lo desconocido y lo inquietante, muelle de un viaje irreversible. Y, como si ya se hubiera ido definitivamente, se interrogaba sobre sus nietos que se quedaban en tierra y se interesaba por lo que pensarían de él, cuando ya no estuviera allí. Era un último gesto narcisista, a punto de embarcar.

No le iban quedando más satisfacciones que las de la memoria; su vida ya no era un proyecto, sino una repetición. El terror le iba paralizando las ideas y la inercia intelectual le impedía la comprensión. Su espíritu se adormecía en la costumbre. Decidió no volver a salir de casa, porque lo que veía le aterraba. Las miradas hostiles le seguían a todas partes, en sus paseos, que a veces se amparaban en la compañía de jóvenes falangistas, que fabricaban a su costa anécdotas literarias para sus «Memorias» y coartadas intelectuales para sus remordimientos.

Sus paseos se convirtieron en causa de desasosiegos. Salamanca ya no era la ciudad de sus versos, ni la madre cariñosa de su inconsciente ensimismado, ni el remanso feliz de sus meditaciones angustiadas en la proximidad premiosa de la palabra «Dios». Salamanca era un cuartel y, todavía, peor, un cuartel general. En el antiguo Colegio Mayor de Alonso de Fonseca, con el retablo de Alonso de Berruguete, se habían instalado los servicios informativos de los nazis de la DNB, que habían requisado al principio los aparatos de «telex» de los periódicos salmantinos y a los que los periodistas españoles tenían que acudir para recibir información. El renacimiento dorado se había militarizado y el tranquilo Tormes, de su «Oda a Salamanca», arrastraba escurrajas de sangre de los muertos de Barco de Avila, de Alba de Tormes, de Santa Marta...

Un día se le acercó Víctor de la Serna, con uniforme paramilitar de falangista y se fueron paseando hasta el río, donde, al ir a pasar el Puente Nuevo, un soldado del puesto de guardia, que controlaba el acceso, les pidió la documentación y, cuando el hombre viejo fue a enseñar la suya, un cabo andaluz, que le conocía por haberle visto pasar muchas veces, salió diciendo: «¡Niño! Deja en pá ar señó, que é un coroné carlista», a lo que el hombre viejo sonrió. Debieron remejérsele, como él hubiera dicho, los recuerdos de su infancia, cuando los carlistas eran los enemigos y ahora le confundían con uno de ellos, por su aspecto y por su cédula de identidad, donde constaba su nacimiento en Bilbao. Sonrió de la confusión histórica y de la paradoja política, que aquella anécdota delataba. El río venía pacífico y la ciudad desde la otra orilla no parecía haber cambiado nada. Las torres agrupadas en un haz seguían siendo el testigo metafórico de su supervivencia y los huecos negros de sus ventanales seguían poseyendo el misterio insondable de las interrogaciones sin respuesta. Estaba bonita Salamanca, a pesar de la guerra, vista desde fuera, con los signos de su eternidad frente a la fugacidad de la historia. Aquello, aquella ola de locura comunal pasaría y, cuando nadie pudiera confundirle con un viejo coronel carlista, Salamanca volvería a decir quién era él. Era agradable pasear por aquel paisaje otoñal de una Salamanca otoñal, que garantizaba el eterno retorno de la esperanza.

No obstante, los presagios de la muerte aumentaron en su interior y todo eran admoniciones angustiosas. La vida se le escapaba y hasta las palabras, que eran su fuerte, le abandonaban. A veces la memoria se le volvía blanca y las palabras se le perdían en los pozos ciegos de su desesperación. Las lagunas mnésicas de su primera infancia le anunciaron la proximidad de su desnacimiento. El día 30 de octubre, más interiorizado que nunca y más autobiográfico, volvió a su «Cancionero» para escribir otro poema, que se hacía dramático por su contenido.

«A dónde se me fue aquella palabra
que recordar no logro?
Era una parte de mi alma,
texto que se me va en pedazos.
La primera que pronuncié, cuál fuera?
Será, en mi desnacer, acaso la última?»

Su alma como un texto es la más exacta definición suya que podía hacerse; su alma formada exclusivamente de palabras y la muerte como pérdida de la palabra. La alarma surge porque una palabra se ha perdido en los tejidos neuronales de la memoria. Los fisiólogos decían que se empezaba a envejecer por el intestino, pero los poetas sabían que el primer síntoma de la muerte era el extravío de una palabra del sistema lingüístico propio de cada persona; la disgregación de una parte del sistema que empezaba a amenazar ruina. Era angustiosa la busca de la palabra perdida, como si se iniciara el proceso de su desidentificación. Andaba con menos agilidad que antes, veía un poco peor, cada vez tenía más frío y los primeros braseros de octubre eran insuficientes para su necesidad acrecentada de calor; pero la admonición más trágica era la inesperada desaparición de una palabra, suya por la vida y por los años, parte de su alma. La palabra constituyente se convirtió en preocupación vital. ¿Cuál fue el punto de partida del sistema y cuál será la palabra que lo cierre en el tiempo? ¿La vida será un proceso de formación de palabras, que luego, al final, irán deshaciéndose poco a poco, hasta llegar otra vez a cero? ¿Había empezado la desintegración lingüística, camino de la última primera palabra?

Aquella noche, los aviones republicanos habían bombardeado el aeródromo de Matacán, junto a Salamanca. Otra forma de muerte se acercaba a su casa, mientras un grupo de escritores argentinos, entre los que estaban Jorge Luis Borges y Enrique Amorim, protestaba, el día 30, por el asesinato de García Lorca. ¿Protestaría alguien por su muerte? Al día siguiente, 31 de octubre, un grupo de intelectuales españoles, a los que aquel hombre viejo conocía, publicó otra protesta «contra la barbarie fascista», apelando a la conciencia internacional. Eran, entre otros, el filólogo e historiador, con el que tantas veces había mantenido correspondencia amistosa y científica sobre textos medievales y habla popular, Ramón Menéndez Pidal; el escultor de su busto del Palacio de Anaya, al que había hecho cruzar la frontera de Hendaya para modelar con tierra española, y no francesa, el boceto de su escultura, Victorio Macho; el fonetista Tomás Navarro Tomás, amigo suyo de la Facultad de Filosofía y Letras de Madrid; el químico Enrique Moles, el escritor Moreno Villa, etc. Todos los rostros de su galaxia intelectual estaban del otro lado de la frontera política con lo que el sentimiento de su soledad aumentaba cada día más.

NOVIEMBRE

Aquel hombre viejo debió sentir la soledad como nunca. Las mujeres de su vida —primero su madre y después su mujer—, que le habían mantenido la ilusión de una filialidad perpetua, ya no estaban con él, habían muerto hacía mucho tiempo y le habían dejado anclado en una orfandad completa. La inmortalidad soñada, sin la garantía materna a su lado, parecía menos posible. Su exhibicionismo infantil, que tanto le había aliviado su desamparo existencial, en demanda de la densidad conformadora de la mirada ajena, carecía de público ante el que representar su papel. Y aquella guerra civil le arrebataba hasta la seguridad de sus ideas y le demostraba la inutilidad de sus esfuerzos. Aquella paz en la guerra, sobre la que había levantado la primera construcción de sus intuiciones de escritor, hacía cuarenta años, y que había quedado enterrada en sus cimientos intelectuales, como una piedra angular, había decantado su absoluta inutilidad en aquella matanza fratricida, que llegaba hasta el umbral de su casa.

Aquella guerra civil incruenta, que había estado predicando durante toda su vida, con moral de cruzado, como necesidad imperativa de la existencia frente a la invasión mostrenca de la nada, se había convertido en este río de sangre inocente, que se llevaba, corriente abajo, a muchos de sus amigos. Aquel yo incombustible, señero y procaz, que había alentado en toda su obra como obligatoria afirmación de la persona, estaba devastando la conciencia de la solidaridad y de la misma convivencia ciudadana. España era una tierra erizada de yos, plétorica de yos, agobiada bajo el peso de los yos excesivos, que rivalizaban ferozmente para salvarse del naufragio. Su «Cristo de Velázquez», organizado sobre citas bíblicas y angustias personales, servía de coartada para aumentar el número de los muertos. Y la libertad, como el eje de su pensamiento, se enterraba a diario en los cementerios.

Aquel hombre viejo debió sentir la soledad, como una manta inútil. El negro del alto corredor del torreón de las Ursulas, frente a su balcón, era más negro e inquietante cada día, con su profundidad de vacío. Sus amigos estaban muertos, huidos o escondidos y lejanos. El círculo de los recuerdos compartidos se estrechaba cada mañana. Muchos de los que le habían admirado, halagando su narcisismo, le hacían llegar implícitamente el silencio de su desprecio, la indiferencia de su incomprensión, y otros muchos, temerosos, evitaban el contagio de la sospecha, en aquellos días desesperados de la Salamanca militarizada, centro de espionajes, muladar de intrigas, emisor incansable de penas de muerte y de órdenes de ataque y de exterminio. Estaba solo y agonizaba, aunque esta vez su agonía era distinta. En uno de sus libros, en «La agonía del cristianismo» había escrito que «agonía, quiere decir lucha. Agoniza el que vive luchando, luchando contra la vida misma. Y contra la muerte». Esto lo había escrito en 1924; pero en 1936 su agonía era la misma, pero triplicada por la agonía de sus ideas y por la definitiva agonía de su existencia. Porque ahora luchaba también contra la muerte en vida. Con setenta y dos años recién cumplidos y con el remordimiento tenaz de la inutilidad de sus ideas, su agonía triplicaba sus perplejidades. Ya no importaba tanto sobrevivir en la muerte, como sobrevivir en la vida. Las pistolas de los guardaespaldas del general Millán Astray habían amenazado, por un tris, con romper el nudo gordiano de sus dudas. Sobrevivir no era una necesidad metafísica, sino una obligación biológica. Salamanca era un panteón. Y los muertos aumentaban la soledad de aquel viejo, viudo y jubilado. Y el corral de muertos de su metáfora sepulcral se había encarnado en su Salamanca.

A raíz de lo del Paraninfo, muchos amigos dejaron de visitarle, lo que unido a sus amigos fusilados o presos, hacían más evidente su soledad, que crecía con la escolta que le pusieron las autoridades rebeldes y que le acompañaba a todas partes. Porque era un testigo que había que vigilar, una reliquia que había que conservar, un enemigo que había que aislar, un tránsfuga que había que retener. Sus amigos de toda la vida le fueron abandonando y los fueron sustituyendo los jóvenes falangistas, que, faltos de poder, carentes de contenido y reducidos al papel de comparsas ejecutivos, se arrimaron al viejo predicador de disidencias permanentes como ya habían intentado antes y seguirían intentándolo después de muerto, para ampararse en su prestigio intelectual y en su fuerza moral con el fin de convertirlo en uno de los suyos. Todos querían posar junto al maestro para la posteridad, a ver si se les pegaba algo de él. Fueron llegando a la ciudad, Víctor de la Serna, Antonio de Obregón, Giménez Caballero y todos hicieron su anécdota junta al viejo liberal hundido, en aquellos meses trágicos de la Salamanca mineralizada por el terror y la muerte. El viejo se dejaba querer, atemorizado y solitario, mejor estos imbéciles, para los que guardaba sus peores adjetivos, que el declive pavoroso del vacío sepulcral en vida. Todo el desprecio que sentía por estos nuevos acompañantes de su vejez desamparada, lo fue acumulando para depositarlo en el libro que, por entonces, los primeros días de noviembre, empezó a preparar, con el título de «El resentimiento trágico de la vida», que fue su último intento de luchar contra la nada.

Ya estaba en condiciones de volver a escribir; por fin se encontraba como a él le había gustado estar siempre, enclaustrado y entre los hunos y los otros, como había empezado a decir, con una sintética fórmula conceptista, típica de su acostumbrada densidad verbal. Fue una feliz expresión que le gustaba, porque la repitió varias veces, con el agrio humor de aquellos días infelices. En el manuscrito de «El resentimiento trágico de la vida», su pulso tembloroso de años y de indignación, se afirmaba para escribir, con rotunda claridad, la denuncia global de los «hunos y lo hotros». ¿Quiénes eran los hunos y quiénes eran los hotros?, ¿qué más da? Los «hunos», ejemplificados históricamente por aquellas huestes, organizadas por el caudillo Atila, que arrasaban cuanto caía bajo las pezuñas de sus caballos, eran evidentemente los marxistas, y los «hotros», afeados por esa hache mostruosa, eran los fascistas, los representantes de la alteridad más absoluta e irreconocible; los «hunos» eran gentes procedentes de oriente, bárbaros y extranjeros, invasores despreocupados de la historia y de la tradición, portadores de la tabla rasa y soñadores utópicos de un nuevo mundo, y los «hotros», cercanos y distintos, próximos con la «projimidad» más escandalosa, con ese signo gráfico inicial que los homogeneizaba con los hunos, como un insulto a los ojos y una advertencia a la semántica, hunos más que otros.

La calle era un erizo de hostilidades y el hombre viejo se

encerró en su casa, a trescientos metros del café «Simu», donde los nazis acostumbraban a emborracharse con cerveza y a confraternizar con los indígenas, mediante las chocolatinas infantiles propagandísticas, de una calidad desconocida por la hambrienta población de la ciudad, discretamente próximo a su «Hotel Pasaje», en caso de perentorio apuro etílico, y camino ya del Barrio Chino, que conoció entonces el momento estelar de su historia apresuradamente crecido y servido por material de primera mano de la España liberada, para atender a una clientela exigente y adinerada, internacional y desesperada. Un testigo de aquel tiempo, el periodista salmantino José Juanes, recuerda, al hacer la memoria de su barrio de los Milagros, calle por medio del Barrio Chino que «durante la guerra menudearon los incidentes, como corresponde a toda colectividad situada en condiciones anormales. Hubo riñas, tiros, heridos, algún muerto. Y la estampa apabullante de un imponente centinela alemán, que hacía la guardia con todos sus arreos ante la puerta de una "casa", cuyas pupilas estaban reservadas, por orden del Embajador General von Paupel, para servicio de todos sus compañeros». A escasos metros, aquel hombre viejo vivía aterrorizado por la creciente invasión de la muerte, por la inevitable marea de la nada, cercado al norte por la Radio Nacional del Paseo de las Carmelitas, al este por la Plaza de las alucinaciones multitudinarias del saludo romano, al sur por el cuartel general del general Franco y al oeste por las tapias del cementerio donde fusilaban a los republicanos.

El día 1 de noviembre recibió a un periodista francés, al que repitió sus propios tópicos, aunque matizados por un deseo de mayor objetividad y una posición de mayor independencia: «El salvajismo inaudito de las hordas marxistas sobrepasa toda descripción y los que dan el tono no son ni los socialistas, ni los sindicalistas, ni los anarquistas, sino las bandas de malhechores, de degenerados, de escapados de prisiones, de criminales natos sin ninguna ideología. Pero la reacción natural contra todo esto toma, desgraciadamente, muchas veces carácter opresivo. Es el régimen del terror. España está literalmente espantada de sí misma. Y si no vuelve sobre sus pasos a tiempo, llegará al borde del suicidio moral. Si el miserable Gobierno de Madrid no ha podido ni ha querido resistir el empuje de la barbarie marxista, debemos tener la esperanza de que el gobierno de Burgos tendrá el valor de oponerse a aquellos que quieren establecer otro régimen de terror.» Despolitizaba las responsabilidades y le echaba la culpa de todo a los incontrolados, contrabalanceando el terror rojo con el terror azul. El suicidio moral de España era la perspectiva en que sus reflexiones se desarrollaban.

«En un comienzo se ha dicho con muy buen sentido que este movimiento salvador no era un movimiento de partido, ni un movimiento militar, sino algo profundamente popular y que, por lo tanto, todos los partidos antimarxistas debían olvidar las diferencias que les separaban para unirse todos bajo la dirección de un jefe militar, sin prejuzgar acerca del régimen político que se establecería definitivamente. Es así como los partidos han continuado justaponiéndose sin fundirse: renovación española, monárquicos constitucionales, tradicionalistas, antiguos carlistas, Acción Popular, monárquicos ligados a la República y numerosos republicanos que se han resistido a entrar en el Frente Popular. A estos últimos agregaremos los falangistas, partido político, aunque lo nieguen y que no es otra cosa que el fascismo italiano, a mi juicio muy mal interpretado.»

Al principio, le había dicho al periodista Sadoul que se había puesto junto al levantamiento militar, «en el pensamiento de que lo más importante era salvar la civilización occidental cristiana y con ella la independencia nacional» y ahora describía las fuerzas políticas, con asepsia enumerativa, para encontrar un hueco justificativo en el que situarse, el de «los numerosos republicanos que se han resistido a entrar en el Frente Popular», y acusar la absorbente ascensión de la Falange en aquella voluntad común de rectificar a la República. Ponía terreno dialéctico por medio para desmarcarse del sambenito de fascista que los republicanos, fieles a la República, le habían colocado. Pero, a pesar de los matices, seguía siendo fiel a sus primeras declaraciones, aunque ocultaba sus críticas a la represión en la retaguardia de los rebeldes. Su coherencia vertebral mantenía sus declaraciones de julio y de agosto y trataba de racionalizar su caso, explicándolo, no por motivos ideológicos, sino por cuestiones personales, sin encontrar o sin querer buscar la justa perspectiva histórica de su posición y de su anticipada condena, por la marcha de la historia: «El Gobierno de Madrid me destituyó de mi cargo de rector; pero el Gobierno de Burgos me restableció en mi función con la expresión de grandes elogios. Estaba entonces aterrorizado por el carácter que tomaba esta guerra civil horrible, que es debida a una enfermedad mental colectiva, a una epidemia de locura, con su substractum patológico.» Esto ya lo había dicho antes y tanta insistencia parece demostrar su sinceridad, lo mismo que su interpretación religiosa de la guerra civil encuadrada en su particular visión del hombre y de su necesidad de fe: «Desde el punto de vista religioso, esta guerra civil es debida a una profunda desesperación, característica del alma española, que no alcanza a descubrir su fe, y también debido a un cierto odio a la inteligencia, que se une también al culto de la violencia por la violencia». Reconocemos las mismas palabras que le había dicho a Kazantzakis y los ecos no dormidos del episodio del Paraninfo.

«Falange comienza a absorber a todos los demás partidos y pretende dictar el régimen futuro. Y yo, por haber manifestado el temor que esta oposición de los partidos pudiese todavía aumentar el terror, es decir, este temor que tiene España de sí misma y hacer más difícil la verdadera paz, por haber dicho que vencer no es convencer, ni conquistar es convertir, el fascismo español ha hecho que el Gobierno de Burgos, que me había restituido en mi rectorado... por toda la vida con elogios, me haya destituido también de mi cargo sin haberme oido, ni dado ninguna explicación. Y esto es claro, me permite juzgar de una manera positiva lo que pasa.»

Acusaba a los falangistas de ser los culpables de su ostracismo y no se daba cuenta de que los métodos políticos habían cambiado y de que de ahora en adelante las decisiones no necesitarían de ninguna explicación, sino de la voluntad suprema del dictador, que nunca más daría oídos a las víctimas. Ni siquiera la comparación entre los decretos de su destitución, firmados por Azaña y por el general Franco, consiguió abrirle los ojos. El tiempo de las palabras había pasado y, como andando los años diría el novelista Luis Martín Santos, había empezado el tiempo de silencio.

«Insisto sobre el hecho de que el movimiento, a cuya cabeza se encuentra el general Franco, tiende a salvar la civilización occidental cristiana y la independencia nacional, pues España no sabría ser sojuzgada ni por Rusia, ni por ninguna otra nación, cualquiera que ella fuese. Pero en verdad estamos a punto de librar sobre nuestro territorio nacional una guerra internacional, y, en estas circunstancias, es también un deber traer paz de persuasión y de convencimiento y de alcanzar la unión moral de todos los españoles para rehacer esta patria que se desangra de vaciar su sangre; que se arruina, se envenena y se embrutece. Por eso, debemos impedir que los reaccionarios vayan más allá de la justicia y de la humanidad, como a veces lo hacen. No es buen camino el de los nacional-sindicalistas, que pretenden asustarnos con la fuerza y la amenaza, obligando por el terror a afiliarse a ellos a todos aquellos que no son ni convertidores, ni convertidos. Qué triste cosa sería si a este régimen bolchevique bárbaro, antisocial e inhumano, se intentara sustituir otro régimen tan bárbaro, antisocial e inhumano de total servilismo. Ni lo uno ni lo otro, puesto que en el fondo son la misma cosa.»

Una mezcla de ingenuidad de antes de la guerra y de perspicacia sobrecogedora estructuraba esta larga reflexión sobre los orígenes del franquismo, ya evidente para aquel hombre viejo en noviembre del 36. Se daba cuenta de que una guerra internacional había empezado en España y que el terror fascista y el total servilismo determinaban ya el porvenir. Y, una vez más, su deseo de paz, como un obsesivo mensaje inatendido.

El día 2 de noviembre los aviones republicanos bombardearon el aeródromo de Salamanca por la noche, alcanzando los seis hangares y averiando los cinco cazas que había en la pista; el día 3, el nuevo rector profesor Esteban Madruga comunicó a la prensa su nombramiento y el día 4 el profesor Garelli Ferraroni, por indicación del profesor Karl Vossler, amigo del hombre viejo de Salamanca, le envió la traducción de un capítulo de «La tía Tula», de la versión italiana que estaba preparando. El día 5 se llenó de inquietudes por la falta de noticias de sus hijos Ramón y Pepe y de su yerno José María Quiroga, que estaban en Madrid cuando empezó la guerra; de José María, que, en el pasado, a veces, le había desempeñado funciones de secretario, no sabía nada desde el 17 de julio. Se desesperaba pensando que pudieran pagar el estigma de su apellido, en la ciudad de los incontrolados, a los que él había denunciado con tanta dureza. Aquellas «bandas armadas que cometen toda clase de atrocidades» podían ajustarle las cuentas a él por las personas interpuestas de sus hijos. Tenía miedo de recibir noticias y aquellas «horas de espera, vacías» del poema, que había escrito hacía una semana, traducían también la espera interminable de aquella incertidumbre duradera. Porque también habían podido mandarlos al frente, donde los riesgos no serían menores. Y le ganaba el miedo, le invadía el miedo, que iba ya siendo inseparable de todas sus nuevas experiencias. Madrid se resistía de los ataques del ejército rebelde, mientras su yerno José María Quiroga no corría ningún peligro entre aquellos milicianos, a los que en agosto había exaltado en su romance de «Doval, en fuga, y el pueblo, en marcha» y a los que Vicente Aleixandre dedicaría también un romance de guerra, desde una perspectiva opuesta a la de aquel hombre viejo que temía injustificadamente por la vida de sus hijos en el Madrid acosado de aquel frío noviembre. El romance se titulaba «El miliciano desconocido» y fue publicado en febrero del 37.

> *«No me preguntes su nombre,*
> *le tenéis ahí en frente,*
> *por las orillas del río:*
> *toda la ciudad le tiene.*

»Cada mañana se alza,
cuando la aurora lo envuelve
con un resplandor de vida
y otro resplandor de muerte...
»¡Madrid, a su espalda, le alienta,
Madrid entero le sostiene!
¡Un cuerpo, un alma, una vida
como un gigante se yerguen
a las puertas de Madrid
del miliciano valiente!...
»Se llama Andrés o Francisco,
se llama Pedro Gutiérrez,
Luis o Juan, Manuel, Ricardo,
José, Lorenzo, Vicente...
»Pero no. ¡Se llama sólo
Pueblo Invicto para siempre!»

En noviembre aquel hombre viejo decidió encerrarse en su casa, atrincherarse en lo cotidiano, retornar al claustro familiar, como dejándose vencer de una tentación sentida durante toda la vida, obsesionado por el silencio, el sosiego, la intimidad de los claustros, empezando por el materno. Allí tiene, además, a su primer nieto, Miguel Quiroga, de su hija Salomé, con el que juega, con la infantil ternura de los viejos, al que lee cuentos y cuyos dibujos comenta autográficamente. Allí estaba a resguardo de las miradas hostiles de la calle, en el plácido útero de la casa, protagonista de un desnacimiento con el que siempre había soñado, proa a la nada tenebrosa de sus terrores de colegial y de congregante de San Luis Gonzaga. Y allí, en este voluntario enclaustramiento, abandonado a veces por las inquietudes de la soledad, comienza a ordenar sus notas de la guerra, empezadas a primeros de agosto, en una cuartilla con membrete del Ayuntamiento y otras del Casino de Salamanca, con la intención de escribir con ellas un futuro libro, que sería su respuesta autobiográfica ante la guerra civil.

Hacia la parte de arriba de la primera hoja en blanco, escribió con letra clara y firme, «El resentimiento trágico de la vida» y debajo «Notas sobre la revolución y guerra civil españolas» y más abajo y a la derecha, con letra un poco más pequeña, «Venga a nos el tu reino». Había empezado a tomar estos apuntes en el mes de agosto y había ido dejando en ellos sus reflexiones sobre los acontecimientos, las noticias que le iban llegando y sus comentarios a la situación política, con apoyo de anécdotas y de nombres. Una vez exorcizados sus demonios interiores con aquella inicial cita evangélica, por su necesidad de andar siempre con el amparo de palabras ajenas por delante, ordenó aquellas notas y colocó en primer lugar la que calificaba de moralmente muy grave el asesinato de Calvo Sotelo, mucho más que otros asesinatos políticos de la quema. En este juicio inaugural ya estaba implícito el contenido y la intención de aquellas notas, que serían tanto confesión como desahogo, historia y meditación moral, anecdotario y ensayo espiritual, que no agotaban nunca su indignación y esperaban la mano de su redacción definitiva para expresar la totalidad de su significado.

Escribía con su letra menuda, nerviosa y desigual, un poco tumbada, con el pulso que a veces se le iba y, a merced de sus humores, cuidando la caligrafía o desvaneciendo las frases, en el abandono de la presión de la mano, que se deslizaba sobre el papel con levedad de prisa o desmayo de atención. Era su fe en las palabras lo que mantenía atenta su mano, abierta su memoria, interminable su curiosidad. Escribía porque era su obligación escribir, porque, como siempre, seguía sintiendo la necesidad de escribir, porque era su forma de vivir, porque se sentía impelido a testimoniar sobre si mismo y, a su través, sobre los demás. Se notaba que lo había tomado y lo había dejado muchas veces y que entre unos apuntes y otros había pasado el tiempo de nuevas irritaciones, de nuevos informes, de nuevas ideas. Las dudas gráficas seguían los titubeos de su inspiración momentánea y las notas no estaban estructuradas en un orden lógico, ni siquiera cronológico. Escribir era un placer y una tortura, doloroso como un parto y alegre como un nacimiento. Hacían falta muchas palabras para expresar una idea y muchas ideas para alumbrar una palabra. La muerte era un enjambre sémico de ideas. Su oficio de escritor no le había abandonado en aquella preparación secreta de los materiales para una nueva obra, que sustituía al proyecto que había tenido en la primavera pasada de escribir como unas «memorias» con el título de «De mis santas compañas», que le había confesado a su amigo bilbaíno Pedro Eguillor. A sus setenta y dos años y más de cincuenta de escritor, su espontaneidad era inevitablemente literaria y muchas de las frases e incluso alguno de los párrafos de las notas podían sobrevivir hasta el texto definitivo.

El día 9 de noviembre añadió otro poema a su «Cancionero», al que iba retornando a medida que su actividad pública decaía. Es un poema sobre la memoria, a la que su habitual introspección acudía en busca de alivio.

> *«Pensé sacar del fondo de mí mismo*
> *a aquel que fui yo antaño...*
> *mas ¡ay! que no tiene fondo el abismo*
> *y si lo saco me ha de ser extraño...*
> *«¿He de encontrarle al cabo*
> *perdido en un rincón de la otra vida?*
> *¿Otra? ah, no, que es agarrarse a un clavo*
> *que nada clava y sin medida...*
> *«El abismo insondable es la memoria,*
> *y es el olvido gloria».*

Como siempre había hecho, pero avivado ahora por la vejez, se volvía hacia el pasado, en demanda de seguridad, frente al sañudo cerco del presente. Encerrado en casa, se encontraba sólo y la única real compañía era la memoria, pero descubría que nunca llegaba al fondo de los recuerdos y se temió que lo que saliera a la luz no sería reconocible. Era una nueva tragedia de sus años, como antes lo fuera la pérdida de una palabra. Intentaba consolarse pensando que, en la otra vida, recuperaría la memoria que ahora le huía; pero rechazaba este consuelo engañoso, que no le garantizaba el cumplimiento de sus deseos. Y la nada, otra vez, como un contrapunto de todas sus últimas indagaciones poéticas, se le aparecía, entre el agujero negro del abismo amnésico y la tenebrosa perspectiva de la muerte. El olvido se le imponía como una solución pacificadora, en aquella lucha por recuperar la memoria insondable. Aquel hombre viejo, que había hecho toda su biografía asomándose al pasado constituyente, se refugiaba ahora, decrépito y desesperado, en el olvido, en el bálsamo de la no-memoria. Como en un proceso de liquidación, su agonía era la de su memoria. Privado de las palabras, que eran una parte de su alma, abandonado por la memoria, que le había hecho vivir, ¿qué iba quedando de él? Envejecer era estar solo, solo de cualquier compañía, incluso de sí mismo.

Su interés por lo que le rodeaba no decayó; pero cada día se iba centrando más en sí mismo, con ese egoísmo biológico de los viejos. Le visitaba Diego Martín Veloz, antiguo cacique conservador de la provincia, con el que había tenido frecuentes y violentas peloteras; pero, ahora, los dos viejos encontraban un terreno común en el que entender su enemistad y buscar la proximidad amistosa de sus afinidades, puestas a punto por el paso de los años. Los dos eran fogosos y tercos, verbalmente audaces e irreconciliables; sin embargo, habían desarrollado su particular guerra civil de otros tiempos con nobleza, con gallardía y con respeto y esto los hacía iguales y los acercaba entre sí, a la vista de la actual guerra civil, en la que los enemigos ni eran nobles, ni eran gallardos, ni respetuosos. Había entre ellos una solidaridad de viejos luchadores, que al cabo de los años se miraban sin odio y probablemente sin recuerdos, asustados ambos de lo que estaba ocurriendo a su alrededor. Ellos también habían sido las dos Españas, ¡pero de qué distinta manera! Para el hombre viejo su rivalidad con Diego Martín Veloz era el mejor ejemplo de lo que entendía por una guerra civil civil y no aquella guerra civil incivil que estaba destruyendo todo, hasta la convivencia entre los enemigos.

A veces, con su nieto Miguel, se acercaba al Laboratorio de Fisiología, de la Facultad de Medicina, donde le proporcionaban ranas de los experimentos, a las que luego en casa pinchaba por las patas en una tabla y le servían de modelo para enseñar a dibujar a su nieto, con el que pasaba muchas horas de su encierro casero; un día, una rana se desprendió de la tabla y saltó sobre la cara del hombre viejo, que lo celebró con grandes carcajadas nerviosas.

Sentía necesidad de escribir, de dejar constancia de sus pensamientos, como había venido haciendo desde que en su Bilbao natal empezó a publicar en los periódicos. El día 12 volvió a su «Cancionero» y dejó allí otra confesión de su soledad; ahora eran las ausencias de su mujer y un paso más hacia el final, cercado de dudas sobre la inmortalidad. Tituló aquella poesía «Su anillo, ahora en mi dedo» y era el último homenaje a su mujer, para la que siempre había tenido una ternura infinita y un agradecimiento de niño temeroso y desvalido.

«Oh muertos de mi vida
cifrados en anillo
de oro donde se anida
recuerdo que es castillo
de sueños; con su dedo
me toca cada noche
a abrirme en pulso quedo
el misterioso broche
que las visiones cierra,
que guarda con su mano
de amor, que es ahora tierra,
y su tierra es arcano».

El anillo de su mujer, ahora en su dedo, le conducía, a través de la evocación de su recuerdo, a la idea de la muerte y al arcano del más allá. Toda la estructura verbal del poema se organizaba alrededor de las ideas de lo misterioso, de lo cerrado, de lo inhumano, de la muerte, que contradecían las ideas de la vida, del sueño, del amor. La oposición muerte-vida, con que se abría el poema, se continuaba en la contradicción entre anillo de oro, físico, concreto y redondo y el recuerdo, ideal, difuso y abierto, que a su vez se repetía en el contraste entre castillo de piedra, cerrado e inexpugnable, y sueños mentales, imprecisos y accesibles, lo mismo que se contrastaban el misterioso broche y las visiones, con un paralelismo de contrarios que terminaba en la oposición entre mano de amor y tierra final, entre materia orgánica, viva y enamorada y materia inerte, deshumanizada y eterna. Y todo se le volvía problemático, porque esta tierra, que finalmente vencía a todo —vida, recuerdo, sueños, visiones y mano de amor— ocultaba un misterio más allá de lo conocido, un arcano.

Pero el mundo exterior también existía y a veces no podía vencer la tentación de salir a verlo. Iba a la Plaza Mayor, donde enseguida le asaltaban los bulos y las irritaciones. A unos pasos detrás de él, su policía particular marchaba vigilante, ya familiar. Recogía algunas miradas de odio y de curiosidad y descubría por todas partes los signos de la guerra, que le indignaban y le obligaban a volver a casa presuroso, sin la agilidad de otros tiempos, con las manos a su espalda, un poco inclinado hacia adelante, con un gesto muy característico que todos le conocían. Volvía por la calle del Prior y pasaba junto al Palacio de Monterrey, signo de paz, construcción civil, de cuya torre había dicho que era una «armónica frase de piedras talladas», que le hablaba «de nuestro Renacimiento, del Renacimiento español, de la españolidad eterna, hecha piedra de visión». Pero, ahora, sentía que no podría escribir lo mismo, después de la experiencia de aquella guerra. ¿Existía la españolidad? ¿Qué era España? ¿Había existido alguna vez el renacimiento? ¿La españolidad era aquella barbarie desatada? ¿Podría renacer España? La Torre de Monterrey, habitada por algunos falangistas, quedaba a sus espaldas, sola como un enigma sin solución. Después, enfilaba su calle y se encontraba frente al Torreón de las Ursulas, al que había calificado de «¡visión del Renacimiento!». Y, mientras se encerraba de nuevo en su casa, con todos aquellos signos del renacimiento, en contraste con los otros signos callejeros de la guerra, se entristecía más todavía, sobre las ruinas de sus ideas inservibles.

En 1916 había escrito un artículo, sobre «Idea y acción», en cuyo fondo se escudaba para justificar su deseo de seguir escribiendo sobre aquella guerra civil, que le horrorizaba. Había comentado un juicio peyorativo sobre la actitud de Tolstoi en relación con el pueblo ruso sufriente, rebelado y fusilado, que había sido de pasiva contemplación: «No; Tolstoi, cuya arma fue la pluma, no debió ir a la plaza pública a que le fusilaran con su pueblo o a impedir su fusilamiento. Y si no, ¿quién hubiese contado y comentado luego aquella matanza? Y en toda revolución, sea de la índole que fuere hace falta un historiador, hace falta un cantor de ella. Y una revolución no engendra otras sino mediante su historia, su relato». Por eso Tolstoi hizo bien, porque «para completar su obra, que era contar cómo los otros se dejaban matar y comentarlo, no debió dejarse matar con ellos; debió resignarse a vivir». Era su adoración por la palabra, que sería eterna, frente a la accción, siempre efímera. Injustos eran pues, los reproches a Tolstoi y a todos los escritores que dicen: «Haz lo que digo, y no lo que hago», porque se olvidaban que «en el escritor, en el orador, decir es hacer, que él hace lo que tiene que hacer diciendo, que su oficio es dar a los demás la conciencia de sus propios actos... Sin el acto no se engendran otros actos, ciertamente; pero se engendran merced al comentario, a la idea. Habría que ver lo que hubiera sido la obra de Cristo sin el Evangelio... Sin el Libro, sin el Verbo, sin la palabra no hay Iglesia posible. Y el evangelista es mártir, es testigo, sin necesidad de derramar su sangre... Ya sé que estas ideas sublevarán el ánimo de algunos de mis lectores. Y más en España... Son muchos los que repitiendo lo de que «hay que dar la vida por la Patria», no quieren entender que se puede dar muy de otro modo que muriendo. No sólo da su vida por la Patria el que se deja matar por ella; la da también el que por ella se deja vivir. No. Tolstoi no tuvo obligación moral alguna de hacerse fusilar cuando fusilaban a su pueblo. Habría sido algo teatral. El deber del hombre de acción de pensamiento, es convertir las acciones en idea, y no adoptar actitudes y ejecutar gestos más o menos gallardos».

Y en eso estaba, dejando sobre el papel sus impresiones y sus comentarios sobre la guerra civil. Porque sentía una obligación moral de luchar por la paz y para luchar por la paz tenía que escribir sobre la guerra y sobre todos sus horrores. Y, porque era la paz el objetivo de aquel libro que estaba empezando a preparar en aquel mes de noviembre ya frío y desabrido, con las notas dispersas desde el mes de agosto, había colocado en el umbral de su proyecto, desde que se le empezó a insinuar como un futuro libro, aquellas palabras evangélicas de «venga a nos el tu reino», que era el reino de la paz, que le permitía recuperar al mismo tiempo la paz del discurso y la religión de su pasado constituyente, es decir, sus raíces, la paz del claustro maternal y la paz de su herencia materna. Porque está claro que el reino que reclamaba, la súplica evangélica con que abría su autobiografía de la guerra civil, era el reino de la paz, al margen de la historia, como rechazo de las experiencias bélicas que estaba padeciendo en Salamanca y sobre las que tenía la necesidad de dilatarse en las páginas de su libro nonato. En «Del sentimiento trágico de la vida», primero, y, más tarde, también en «La agonía del Cristianismo» había ya desechado la idea de que el reino de Cristo fuera el reino social, que proponían los jesuitas con el culto al Sagrado Corazón de Jesús y su «reinaré en España», de tal manera que ese reino deseado no tenía una lectura política, sino apolítica, lo que, en las circunstancias que se producía la solicitud, no podía menos de ser la paz. Porque había como una nostalgia de paz en aquella cita evangélica, que buscaba la complicidad textual de la memoria del lector. El «venga a nos el tu reino», en este sentido, era más que nada una autocita biográfica, mucho más allá de su inmediato valor religioso y muy lejos de su aparente significado clerical.

Una vez más, aquel hombre viejo, devuelto a la niñez germinal, de la que nunca había salido, por la guerra civil y por la involución del tiempo de su edad, recurría inevitablemente a la religión materna de su perdida felicidad infantil, al deseado regazo amparador del cosmos maternal, en el que, al margen de la historia, se sentía seguro, abrigado e inmortal. El paraíso de la paz infantil era recordado por la imaginación verbal de aquel hombre viejo, que nunca se desprendió del todo de los estigmas de su nacimiento psicológico. Seguía sin entender la historia, sin querer entrar en ella, y se refugiaba en su primera memoria de la paz, frente a los acontecimientos históricos que le cercaban y le abrumaban con su tenacidad invasora e ineludible. Necesitaba recomponer su racionalidad, que se le escapaba por las agresiones de aquella guerra espantosa. El reino de la paz que reclamaba era el reino perdido de la madre, el reino ahistórico de su génesis, en el que había organizado precariamente las bases de su racionalidad de «hombre de carne y hueso», sus primeros esquemas verbales para intentar entender los misterios que le rodeaban y que sobrepasaban los límites de su relación materno-filial. En esta hora final, en el mismo contexto bélico de su infancia, obsesionado por los mismos fantasmas infantiles de entonces, abandonado otra vez por la madre protectora, en su versión esposa, y en el tobogán inevitable de su infantilización senil, la madre perdida vuelve a encarnar la paz deseada más que nunca, empujado por su repetida exposición a los rigores de la intemperie de aquellos meses trágicos. Por debajo de la historia y antes del lenguaje, aunque indisolublemente unidas a él, estaban sus vivencias de paz en el claustro maternal de su Bilbao inaugural, también bombardeado, también asediado por el horror y también ansiosamente esperanzado en la recuperación de la paz perdida, de mano de la madre, eterna omnipotente y pacificadora.

La apelación al *reino de la madre*, el reino de la paz, la había hecho explícitamente en un poema de su libro «Teresa», autobiografía sentimental, escindida en los dos niveles de las dos protagonistas del relato poético, el autor y la amada:

«Venga a nos el tu reino... decías,
y mirabas al blanco sendero
que a la tierra nos lleva, que
                              hoy guarda,
Teresa, tu cuerpo,

»Madre nuestra, que estás en la tierra,
y que tienes mi paz en tu reino,
¡ábreme ya tus brazos y acoge
mi vida en tu seno!»

Oficialmente, la Legión Cóndor entró en combate el día 15 de noviembre, aunque algunos de sus efectivos estaban en Salamanca desde primeros de octubre. Al día siguiente, los aviones republicanos bombardearon la ciudad y aquel hombre viejo se llenó de temores por la vida de sus amigos encarcelados, porque sabía que cada bombardeo se acompañaba inmediatamente de una represalia de fusilamientos. En seguida pensó en Villalobos, preso desde agosto y el hombre público más importante de los que tenían en la cárcel de Salamanca, igual que, se decía, habían hecho los falangistas de Valladolid que, al enterarse de la muerte de Onésimo Redondo en un pueblo de Segovia, fueron a la cárcel de Salamanca para sacar a los máximos responsables del Frente Popular en esta ciudad, los diputados Prieto Carrasco y Manso, para matarlos en la carretera de vuelta. Pobre Filiberto, y pobres todos, porque las bombas podían haber caído sobre la Torre de Monterrey, junto a su casa, y haberle hecho volar a él también. Porque la Torre de Monterrey era tan suya, que, como había escrito en 1916, «sin haber nacido» la contemplaba. Porque «yo no sabré traduciros, "escribió entonces aquel hombre viejo..." lo que ésta armónica frase de piedra tallada, que es la torre de Monterrey, me dice, nos dice..., pero sé que es una frase cuando se destaca sobre la azulez del cielo... estas piedras quedarán diciéndole a la Naturaleza que hubo humanidad, que hubo civilidad, hubo pensamiento». Y ahora todo podía saltar por los aires y hacerse pedazos, por una bomba de esta guerra insensata emprendida por un pueblo de cainitas enloquecidos, sin civilidad, ni pensamiento.

La torre de Monterrey en peligro era él en peligro y todo lo que había pensado, escrito y vivido en peligro. ¿Podía seguir diciendo, ahora que era posible la destrucción de la torre, que «no importa que un terremoto o un bombardeo de guerra humana —que es otro terremoto— u otro accidente traído por el odio de la naturaleza o el de los hombres, abatiéndote a tierra te derrumbe, esparciendo sin orden ni concierto tus sillares, torre de Monterrey, porque tu visión quedará». ¿Se habría equivocado también en esto? ¿Podría volver a decir, ante el espectáculo de aquella guerra fratricida, que le había hecho sentir que da asco ser hombre, que «el pensamiento de Dios es la Historia: la historia humana, la historia civil, la historia de esta humanidad civil en que Dios se hizo hombre y habitó entre los hombres, y proclamó que su reino, el reino de Dios, esto es, el reino del Hombre, el reino del Dios-Hombre no es de este mundo de dolores y goces, de odios y de amores, de recuerdos y de esperanzas. Porque el reino de Dios, el reino del Hombre, es del pensamiento, que está sobre dolor y goce, sobre odio y amor, sobre recuerdo y esperanza, aunque con ellos se haga, como con piedras se hacen las torres que en la historia quedan»? Con las bombas cayendo sobre Salamanca, ¿seguiría diciendo: «la torre de Monterrey, mi torre de Monterrey, mi torre del renacimiento español, de la españolidad renaciente»? Porque, ¿qué era eso de la «españolidad renaciente»? ¿Qué era eso de que «el pensamiento de Dios es la Historia»? ¿Era san Agustín? ¿Era Hegel? ¿Era cultura sobre cultura, libro sobre libro, palabra sobre palabra? ¿Qué era Dios? ¿Qué era la Historia?

El día 17 le escribió una profesora francesa, para pedirle seguridades, con su racionalidad cartesiana. Quería su testimonio, su palabra tranquilizadora, su pensamiento irrefutable; aquella carta le angustiaba, porque le pedía lo imposible: certezas, concreciones, claridades, argumentos, y no tenía nada, no podía tenerlo y no quería tenerlo, y no podía, porque no quería, y no quería, porque no podía. La carta venía de Burdeos, un país verde y libre, como el Bilbao de su infancia, y estaba redactada con la corrección literaria de una buena Segunda Enseñanza, como la francesa.

«Señor:
»Perdóneme la gran libertad que me tomo al escribirle, y piense que es la admiración y el afecto que tengo por su patria, lo que me da tal atrevimiento.
»Hace seis o siete años, durante las vacaciones en Hendaya, le vi pasar a usted rodeado de jóvenes que le escuchaban con respeto. Estaba usted exiliado de su país. Desde entonces, para mí usted ha simbolizado la España liberal, dispuesta a todos los sacrificios por la libertad. Ante mis ojos, usted ha quedado para siempre como ese símbolo.
»Ahora, seguimos con pasión, con angustia dolorosa, las peripecias de la lucha que desgarra a vuestro pueblo y que representa para nosotros los franceses, un tema de graves discusiones. «Yo soy liberal también, estoy con los gubernamentales", me dice una de mis colegas, una muchacha encantadora, culta, que ha estudiado español en la Facultad de Burdeos completándolos en España. Ahora es profesora de español en Valence. "¿Conoce Vd. a Miguel de Unamuno?, le he dicho, ¿sabe quién es?". "Sí, un republicano, un liberal". "Pues bien, ahora ha dicho que se trataba de la lucha entre la civilización y la barbarie". Esta señorita me ha escuchado, confundiendo anarquía y libertad, orden y tiranía, respeto a las riquezas del pasado y oscurantismo.
»¿Cómo podría convencerla, pues merece ser convencida, de que la libertad, el progreso se perderían para siempre con la victoria de los marxistas, y que usted ha elegido, con absoluta independencia, el lado más justo y más humano?
»Le pido, con gran interés, si no me juzga demasiado inoportuna, que me escriba algunas palabras, que impresionarían fuertemente a Mlle. Ribeira y me darían el mejor argumento que pudiera oponerle. Perdóneme, y si me cree demasiado indiscreta, olvídese de mi solicitud...

A. Duprat»

Objeto de discusiones para la dulce Francia, aquel hombre viejo ya no sabía qué decir, qué hacer. Ya no estaba muy convencido de que la lucha española fuera entre la civilización y la barbarie, sino entre una barbarie y otra barbarie. ¿Cómo convencer a aquella gentil profesora, habitante de un mundo racionalizado europeamente, que había luchado contra la República por ser republicano y que, siendo liberal, se había puesto de parte de los antiliberales? ¿Entendería alguna vez, aquella mujer que parecía tan sensata, que ninguno de los dos bandos enfrentados tenía toda la razón y que la razón estaba en la imposible síntesis entre unos y otros, es decir, en ningún sitio? ¿Comprendería que de su discusión con su amiga lo mejor era que siguiera siempre y que nunca dejaran de discutir, porque no discutían sobre la guerra de España, sino sobre sí mismas? ¿De qué servirían unas palabras inútiles, un escolástico «magister dixit», con las que él probablemente no estaría de acuerdo y que servirían únicamente para fortalecer la equivocada opinión de que alguien puede tener razón, y no vivir la razón? El día 18 de noviembre, el gobierno nazi de Hitler y el gobierno fascista de Mussolini reconocieron diplomáticamente al gobierno del general Franco. ¿Que civilización había estado él defendiendo y con qué cara le iba a escribir a Me Duprat?

De pronto, el día 19, un viento otoñal le espabiló un nuevo optimismo como si hubiera desaparecido una nube, que ocultaba el sol glorioso de la subjetividad, que eliminaba las sombras de la guerra y las agresiones exteriores. Se encerraba en sí mismo, en su vieja mitología, y metaforizaba hasta aquel viento de alivio que le venía de su interior:

> *«Santo soplo de mi ola*
> *—¡mar de las almas celeste!—*
> *es del Señor, de su gola*
> *que te me llegas, del Este*
> *donde nace el Sol del Sueño,*
> *que nos construye la Historia*
> *y al cabo, quebrado el ceño,*
> *nos abre visión de gloria!».*

Era un paréntesis de satisfacción o quizá de conformidad. La historia era un sueño pasajero y detrás de él existía la posibilidad de la visión gloriosa con tal de dejarse llevar de la voluntad de un Dios lejano. La tentación quietista, contemplativa, que le había acompañado siempre, le cruzó aquel día por la imaginación y le dejó entrever la visión mística de una entrega total al fatalismo religioso. Dios sopla y la felicidad es posible. En medio del estruendo de la guerra, su yo era capaz de construir el paraíso. La historia se nos construye, Dios nos sopla y se nos abre visión de gloria. Parecía una reacción pendular de su organismo poético hastiado de la exterioridad de la guerra, como una compensación en busca del equilibrio. Ese Señor humano que sopla parecía ser una nueva versión de su divinidad maternal, que garantizaba, «quebrando el ceño», la felicidad infantil. Como el niño que se deja invadir por la caricia de la madre y accede al estado de la satisfacción absoluta.

Mientras tanto, muy lejos de aquella momentánea «visión de gloria», seguía en el infierno de lo cotidiano. Como siempre, no había solución de continuidad entre lo que escribía en sus notas personales y lo que decía en sus conversaciones públicas y en sus cartas particulares, con una impenitente imprudencia de kamikaze; más que nunca no existía para él frontera entre la vida y la literatura. La guerra civil se le hacía estado de conciencia. Como todo escritor español de aquel tiempo, como todo habitante de aquella tierra caliente, la guerra estaba instalada en su vida y tendía a dominar su cabeza; pero él siempre dejaba un rincón en el que guardar sus secretos. Era difícil mantener aquella lucha entre las urgencias de su entorno y las necesidades de su yo. La memoria se le iba llenando de rostros de amigos desaparecidos, de remordimientos imprevistos, de imágenes sobrecogedoras. El aluvión era tan grande que tenía que ceder y dejarse poseer por la historia, la sucia historia, que siempre había estado evitando.

Ya no tenía ante los hechos históricos, la mirada cenital del buen Dios, sino la parcial visión de una víctima. Pero sentía la necesidad de escribir su testimonio. Desde aquellas capitulares, miniadas con desesperación de expósito, en «Del sentimiento trágico de la vida», con las que abría la meditación sobre su tragedia personal: «Homo sum; nihil humani a me alienum puto», hasta el proyecto de las capitulares de su nuevo libro, en las que se refería al asesinato de Calvo Sotelo, el tema había cambiado y veintitrés años de intransigencias dialécticas no habían podido impedir esta invasión arrolladora de la historia en la inseguridad intelectual de su vejez a la intemperie. Ya no era el yo, el centro de sus reflexiones, sino el pueblo. Porque aunque en el viejo título aparecía expresamente la noción de «pueblo» («Del sentimiento trágico de la vida en los hombres y en los pueblos»), en el texto había introducido sus meditaciones personales y había visto al pueblo como un reflejo de sus propias obsesiones individuales. El título del nuevo libro sugería un deseo de revisión, un eco distorsionado de lo que había escrito en los años anteriores al 1913. El sentimiento trágico de la vida se había transformado en el resentimiento trágico de la vida, y el protagonista, ya no era el yo, de la primera persona de la obra antigua, sino el nosotros, primera persona plural de la nueva; lo único que se conservaba, como una marca de autenticidad, era el sentido de la tragedia, ese adjetivo «trágico», incombustible en su funcionalidad de símbolo individual, que sobrepasaba todos los naufragios.

La idea del resentimiento, como motor de una determinada acción política, no había nacido de su experiencia de la guerra civil; se le había ido insinuando mucho antes y cobró estado de idea fija desde la llegada de la República. Incapaz de entender los mecanismos y las reacciones de la realidad social, había acudido a sus consistentes conceptos de la realidad individual para interpretar los comportamientos colectivos. El nosotros no era más que una suma de los yos y el resentimiento, la envidia, que tan bien conocía en sí mismo y que tan bien había descrito en su obra, con aquel «Abel Sánchez» tan autobiográfico, se le apareció como la mejor explicación de los nuevos comportamientos sociales, alentados por la implantación del régimen democrático, que había hecho posible la salida a la luz de un turbio fondo pasional de las conciencias españolas. En su Discurso de 18 de septiembre de 1931, en las Cortes Constituyentes, ya había hablado de «señoritos resentidos», y en abril del año 1932 había escrito: «Y el sentimiento —no la concepción, sino el sentimiento— materialista de la historia, de la que está siempre en hacerse, es un sentimiento purulento. Lo tuvo el mismo Marx, que no pasó hambre, pero sí lo otro. Y lo otro es el pus. O, digámoslo más claro, en plata, el resentimiento; o más claro aún, en oro: la envidia.»

Fue una idea que ya no le abandonaría nunca y accedería a sus textos con relativa frecuencia. En enero de 1933, volvería a escribir: «El hombre de masa, de clase, de sociedad, si se quiere, apetece ser sometido. La libertad le es una carga insoportable... Y forja lo que Nietzsche llamaba "moral de esclavos". Su fondo, el resentimiento, la envidia.» Su retrato de una sociedad prefascista, en el lenguaje de E. From, que tiene miedo a la libertad, se basa ya en el resentimiento, que se le aparece como una característica de la masa. En el mismo año 33, seguiría escribiendo: «Vivimos una de las épocas históricas más contorsionadas, acrecida nuestra fatal capacidad de resentimiento, de remordimiento, de odio y de envidia.» Lo que veía en el año 1933, le confirmaba la decisiva participación del resentimiento en la conformación de la realidad social, pues lo que veía era un «rebrotar de retorsiones, de resentimientos, de reconcomios, de rencillas, de remordimientos» y para acabar su panorámica social terminaba denunciando «el resentimiento del siervo».

Había sospechado la resentida raíz de algunos comportamientos políticos y, cuando se decidió a preparar un texto sobre la guerra civil, con las notas que había ido tomando, se le amplió la sospecha hasta la certeza y colocó el resentimiento, apoyado en el paralelismo con su obra filosófica más personal, en el centro catalizador de su reflexión y lo introdujo en el título de la nueva obra. Porque había llegado a pensar que el pueblo español era un pueblo de resentidos y que aquella violencia colectiva sólo podía explicarse desde el resentimiento. Y uno de los resentimientos más peligrosos, del que él había sido víctima, era el resentimiento contra la inteligencia; esto explicaba el grito de Millán Astray en el Paraninfo y el fusilamiento de tantos profesores y su misma destitución como rector. Todo obedecía a los mismos motivos. Porque la inteligencia es crítica e inquisitiva. Por eso tenía que seguir acumulando materiales para un nuevo libro, que sería la respuesta de la inteligencia a la guerra civil. Porque necesitaba aclarar y aclararse las ideas. Sobre todo, amenazado de muerte, perseguido y en peligro, tenía que racionalizar lo que le estaba ocurriendo y lo que le pudiera ocurrir. Aquello se acabaría convirtiendo en diario íntimo, algo que pocas veces había hecho, porque siempre su diario íntimo habían sido sus propias obras, en las que había ido vertiendo, en libros y en artículos de periódico, en poemas y en dramas, su intimidad.

Los signos del peligro continuaban. Un día que fue a visitar a los dominicos de San Esteban, con su hija, uno de los frailes le dijo a ésta que un soldado que le vigilaba a su padre tenía la orden de disparar contra él, si intentaba huir en un coche. Así es que una parte de su garantía eran sus relaciones con los jóvenes falangistas, que seguían visitándole y que le habían hecho confidente de sus problemas. En una ocasión le había ido a ver, un joven falangista, llamado Bartolomé Aragón, al que en un momento de la discusión política cogió por las solapas para gritarle a gusto: «¡No me negará usted que Mussolini es sólo un vulgar asesino!» Pero ellos insistían y otro día se le acercó Wenceslao González Oliveros, que intentó convencerle de que debía ser el padre intelectual de los falangistas, diciéndole: «Usted tiene reservada la misión de contribuir a la formación del ideario de Falange», ante lo que reaccionó rápidamente aquel hombre viejo, exclamando: «Yo soy un liberal; yo no puedo cambiar mi liberalismo por ninguna de esas zarandajas de ahora» y añadiendo después: «Me acongoja el porvenir de la inteligencia entre nosotros. Aunque el mundo entero se orientase a favor de los regímenes antiliberales, por eso mismo yo sería liberal, cada vez más liberal. ¡Cómo iba yo a colaborar en la doctrina fascista!» Por aquellos días tuvo lugar en Salamanca el primer Consejo de Falange Española, en el que se eligió a Manuel Hedilla como sustituto, al frente del partido, de José Antonio Primo de Rivera, prisionero en la zona republicana y a punto de ser fusilado.

Aquel hombre viejo sentía acercarse la muerte y el día 23 de noviembre se despidió de una parcela de sí mismo; aquel día le escribió una carta a su sucesor en el rectorado, el profesor Esteban Madruga, para enviarle las llaves de su biblioteca, con las que se había quedado, a pesar de haberla donado a la Universidad. Fue una dolorosa decisión, antes de que ocurriera lo irremediable, que seguía esperando todos los días y para lo que estaba preparado desde que tenía uso de razón o, mejor dicho, uso de sentimiento.

«Sr. D. Esteban Madruga
Rector de la Universidad

«Ahí le envío, mi muy querido amigo, por mano de mi hija Felisa las llaves del departamento de la antigua casa rectoral, en que se guarda la librería que fue mía y hoy es de la Universidad, pues que a ella —a que tanto debía— se la cedí. Cuando pueda traer los libros que se quedan en Hendaya se los cederé también, ya que éste era uno de mis firmes propósitos y no soy de los que se vuelven de ellos.
»Tengo aquí dos o tres libros de la biblioteca de la Facultad de Letras. Diga a su decano que se digne mandar un bedel para que los recoja y los guarde allí. Y que si no voy yo mismo a llevarlos —lo he hecho, ¡claro está!, muchas veces— es porque he decidido no salir ya de casa desde que me he percatado de que el pobrecito policía esclavo que me sigue —a respetable distancia— a todas partes, es para que no escape —no sé a dónde— y así se me retenga en este disfrazado encarcelamiento como rehén no sé de qué, ni por qué ni para qué...
»Y no quiero seguir.
»Ya sabe usted cuánto y cuán bien le quiere quien fue su compañero leal y fue y es y seguirá siendo su amigo para siempre.

Miguel de Unamuno.»

Hay como un ensayo de adiós a la vida con esta entrega de

las llaves de su biblioteca, con la que aquel hombre viejo se despedía de sus libros, miles de volúmenes leídos, anotados, consultados y vividos; era una especie de autoinmolación ensayada. Comprados con avidez de catecúmeno, usados con perentoria necesidad de huérfano y guardados con avara complacencia de agradecido, aquellos libros, parte de sí mismo, equipaje precioso de su vida, dejaban de pertenecer al dominio de su subjetividad, para convertirse en objetos públicos de consumo. Era lo que él había querido, como otra forma más de perpetuarse en los futuros lectores de su biblioteca, que repetirían su mismo gesto al levantar las guardas y al hojear y ojear sus páginas, como flirteando con su contenido y después verían sus anotaciones y volverían a sentir su presencia viva entre las manos, la fuerza y la dirección de su pensamiento, las leyes elementales de sus reacciones de lector, por sus exclamaciones al margen, sus subrayados, sus apresuradas palabras de comentario.

Y, lo que era peor, ya nunca podría volverlos a leer, porque los días que le quedaban de vida, aunque saliera de aquella catástrofe, eran más cortos que las páginas de los libros. Las notas de los márgenes, las huellas de sus dedos, las circunstancias, siempre presentes, de su descubrimiento y hasta la dormida memoria de su gratitud de consumidor, se alejaban con la entrega de aquellas llaves simbólicas. Ya no había tiempo para darles una última vuelta, una enamorada despedida de fiel amante, de constante servidor. Había atolladeros que esperaban una aclaración definitiva, amores verbales que confiaban en la postrera satisfacción de una detenida mirada de reconocimiento. Era como quedarse desnudo sin el amparo de los libros. El, que siempre había necesitado de las citas para apoyarse o para estimularse o para contradecirse, se quedaba a la intemperie, como una criatura desvalida. Probablemente, y ni él mismo se acordaba, todo había empezado con un libro, todo se había iniciado con una lectura que había sentido la necesidad de rectificar o de complementar. Y ahora todo se había terminado.

Sólo le quedaba la memoria visual de sus lomos ordenados, casi anónimos a fuerza de unanimidad formal, irreconocibles en su destino de ficheros, en su deshumanizadora serialización de signaturas. Nunca más la caricia evocadora y agradecida, la relectura feliz de los reencuentros. Como los paisajes que nunca volvería a ver, las personas que no volvería a encontrar o los amores que nunca volvería a tener, aquellos libros le dejaban un rastro de nostalgia, de obligación incumplida, de deseable repetición. Aquellos libros con los que había estado viviendo toda la vida, le dejaban también solo, cumpliendo casi una ley de vida, empobrecido sin su concurso, imposibilitado sin su diálogo asegurado. Era algo del propio equipaje que se quedaría aquí, carne propia, pasado propio que le sobreviviría. Palabras, libros, mensajes, ya irrecuperables, perdidos para siempre. No había querido desprenderse de las llaves, precisamente por eso, para evitarse el dolor de aquella amputación necesaria.

El día 26 de noviembre le llegó la noticia del fusilamiento, a manos de los falangistas de Salvador Vila Hernández, rector de la Universidad de Granada, su discípulo predilecto. Se confirmaba una vez más el odio a la inteligencia y la inocencia de la sangre vertida por aquel ataque de locura que sufría España. Si alguien podía representar a la cultura occidental era aquel hombre, apenas salido de la juventud, con sus treinta años estudiosos y brillantes, incapaz del mal, con su benevolente sonrisa de desarmado. Era otra esperanza que se le convertía en recuerdo. Cuando se lo llevaron preso, en aquella Salamanca de su juventud y de sus estudios universitarios, le aseguraron a su maestro, aquel hombre viejo, que sentía ahora el dolor de su pérdida, que no le ocurriría nada, porque iba en las buenas manos de la Guardia Civil y que era por precaución nada más. Lo recordaba todavía con su incorrecta pronunciación y su timidez conmovedora; lo veía en la Plaza Mayor, acompañado de su mujer, en el pasado mes de julio, cuando se había desencadenado aquella galerna de locura. Y lo veía más joven, en las aulas de Anaya, sobrecargado de responsabilidad intelectual y de curiosa avidez vital y lo seguía viendo entre los libros de su destino universitario y los textos compartidos con él, en su pasión investigadora. Y se resistía a verlo muerto, doblado por los balazos de los fusiles de unos imposibles enemigos. Daba asco ser hombre.

Y se acordaba de lo que había escrito en las últimas páginas de «La Agonía del Cristianismo», identificando su agonía con la del cristianismo, porque «ahora es la hora de nuestra agonía»: «Escribo mientras mi España agoniza, a la vez que agoniza en ella el cristianismo. Quiso propagar el catolicismo a espada; proclamó la cruzada, y a espada va a morir. Y a espada envenenada. Y la agonía de mi España es la agonía de mi cristianismo. Y la agonía de mi quijotismo es también la agonía de Don Quijote... Pero el Cristo agonizó y murió en la cruz con efusión de sangre, y de sangre redentora, y mi España agoniza y va acaso a morir en la cruz de la espada y con efusión de sangre... ¡Cristo nuestro, Cristo nuestro!, ¿por qué nos has abandonado?» Volvería a escribir estas mismas palabras, ahora todavía con más razón. Porque se repetía todo, como en un eterno retorno nietzscheano, la espada, la sangre y la agonía.

La amargura le helaba el corazón y se refugiaba otra vez en el recuerdo de su niñez. El día 29 de noviembre escribió un poema triste, en el que habla de las experiencias de su infancia «hundida». Para quien el niño había sido la parte intocable de sí mismo, la comprobación de aquel hundimiento, debió ser genésicamente dolorosa. Hasta el niño que había sido empezaba a abandonarle, en aquella desventurada vejez, para dejarle convertido en viejo niño.

«Unciendo a pesar nombres a (y) figuras
para revivir mi niñez hundida,
que, creador, al despuntar la vida
poblé mi mundo con mis criaturas;

sacarle así las entrañas puras
desde la nada que fue la partida,
en el principio en que el alma se olvida
sacar a Dios de sus propias honduras.

»Nubes rosadas de mi alba primera,
mis pobres sueños surgen de sus mitos,
siguen del río la verde ribera

hacia sus divinos fines infinitos
bajo la celeste mágica esfera
con sus para siempre nombres prescritos.»

Evocación infantil, con sus juegos, sus criaturas, sus mitos y sus sueños, el soneto era una vuelta a la niñez, desde su experiencia de los setenta y dos años, para comprobar el nivel de su envejecimiento. Era una indagación sobre el nombre de sus obsesiones primitivas, bautizadas con una fortuita vocación adánica; una reavivada lección de mitología y de lingüística infantiles. Retorno al paraíso, probablemente de la mano de su nieto Miguel, poblado de las criaturas, creadas por el niño desde la nada, preverbal y prerreligiosa, el poema proseguía el intimismo de su anterior poema del pasado día 19, como una respuesta contradictoria a los violentos estímulos de sus circunstancias. Simple descripción de un momento pasado, vuelto a la vida por un casual entretenimiento ocioso, lo que sorprendía en aquel hombre viejo era su capacidad de aislamiento en medio de la guerra, la afirmación de su derecho a existir como ser humano, de espaldas al conflicto bélico, que lo estaba matando.

Pero era inevitable que la guerra civil le afectara y no sólo a su vida, sino a sus ideas. Cada día ponía más en duda sus creencias intelectuales. Tenía la honradez de reconocer que sus ideas necesitaban una revisión. Volvía a un pesimismo auroral, desde el que replantearse todo de nuevo. ¿Qué era España?, ¿cómo era el pueblo?, ¿existía alguna racionalidad histórica? Una especie de duda metódica, le volvía a situar en un punto de partida distinto, desde el que volver a reconstruir todo el personal sistema de su pensamiento. Porque sentía que se había equivocado y necesitaba explicarse lo que estaba ocurriendo desde unos conceptos, diferentes a los suyos, a los que se había ido fabricando a lo largo de toda la vida. Aquella España, que había recibido las características de aquel Todo medular de su pensamiento, saltaba en pedazos y no sólo por la fuerza centrífuga de los separatismos vasco y catalán, sino por la más violenta determinación de la lucha de clases y la más intensa fragmentación de los resentimientos individuales. La idea de patria desaparecía en la atomización de las conciencias. La unidad de aquel Todo que había inscrito en el centro de sus ideas, tenía que hacerse a sangre y fuego y mediante la eliminación de media España. El pueblo unánime e intrahistórico, depositario de viejas virtudes e inagotables reservas de espiritualidad, según él lo había venido viendo desde que salió de la Universidad, se mostraba procazmente vacío en sus reivindicaciones y groseramente resentido en sus métodos. Era otro de los Todos que se le deshacía, al contacto de la guerra civil. Aquel cristianismo soterrado en la conciencia popular, del que el Cristo sufriente era el símbolo, no se encontraba en aquellos actos de barbarie que el pueblo ejecutaba con inocencia de salvaje precristiano. La historia misma, cuya interpretación marxista había revisado tantas veces, sin acabarla nunca de aceptar, parecía la encarnación absurda del sueño de un loco. La psicopatología parecía la ciencia más adecuada para el estudio de la historia española, atacada de una enfermedad mental, frenopática, para utilizar el lenguaje de la época.

Ya no quedaba nada de su primitiva noción de «pueblo», heredera de su formación universitaria, en la que todavía se conservaba la idea mística del pueblo creador, completada por las observaciones científicas del método positivista. Sus primeros ensayos sobre la raza y el pueblo vascos, cuya mejor expresión fue su tesis doctoral, titulada «Crítica del problema sobre el origen y prehistoria de la raza vasca», se centraban en el desentrañamiento de la noción de «pueblo»: «Es menester estudiar al pueblo en sus manifestaciones, y lo primero es recojer éstas y determinar el objeto del estudio. El alma oculta de un pueblo se manifiesta en varios órdenes de ideas, pero bien podemos asegurar que del pueblo vasco no nos queda más que su idioma», había escrito ingenua y poco unamunianamente, en 1884, en su Tesis.

La idea de pueblo era evidente, en todos sus textos de aquel tiempo sobre el euskera, en «Del elemento aborígenes en el idioma vasco», 1886, en el que había dicho que «el pueblo vasco es el resto de un pueblo aborígenes anterior en la península a las primeras invasiones de los iberos y celtas» y «el pueblo vasco lleva en su seno toda la fuerza virgen de una naturaleza no gastada». Y lo mismo en «Más sobre el vascuence», también en 1886, del mes de abril, y en «¿Vasco o Basco?», del mismo mes y año, en el que hablaba de la «historia sencilla de un pueblo, cuya gloria es el ser pacífico, morigerado, laborioso y libre». Y en «El dialecto de Bilbao», de noviembre, también del 86, en el que se refería al «espíritu de un pueblo grande y vigoroso». A este populismo vasquista le dedicaría todavía otro trabajo, «Espíritu de la raza vasca», de enero del 1887, en el que demostraba su profunda dependencia del concepto de «pueblo», cuando escribía: «hay un espectáculo más grande que el interior del alma, y es el alma de un pueblo», y añadía, un poco empachado de la erudición que después rechazaría tan eruptivamente: «Ese espíritu colectivo de que os hablaba es lo que llaman los psicólogos alemanes, con vocablo expresivo e intraducible, "Allgeist", el espíritu total, que recuerda en cierto modo la razón impersonal, la misma en todos, del filósofo árabe-cordobés Averroes, renovada por Cousin y el panteismo, y que no es otra cosa que nuestro sentido común. Waitz, Stheintal y Lazarus inauguran en Alemania la psicología de los pueblos; en Inglaterra tenemos preciosos datos sobre la de los pueblos salvajes, debidos en su mayor parte a los trabajos eruditos y sagaces de John Lubbock y Tylor. En Francia siguen la corriente Gobineau, Clemencia Royer, Taine y otros.» Y aún añadía, para citar un ejemplo de la evidencia del concepto de «pueblo» desde sus primeros tiempos de escritor: «Bueno me será citar antes que a ellos a un médico-filósofo de raza vasca, de mediados del siglo XVI, el doctor Juan de Huarte, natural de San Juan de Pie del Puerto, encarnación del buen sentido de nuestro pueblo, hombre apegado al suelo, que vislumbró a Gall y a toda la escuela de psicólogos fisiologistas...»

Después, aquel cientifismo positivista lo había trasladado a la lingüística castellana y entre 1888 y 1900 había empezado a redactar un «ensayo de biología lingüística» sobre la «Vida del Romance castellano», en el que había conservado intocable su concepto de «pueblo», arraigado ya en su equipaje cultural para siempre, que le había hecho escribir: «En los rudos tiempos primitivos, cuando todos forman pueblo..., la primitiva inspiración poética sacaba sus cantos de las entrañas del pueblo», sin abandonar la idea, aceptada por todos los historiadores, filólogos y etnógrafos de aquel tiempo, del «espíritu del pueblo»: «La literatura viene a ser respecto a la lengua hablada en el espíritu de los pueblos, lo que la conciencia respecto al fondo subconsciente en el espíritu individual humano.» Había sido durante años una idea fija en él, que repetía con frecuencia y siempre con entusiasmo. En septiembre de 1894, en su ensayo sobre «La enseñanza del latín en España», había vuelto a escribir: «En la lingüística ha de buscarse una de las primeras fuentes del estudio del "allgeist" del espíritu colectivo, del alma de los pueblos.»

Era tal su devoción por esta idea del pueblo, que hasta en el romance festivo con que había contestado en 1894 a la broma popularista de «Querellas del ciego de Robliza» de su amigo Luis Maldonado, introdujo repetidas veces el signo «pueblo»:

> *«así el poeta del pueblo*
> *recoge en su alma exquisita*
> *las nebulosas querellas*
> *que desde la sombra fría*
> *el pueblo que sufre lanza*
> *de su alma dolorida...*

> *«con los pesares del pueblo*
> *el pesar al pueblo quita...»*

En su libro «En torno al casticismo», el signo «pueblo» no sólo había sido inevitable, sino obligado, apareciendo en muchas de sus páginas, cargado con el peso de la argumentación de la obra: «un pueblo es el producto de una civilización»; «la historia va haciendo a los pueblos»; «lo que hace la continuidad de un pueblo no es tanto la tradición histórica de una literatura, cuanto la tradición intrahistórica de una lengua»; «cuando se afirma que en el espíritu colectivo de un pueblo, en el «Volkgeist», hay algo más que la suma de los caracteres comunes a los espíritus individuales que lo integran, lo que se afirma es que viven en él de un modo o de otro los caracteres *todos* de *todos* sus componentes»; «el pueblo, el hondo pueblo, el que vive bajo la historia, es la masa común a todas las castas, es su materia protoplasmática»; «chapuzándonos en pueblo, regeneraremos esta estepa moral»; «no, el porvenir de la sociedad española espera dentro de nuestra sociedad histórica, en la intra-historia, en el pueblo desconocido»; «eso del pueblo que calla, ora y paga es un tropo insustancial para los que más lo usan, y pasa, cual verdad inconcusa entre los que bullen en el vacío de nuestra vida *histórica,* que el pueblo es atrozmente bruto e inepto» y «la filosofía de un pueblo suele ser justificación de su modo de ser, reflejo del ideal que de sí mismo tiene», etc.

Había escrito tanto del pueblo desde su juventud, que le era imposible seguir la evolución de su concepto de pueblo, que había ido paralela a la maduración de sus ideas, como uno de sus componentes esenciales. Había sido hermoso pensar en el pueblo, como realidad concreta, como entidad espiritual, como reserva de esperanzas. Nunca había podido prescindir de aquella idea recibida, durante su preparación universitaria; ni siquiera cuando toda su herencia cultural hizo crisis en 1897, dejó de utilizar aquel difuso y estimulante concepto de pueblo, que se le imponía como una evidencia popularista. El pueblo del positivismo y del psicologismo había atravesado su crisis del 97 y había vuelto a aparecer en la posterior literatura espiritualista de su existencialismo agónico. Antes de la crisis, en 1896, había escrito su ensayo sobre «La regeneración del teatro español», donde la idea del pueblo había sido central: «En el pueblo se conservaron vivas las tradiciones y las fuentes vivas literarias... El teatro es, en efecto, la expresión más genuina de la conciencia colectiva del pueblo», y también: «¡Qué tesoros ignorados guarda aún para el pensador y el poeta el pueblo! ¡Qué mundo dramático en sus entrañas!». Y también, en 1896, en el mes de noviembre: «El espíritu público... es la resultante de la totalidad de toda la vida del pueblo, en su inmenso lecho de tendencias subconcientes, en el riquísimo fondo en que palpita el silencioso sedimento de los siglos hundidos en la tradición», y «el labriego forma parte del protoplasma social, del plasma germinativo, del eterno Pueblo, perdurable materia prima de donde surgen los pueblos pasajeros que aparecen y desaparecen con más o menos ruido en la historia», etc.

Después de la crisis espiritualista de 1897, siguió escribiendo sobre el pueblo. En su artículo «La vida es sueño», de noviembre del 98, había dicho: «Y el pueblo está aquí en lo firme, su aparente indiferencia arranca de su cristiana salud. Acúsanle de falta de pulso los que no saben llegarle al alma. Dicen que está muerto los que no le sienten cómo sueña su vida»; «este pueblo robusta y sanamente misoneísta, sabe que no hay cosa nueva bajo el sol»; «paréceme que lo más esencial de un período clásico es cierta adecuación entre el fondo de lo que siente y piensa un pueblo y las formas en que lo expresa»; y en «La Esfinge», de 1898, un personaje dice: «hay que romper la costra en que se tiene encerrado al pueblo, y que irrumpa y se derrame su contenido». Y, en 1899, en «El pueblo que habla español» había escrito: «Si el pueblo que luchó con los hombres, el de Don Quijote, hizo el viejo romance castellano..., el pueblo que lucha con la naturaleza, el de Bolívar, nos impulsará a hacer la lengua española, el verbo del pueblo que habla español».

En el Discurso de apertura del curso académico de octubre de 1900, había vuelto al pueblo, como aconsejable objeto de estudio para el conocimiento de la humanidad: «Tenéis que descubrir a nuestro pueblo tal como por debajo de la historia vive, trabaja, espera, ora, sufre y goza. Y debéis estudiar también a vuestro pueblo, porque siendo aquel de quien vivís, con quien vivís y por quien vivís, es su estudio el único que puede llevarnos como por la mano a conocer con entrañable conocimiento a la humanidad toda» y «sólo se refresca la literatura... acudiendo de continuo al siempre inexhausto manantial... que guarda y lega el pueblo y empapándose de la vida de éste». En su Discurso de los Juegos Florales de Bilbao 1901 volvió a insistir en la realidad del pueblo, en sus derechos, en su continuidad y en su porvenir.

En 1902, en el Discurso de los Juegos Florales de Cartagena, había vuelto a afirmar la religiosidad del pueblo y su acción intrahistórica: «abismáticos sentires arraigan en la escondida religión del pueblo y como la religión fué y sigue siendo para él manantial de vida... aún aguarda nuestro pueblo para revivir a vida nueva su Reforma»; en 1903, en «Ganivet, filósofo», había seguido ahondando en lo mismo: «Ganivet procuró despertar a los más avisados del pueblo, excitarlos a que zahondaran en las entrañas del pueblo mismo y a que buscaran en las honduras de ellas el sedimento que dejara el mundo fresco y abierto, en cuyo seno el pueblo se ha formado...»; en 1904, había confirmado su arraigada creencia en la realidad fundamental del pueblo: «el alma de un pueblo, sólo en su literatura y su historia cabe conocerla... Es hacedero, sin embargo, conocer a un pueblo por debajo de la historia, en su oscura vida diaria, y por debajo de toda literatura, en sus conversaciones»; en 1905, en la «Vida de Don Quijote y Sancho», la palabra «pueblo» había aparecido en todas sus páginas, con una insistencia esencial para incidir en el significado de la obra: «Tu pueblo también, arrogante Caballero, se creyó ministro de Dios»; «Don Quijote, como el pueblo de que es la flor, mira con malos ojos al verdugo»; «Si te empeñas en empozarte y hundirte en la sima de la tradición de tu pueblo... se te echarán al rostro los grandísimos cuervos y grajos...»; «fundaste este tu pueblo, el pueblo de tus siervos Don Quijote y Sancho, sobre la fe en la inmortalidad personal». Y en artículo «Sobre la lectura e interpretación del "Quijote"», de aquel mismo año había llegado a decir: «El genio es un pueblo individualizado» y aun más: «la perfección del pensamiento y del sentimiento es no tenerlos, sino pensar y sentir lo que piensa y siente por dentro el pueblo», con lo que la glorificación intelectual del pueblo no había podido llegar a más.

En 1906, en varios poemas, el signo «pueblo» habia densificado su contenido en sus duras metáforas personales. En «El mar de encinas» había escrito: «del pueblo a que [el mar de encinas] cobija místico espejo» y en su poesía «En la catedral vieja de Salamanca» había enfatizado la presencia del pueblo entre aquellos muros robustos:

> «es el salmo del pueblo
> que se alza libre...
> la nueva fe que a ciegas
> al pueblo empuja...
> Y el Espíritu Santo que en el pueblo
> va a encarnar, redentor de las naciones...
> Quiera Dios, vieja sede salmantina,
> que el pueblo tu robusto pecho llene...»

En la «Basílica del Señor Santiago», de aquel mismo año, había insistido en la unión del pueblo al templo y se había identificado él mismo con ambos:

> «Por eso vengo a ti, santa basílica,
> que al corazón gigante de mi pueblo
> diste para aplicarle de tus naves
> la calma gótica.
> «Yo soy mi pueblo, templo venerando».

En el mismo 1906, había expuesto su creencia en el proyecto de «unidad» del pueblo castellano, casi como un programa político del pasado: «También en el orden de la acción política se propuso el pueblo castellano hacer reinar la unidad, la pura unidad, la unidad desnuda, la unidad que no es sino unidad». Sobre el pueblo y el concepto abstracto de orden, aquel orden que ahora en 1936 había reclamado insistentemente como condición imprescindible para el desarrollo de la vida nacional, había también escrito en enero de 1906, en su artículo «La patria y el ejército»: «El pueblo no mira nunca con buenos ojos al instrumento del poder... El pueblo ni siente ni entiende el concepto abstracto y huero de orden, de un orden en que no hay cosa alguna ordenada».

En 1907, había resucitado su vieja admiración por su pueblo vasco, nunca desaparecida del todo, y había depositado en él sus esperanzas de progreso, dentro de la tradición: «Los pueblos más tradicionalistas son los más capaces de seguro y duradero progreso, pues son los más capaces de hacer del progreso tradición. He aquí por qué he puesto siempre tantas esperanzas para el porvenir de España en la virtud y la energía de este mi pueblo vasco, al que debo por mi parte todo lo que soy». En 1908, al evocar la guerra de la Independencia, había vuelto a exhibir su devoción popularista y su exaltación del «pueblo»: «Y el pueblo fue entonces el que no se equivocó; el pueblo es el que vio claro que aquellos que entraban tremolando la bandera de la revolución venían a acabar con nuestra libertad» y también: «el alma africana —y a mucha honra—, de nuestro pueblo se revolvió contra las mesnadas del hijo de la Revolución, que proclamó los abstractos Derechos del hombre». En 1909, había vuelto a identificarse con el pueblo y a descubrir los que creía sus signos: «Le confesé que tengo algo de mi pueblo, y que me gustan esos Cristos lívidos». Y en «La religión y otros ensayos», había defendido, como tantas veces, al pueblo de los juicios despectivos: «No es exacto que el pueblo no entienda». La humanización del pueblo había sido una constante en su pensamiento y lo había expresado de muchas maneras, como ésta, en 1910: «Cada pueblo, como cada individuo tiene tantas palabras como ideas» y «es un pueblo espiritualmente independiente el que crece orgánicamente, por asimilación de materia, y no mecánicamente, por yuxtaposición de ella».

No obstante, en aquella compacta construcción ideal del concepto «pueblo», empezaban a aparecer algunas fisuras de dudas y distanciamientos. En 1912, había dicho: «[la afición a los toros] es para desesperar del porvenir intelectual del pueblo», y, al año siguiente, en 1913, había zoologizado su concepto del «pueblo»: «El pueblo, el verdadero pueblo, el pueblo que trabaja y calla, es como el buey, ni alegre, ni triste. Está o por encima o por debajo de esta distinción o más allá o más acá de la alegría y la tristeza. Es serio, pura y sencillamente serio. Tiene horas de reir y tiene horas de llorar, pero en lo común ni ríe ni llora... —Ni piensa.— Puede ser que tengas razón; ni piensa. Sueña». Había como un cierto distanciamiento en los juicios que por entonces había empezado a formular sobre el pueblo, que iba perdiendo aquella intocable imagen de perfección; también en 1913 había escrito: «No fue la Iglesia católica la que impuso a España la Inquisición, sino que fue el pueblo español quien se la impuso a la Iglesia católica española». En 1914, había descubierto nuevos defectos en el alma de su pueblo, que al encarnarse en sus observaciones perdía parte de sus virtudes ideales: «Recorriendo esta mi querida patria he podido comprobar los terribles efectos en el alma del pueblo, en el espíritu de la casta, de ese innoble y embrutecedor vicio del juego». Y en 1915 había llegado a un cierto desencanto y había criticado la idealización del «pueblo»: «Podríamos decir que el pueblo, el pueblo puro, esa tan cacareada excelente materia prima, no es tampoco, al par que la materia, sino una abstracción. Este pueblo, de que por agarrarnos a algo, hablamos con tanto cariño los españoles, enfermos de la nostalgia de pensar, no es sino una abstracción».

Ya no quedaba nada de su euforia popularista inicial; pero el pueblo, del que había pensado que tenía alma, seguía siendo al menos una abstracción, una palabra. En aquel noviembre de 1936, con la experiencia de la guerra civil por medio, aquel pueblo había dejado de ser alma, fuerza virgen, espectáculo grandioso, «Allgeist», intrahistoria, protoplasma, tesoro, sedimento, plasma germinativo, cristiana salud, esperanza, creador, reflejo de la humanidad, inexhausto manantial, religión escondida, ministro de Dios, Don Quijote, salmo, templo, tradición y progreso, independiente, él, ni siquiera buey, ni siquiera inquisidor, ni jugador, ni una abstracción. El pueblo no era más que un mineral. Mineralidad pura, esclerosis orgánica, cosificación inerte, opaca materia inmóvil. La palabra pueblo era el nombre de un mineral.

Tercera parte

La lenta agonía de un hombre fuera de la Historia
La muerte

«Agoniza el que vive luchando, luchando contra la vida misma. Y contra la muerte.»
Unamuno, 1924

DICIEMBRE

El día 1 de diciembre, aquel hombre viejo, que se sentía cada vez más viejo, le contestó a un amigo suyo, bilbaíno y escultor, que vivía cerca del frente de la guerra y que le había escrito una carta para interesarse por su persona y por sus últimas obras. La palabra, que seguía siendo su bien supremo, le volvió a servir de desahogo y de templanza. La pluma volvió a ser su punto de contacto con el mundo, más allá de la costra de lo cotidiano. Volvieron las obsesiones de aquella agonía y los sintagmas recurrentes de su desesperación, que habían ido pasando de su discurso improvisado en el Paraninfo al texto de las notas que venía redactando sobre sus experiencias de la guerra civil, a las cartas de sus amigos y a las declaraciones a los periodistas, cribadas éstas por los terrores frente a los asesinos, que le rondaban como aves carroñeras. Su pensamiento había quedado petrificado en unas cuantas frases, que repetía con insistencia de arterioesclerótico y con impudor de suicida. Ya no razonaba, reincidía: ya no avanzaba, estaba paralizado. El sosiego nunca fue su fuerte; pero en aquellos días de la guerra civil menos que nunca, avivado por el horror y cosificado por la inercia. Como siempre, volvió a hablar de sí mismo y levantó una vez más el velo de su intimidad exterior, contestando a Quintín de Torre, que estaba en Espinosa de Los Monteros, Burgos.

«Ay, mi querido y buen amigo, ¡qué impresiones me despierta su carta y en qué situación! Empiezo por decirle que le escribo desde una cárcel disfrazada, que tal es hoy esta mi casa. No es que esté oficialmente confinado en ella, pero sí con un policía —¡pobre esclavo!— a la puerta que me sigue a donde vaya a cierta distancia. La cosa es que no me vaya de Salamanca, donde se me retiene como rehén no sé de qué ni para qué. Y así no salgo de casa. ¿La razón de ello? es que, aunque me adherí al movimiento militar no renuncié a mi deber —no ya derecho— de libre crítica y después de haber sido restituido —y con elogio— a mi rectado (sic) por el gobierno de Burgos, rectorado de que me destituyó el de Madrid, en una fiesta universitaria que presidí con la representación del general Franco, dije toda la verdad, que el vencer no es convencer ni conquistar es convertir, que no se oyen sino voces de odio y ninguna de compasión. Hubiera usted oido ahullar (sic) a esos dementes de falangistas azuzados por ese grotesco y loco histrión que es Millán Astray! Resolución; que se me destituyó del rectorado y se me tiene en rehén.
«En este sentido y con lo que sufro al ver este suicidio moral de España, esta locura colectiva, esta epidemia frenopática —con su triste base, en gran parte, de cierta enfermedad corporal— figúrese cómo estaré. Entre los unos y otros —o mejor, los *hunos* y los *hotros*— están ensangrentando, desangrando, arruinando, envenenando y entonteciendo a España. Sí, sí, son horribles las cosas que se cuentan de las hordas llamadas rojas, pero y la reacción a ellas? Sobre todo en Andalucía. Usted se halla, al fin y al cabo, en el frente, pero, y en la retaguardia? Es un estúpido régimen de terror. Aquí mismo se fusila sin formación de proceso y sin justificación alguna. A alguno porque dicen que es masón, que ya no sé qué es esto ni lo saben los bestias que fusilan por ello. Y es que nada hay peor que el maridaje de la mentalidad de cuartel con la de sacristía. Y luego la lepra espiritual de España, el resentimiento, la envidia, el odio a la inteligencia.

«Tremendo hubiera sido el régimen bolchevista, ruso o marxista —como quiera llamársele—, si hubiera llegado a prevalecer, pero me temo que el que quiere sustituirle, los que no saben renunciar a la venganza, va a ser la tumba de la libre espiritualidad española. Parece que los desgraciados falangistas empiezan a reaccionar y a avergonzarse, si no es que a arrepentirse, del papel de verdugos que han estado haciendo, pero la hidrófoba jauría inquisitorial ahulla (sic) más que nunca. Y me temo que una gran parte de nuestra juventud caiga en la innoble abyección en que han caido las juventudes de Rusia, de Italia y de Alemania.

«Me preguntaba usted que le diga lo último que he publicado. Lo último fue «El hermano Juan» y «San Manuel Bueno». Esto último es, creo, lo más íntimo que he escrito. Es la entrañada tragedia de un santo cura de aldea. Un reflejo de la tragedia española. Porque el problema hondo aquí es el religioso. El pueblo español es un pueblo desesperado que no encuentra su fe propia. Y si no pueden dársela los hunos, los marxistas, tampoco se la pueden dar los hotros. Estos dos libros no se los puedo procurar desde aquí ni sé dónde los encontrará usted. Cuando se tome Madrid acaso.

«Y lo que me suscita su mención a aquel libro —un poema— que canté al Bilbao de nuestra otra guerra civil. Que aquella sí que fué civil. Y hasta doméstica. Esta no; ésta es incivil. Y peor que incivil. Por ambos lados, por ambos lados. Y luego por ambos lados a calumniarse y a mentir. Yo dije aquí, y el general Franco me lo tomó y lo reprodujo, que lo que hay que salvar en España es la civilización occidental cristiana. Lo ratifico. Pero desgraciadamente no se está siempre empleando para ello métodos civilizados, ni occidentales, ni menos cristianos. Es decir, ni métodos civiles, ni europeos. Porque Africa no es occidente.

«Nuestro Bilbao: ¡nuestro pobre Bilbao! ¿Ha visto usted cosa más estúpida, más incivil, más africana que aquel bombardeo cuando ni estaba preparada su toma? Una salvajada —un método de intimidación, de aterrorización, incivil, africano, anticristiano y... estúpido—. Y por este camino no habrá paz, verdadera paz. «Paz en la Guerra» titulé a aquel mi libro poemático. Pero esta guerra no acabará en paz. Entre marxistas y fascistas, entre los hunos y los hotros, van a dejar a España inválida de espíritu.

«Cuando nos metimos unos cuantos —yo el primero— a combatir la dictadura primo-riberana (sic) y la monarquía, lo que trajo la re-

pública, no era lo que fue después, la que soñábamos no era la del desdichado Frente Popular y la sumisión al más desatinado marxismo y al más pseudolaicismo —aquellos imbéciles de radicales socialistas!— pero la reacción que se prepara, la dictadura que se avecina, presiento que, pese a las buenas intenciones de algunos caudillos, va a ser algo tan malo, acaso peor. Desde luego, como en Italia, la muerte de la libetad de conciencia, del libre examen, de la dignidad del hombre. Hay que leer las sandeces de los que descuentan el triunfo.
«Y aquí me tiene usted en esta Salamanca, convertida ahora en la capital castrense de España anti-marxista, donde se fragua la falsificación de lo que pasa y donde se le encarcela a uno en su casa por decir la verdad a aquellos a quienes se adhirió y en una solemnidad en que llevaba la representación del caudillo del movimiento.
«Basta. Necesitaba este desahogo.
«Reciba un abrazo de su amigo y co-bilbaíno,

Miguel de Unamuno

«Salamanca, 1-XII-36».

El viejo todavía sangraba por la herida del Paraninfo, que se le había quedado fijada como una obsesión, y describía a Salamanca bajo el terror y la arbitrariedad de los verdugos. Es verdad que reconocía que no estaba oficialmente preso, aunque un policía en su puerta le hacía sentirse encarcelado; pero como si lo estuviera, puesto que hablaba de «una cárcel disfrazada» e insistía en su condición de «rehén», para terminar aludiendo a su situación personal, al referirse al ambiente represivo de la ciudad, «donde se le encarcela a uno en su casa por decir la verdad». Una vez más se desahogaba escribiendo, aquel viejo irritado, que empedraba su carta de tajantes calificaciones despectivas e insultantes hacia los compañeros de viaje de su inicial apoyo a la rebelión militar; a los falangistas los llama «dementes», «esos dementes de falangistas», «desgraciados», «los desgraciados falangistas», al general Millán Astray, le llama «ese grotesco y loco histrión». Su descripción del momento es sobrecogedora pues habla de «ese suicidio moral de España», «esa locura colectiva» y acusa a todos, «a los hunos y a los hotros», «a los marxistas y a los fascistas» de estar «ensangrentando, desangrando, arruinando, envenenando y entonteciendo a España», con una procesión ascendente de gerundios.

Era la carta de un hombre viejo horrorizado y desesperado, muy lejos de sus habituales preocupaciones existenciales, obsesionado por la historia social, por los acontecimientos históricos, por las anécdotas del momento, tratando de racionalizarlo todo y disculpándolo como si fuera una «enfermedad corporal», volviendo al determinismo positivista de su juventud universitaria, que le reaparece en su vejez de un modo intermitente. Había luchado toda su vida contra el historicismo y el positivismo y su hora final se le imponen inesperadamente otra vez, como una resurrección de su pasado intelectual. Ya no es el «yo» el que le preocupa prioritariamente, como había ocurrido siempre, sino el nosotros, ese colectivo que le asedia y le sorprende. Las anécdotas se le hacen categorías de la historia: «son horribles las cosas que se cuentan de las hordas llamadas rojas, pero y la reacción a ellas? Sobre todo en Andalucía». Como se ve, el avance del ejército de Africa sobre los pueblos blancos andaluces había llegado a sus oídos. Y resume su juicio sobre la España de los rebeldes diciendo: «Es un estúpido régimen de terror» y después especifica, con su propia información, los datos en que su juicio se basa: «Aquí mismo se fusila sin formación de proceso y sin justificación alguna. A alguno porque dicen que es masón, que ya no sé qué es esto ni lo saben los bestias que fusilan por ello». Debemos suponer que detrás de este ejemplo de la bestialidad fascista estaba el recuerdo del pastor protestante, que había acudido a él para salvar la vida.

Su profecía de la España venidera, a juzgar por el espectáculo que tiene delante de los ojos, es escalofriante, sobre todo por la exactitud de su visión, que ve como «la tumba de la libre espiritualidad española», temiendo «que una gran parte de nuestra juventud caiga en la innoble abyección en que han caído las juventudes de Rusia, de Italia y de Alemania». Con mirada profética, que quizá no era ya tan difícil en aquellos días de diciembre del 36, habla de «la dictadura que se avecina», cuyos rasgos describe como «algo tan malo, acaso peor» que la República «del desdichado Frente Popular y la sumisión al más desatinado marxismo y al más necio pseudolaicismo», pues ocurrirá, «como en Italia, la muerte de la libertad de conciencia, del libre examen, de la dignidad del Hombre». Y, como si estuviera ya leyendo la prensa de la posguerra, justifica sus temores exclamando, desde «Salamanca, convertida ahora en la capital castrense de España anti-marxista», que «hay que leer las sandeces de los que descuentan el triunfo», y remachando que «entre marxistas y fascistas, entre los hunos y los hotros, van a dejar a España inválida de espíritu». Junto a esta guerra incivil, aquella otra guera, la de los liberales y los carlistas de su niñez bilbaína, era una guerra civil «y hasta doméstica».

Porque además no sólo habían ensuciado su Salamanca, con «la lepra espiritual de España, el resentimiento, la envidia, el odio a la inteligencia», verbalizado y consentido, exaltado y aplaudido en el Paraninfo universitario, sino que, a mayores, habían machacado a su Bilbao natal: «Nuestro Bilbao: ¡nuestro pobre Bilbao! ¿Ha visto usted cosa más estúpida, más incivil, más africana, que aquel bombardeo cuando ni estaba preparada su toma? Una salvajada —un método de intimidación, de aterrorización, incivil, africano, anticristiano y... estúpido». Porque habían manchado los dos santuarios de su intimidad, sus dos ciudades, sus dos anclajes en la realidad histórica y social de su aventura humana y en la memoria de su propia realidad. Se habían atrevido a distorsionar la tradición salmantina y universitaria, que era su propia tradición, de convivencia e intelectualidad, y a destruir los paisajes urbanos de su infancia bilbaína. Aquel hombre viejo, que había mantenido el culto de su amor filial a Bilbao y había encontrado en Salamanca la resurrección de sus fijaciones infantiles, no les podía perdonar a los fascistas que destruyeran sus dos ciudades, aquella parte de sí mismo que había sido inconmovible, al margen de cualquier duda o de cualquier contradicción, y que ahora perdía consistencia y se deslizaba hacia la nada germinal de su angustia permanente.

La nada era el horizonte en que aquel viejo agonizaba, en la Salamanca secular, «donde se fragua la falsificación de lo que pasa», precisamente y fatalmente en el Palacio de Anaya, en el que estaba instalado, en las mismas aulas de su viejo magisterio, el servicio de Propaganda del nuevo régimen. El nivel de desesperación nihilista se mide por la indiscriminación de sus insultos, por el angosto vacío de sus aceptaciones. Los «falangistas dementes», «aquellos imbéciles de radicales socialistas», «los bestias que fusilan», los «verdugos» y «el maridaje de la mentalidad de cuartel con la de sacristía». Es el recuento de sus rencores y de sus desencantos. La República «que soñábamos no era la del desdichado Frente Popular». Nada le queda para apoyar su esperanza en aquella noche, descorazonadoramente negra, de la Salamanca que había sido, incendiada por su optimismo verbal de otros tiempos, luz del Renacimiento, hermosura, remanso de quietud, esperanza dormida, lección de humanismo, garantía de la inmortalidad, oro secular, floración de piedra, encina plateresca y regazo de amor. Aquella «visión de alta hermosura» era ahora una «capital castrense», «donde se fusila» y «donde se le encarcela a uno en su casa por decir la verdad».

Encerrado en su casa escribe cartas y poemas. El día 2 de diciembre, aquel hombre viejo escribe:

> *«Fetiche de magia y rito*
> *con oropel de misterio,*
> *estofado en viejo mito*
> *de momia de presbiterio.*
>
> *»Entre mentidas costillas*
> *un barroco relicario,*
> *un cajón de maravillas*
> *de un fervor estrafalario.*

»Y, eso es Cristo? Mentira!
Es decir... "¿qué es la verdad?"
inquirió Poncio sin ira
y henchido de humanidad».

Un ejemplar de su abundante cristología, como aquel otro pobre Cristo del Museo Provincial, «desclavado y con los pies rotos... de madera recubierta de tela y pintada», humilde Cristo momificado, viejo fetiche mágico, adorado por la idolatría popular, ni siquiera mentira, sino perplejidad. En 1906, aquel hombre viejo se había hecho la misma pregunta y se había contestado con seguridad, probablemente con la inconsciencia del optimismo y el atrevimiento de la necesidad: «¿Y qué es la verdad? me diréis. Era la pregunta que hacía Pilatos, cuando se volvió a lavarse las manos. Verdad es lo que cada uno cree ser tal, en el sentido moral». Pero ahora, con sus últimos patinazos, ya no se atrevería a decir tanto. Aquel Cristo ritual y mítico, icono familiar, degradado al consumo doméstico, ya no era aquel Cristo glorioso a fuerza de símbolos, provocador de espléndidas metáforas, al que había dedicado otrora todo un largo poema, lleno de belleza intelectual y de citas bíblicas, cuenco de lecturas y de angustias personales, con la imagen pintada por Velázquez, cultura sobre cultura, signo sobre signo, como disculpa, como contexto. De aquel Cristo ya no quedaba nada; aquel Cristo vertical y humano, con media cara oculta en el misterio y la otra media cerrada en su generosidad de símbolo, ya no era nada, poema para los otros, palabras indescifrables para una comunión imposible. Aquel Cristo de museo se había convertido en este cristecito de cajón, insignificante en su inanidad de imagen, signo social e histórico, recreado por él para su tranquilidad y, finalmente, inútil, que ni siquiera servía para contestar a la pregunta de «¿qué es la verdad?», que siempre le había obsesionado, pues, en «Del sentimiento trágico de la vida», 1913, también se había hecho la misma interrogación, pero ya no se había atrevido a contestar con la misma idealista seguridad de 1906: «¿y qué es la verdad?», preguntaré a mi vez, como preguntó Pilato. Pero no para volver a lavarme las manos, sin esperar respuesta. ¿Está la verdad en la razón, o sobre la razón, o bajo la razón, o fuera de ella, de un modo cualquiera? ¿Es sólo verdadero lo racional? ¿No había realidad inasequible, por su naturaleza misma, a la razón, y acaso, por su misma naturaleza, opuesta a ella?... El día 31 de julio de 1928, en el «Cancionero» había vuelto al tema de «¿Qué es la verdad?», aunque de modo irónico.

Desde el día 1 de diciembre, los periódicos abrían la primera página, a toda plana, con un titular de gruesa tipografía, que se repetía en las páginas interiores, que recordaba insistentemente: «Una Patria. Un Estado. Un Caudillo». Aquel día el general Von Paupel, embajador de la Alemania nazi, que vivía en el «Gran Hotel», junto a la Plaza Mayor, fue a visitar al general Franco en su Cuartel del Palacio del Obispo, junto a las Catedrales, y todas las autoridades salmantinas pasaron por el hotel a rendir pleitesía al alemán. Al mismo tiempo, se publicaba la destitución de catedráticos y profesores de la Universidad, algunos de ellos muertos y otros prisioneros en la cárcel. La lista era larga y estaba encabezada por Agustín Iscar, Jesús Esperabé de Arteaga, Luis Domínguez Guilarte, Luis Portillo Pérez, Julio Sánchez Salcedo, Manuel Prieto Carrasco (del que equivocaban el nombre, pues se llamaba Casto), Juan Maeso Maeso y otros más, que evidentemente no podían cumplir sus funciones docentes y académicas por imposibilidad más que física. El hombre viejo leyó aquella larga lista con dolor y comprendió la postración en que iba cayendo la Universidad. Todos los represaliados eran profesores valiosos, algunos jóvenes y todos dignos claustrales de una institución secular que había empezado a levantar la cabeza. Se sintió solidario de aquellos expulsados, como él, y se encerró más en sí mismo, en aquel invierno que venía muy frío, incluso para Salamanca que, por aquellas fechas, rondaba siempre los cero grados.

Tenía frío; se levantaba tarde, ahora que no tenía que madrugar para ir a dar sus clases a la Universidad, ni tenía que cumplir sus obligaciones de rector, firmar papeles, recibir visitas, presidir reuniones, hablar con los colegas. Nunca se levantaba antes de la diez, acompañado del ruido revoltoso de su nieto Miguel y de los trajines domésticos de Aurelia, la criada, que le tenía preparado ya el brasero, cuando se levantaba. Pero ni el brasero le quitaba el frío, que le iba invadiendo, sentado en la mesa camilla, con los faldones alrededor de las piernas y un libro entre las manos. Había que escarbar el brasero con frecuencia, para sentir el calor subiendo por las piernas y combatir la gélida atmósfera de la sala, que se iba templando a lo largo del día, sometida al frío que se colaba por las ventanas y que ponía hielo nocturno en los cristales. Su hija Felisa le atendía, le mimaba, le envolvía en devoción y en precauciones; le ponía una manta sobre el cuerpo, pero él seguía teniendo frío, mientras fuera la mañana crecía hosca y nublada, con los cielos bajos y oprimentes, que tanto le afectaban. Como había regalado su biblioteca a la Universidad, sólo tenía a mano los libros que su yerno José María había dejado en su casa, donde había vivido. Paseaba por la casa fría, arrastrando los pies de su vejez y se asomaba a la calle para ver los negrillos de las Úrsulas, castigados por el invierno, familiares y metafóricos, permanente lección de resistencia y de esperanza, de los que tantas veces había escrito.

Diciembre empezaba negro y los presentimientos de muerte se le iban insinuando en su subconsciente. Su ensimismamiento era progresivo y vivía encerrado en su casa, en medio de un paisaje que amaba y que había llevado muchas veces a sus textos. Los negrillos y el torreón de las Úrsulas, el Campo de San Francisco y, al otro lado, como lo había dibujado una vez, la torre de Monterrey, la calle de la Compañía y, al fondo, cerrando el horizonte, las arcadas de los altos corredores de La Clerecía y su cúpula italianizante, asomando por detrás, como la muestra única, visible desde allí, del «alto soto de torres», que se le escapaba y que ya no volvería a ver. La eternidad nocturna de las noches invernales de Salamanca le devolvía sus obsesiones de siempre. El inmenso cielo estrellado, indiferente, y el fugaz ruido de la guerra en la ciudad dormida formaban el contraste, en el que insertar su soledad y su abandono. Aquel hombre viejo seguía escribiendo sus poemas casi diarios, como un ejercicio de su inteligencia, como una necesidad de su espíritu, como una final coartada frente a la nada. Son versos brutos, que se resisten a contener el vigoroso desbordamiento de sus ideas, la rudeza fetal de su inspiración. Son malos versos, en los que la expresión se resiste al pie forzado de las rimas, que a su vez facilitan la expresión. Pero nunca había sido ése su problema. El día 5 de diciembre, tomando como punto de partida unos versos del mejicano S. Díaz Mirón sobre un nocturno —«Y era como el silencio de una estrella por encima del ruido de una ola»—, que ya había utilizado en otra ocasión, volvió a su noche metafórica para identificar sus dudas y marcar su desesperación del «todo nada», contradicción verbal de su conceptismo esencial:

«Momento, movimiento, monumento...
el instante hace siglos de reposo;
inmensidad el punto; deja poso
la casi nada, de infinito asiento.

»La bóveda mentida, el firmamento,
mira con muda sorna al presuroso
mortal que hace del mundo coso
y corre sin guardar aire de aliento.

»Una vida vivida es contrapunto,
es camino que para en la posada,
y ésta, en camino y fuera todo junto

»si por dentro disperso, y todo nada.
Ni el arranque ni el cabo es nuestro asunto;
envés revés son partida y llegada».

Se ha asomado un momento a la noche salmantina y ha visto pasar a alguien presuroso frente a uno de los monumentos de la eternidad ciudadana y, como todo es metáfora, la anécdota trivial de un hombre, entrevisto al cruzar frente a las piedras monumentales de la historia, le había dejado en la mirada el viejo tema clásico de la fugacidad de la vida y de la inutilidad de los afanes, sobre la ascética milenaria de la nada. Aquel hombre asomado al balcón de su casa, bajo la noche cómplice de las alarmas aéreas y de los silencios delatores, respiraba, amparado en sus propias tradiciones culturales, el aire libre y oscuro de la nocturnidad salmantina, mientras el cielo indiferente humanizaba su lejanía de símbolo. Y, detrás de la idea de la nada, que ya le obsesionaba de niño, cuando el infierno no le parecía tan malo puesto que se sufría y lo peor era la nada, y que le seguiría obsesionando hasta el final, la presencia de la muerte, en aquella densidad del instante vivido, completa la metáfora explícita de la última posada y la llegada que es principio de partida, bajo la connivencia feliz de la rima en «nada».

Aquel día 5, que era sábado, los periódicos de la ciudad publicaron un artículo, titulado «Frente a los "Intelectuales" ¡los "Místicos" de España!», sin firma, pero con todos los tics estilísticos de Giménez Caballero, uno de aquellos falangistas que se empeñaban en ser amigos suyos. El artículo empezaba con una cita del general Franco: «¡España sufría, desde largos años, mediatizaciones de variada índole, no siendo la menos perniciosa y nociva la de una corriente de intelectuales equivocados», y después se abría con una obscena cita tergiversada: «Un filósofo alemán —Hegel— (a quien el Fascismo debe cierta reverencia, como uno de sus predecesores espirituales) definió con frase irónica y juvenil lo que era un intelectual: «"Intelectual" es el hombre que anda con la cabeza». Naturalmente un «hombre que andaba con la cabeza [—"magister dixit"—] y echaba los pies por alto, tenía que resultar "un equivocado" [—"dux dixit"—]». Más tarde se atacaba a Ortega y Gasset: «El mismo tronchamiento de testa pensante y pesante, advertiríais en aquel pontífice máximo de los "intelectuales equivocados" [—"dux dixit"—] el señor Ortega y Gasset —hoy derrumbado de su metafísico trono madrileño, en un romántico y bohemio café parisién, de ese París romántico, liberal y progresista de donde salió [¡!] gran parte de su occidentalizante y equivocada filosofía.»

Aquel hombre viejo leía asombrado el razonamiento envenenado y falsamente erudito del articulista, por el que se sentía aludido, no sólo porque se consideraba un intelectual, aunque del orden de los intelectuales sentimentales, sino porque reconocía, horrorizado, la sombra deformada de su propio pensamiento en aquellas palabras insidiosas y purulentas, sobre todo cuando hacía la relación de los «intelectuales equivocados»: «Ya en griego se les denominó "los del parecer contrario" (heterodoxos) y también "sofistas" —los que ponían la verdad a su gusto—. Y en la Edad Media cristiana recibieron el nombre de "herejes"; en el Renacimiento de "Bachilleres" y en el siglo XVIII «Pedantes.» En esa familia de palabras, emparentadas por la trabazón secular, tenéis «la corriente equivocada», que señalaba el general Franco [«—dux dixit—»]. Y el desmadre iba creciendo, mientras aquel hombre viejo, sentado en la mesa camilla, del brasero familiar, se ahogaba en la atmósfera de aquel artículo, que despertaba una vez más su indignación, nunca terminada de asombrar del todo. ¡Y pensar que había creído que aquel movimiento rebelde garantizaba la cultura occidental! Verdaderamente, ¡qué incrédulo y qué ciego había estado! Aquello era peor que la República marxista. Porque todavía tuvo que seguir leyendo.

«Grecia eliminó a Sócrates de su Estado, porque la juventud "universitaria" tras escucharle comenzó a "levantar el puño", despreciar las sacras tradiciones y entregar el país al enemigo. En nuestro Renacimiento, a Erasmo también el Estado lo suprimió, suprimiendo sus libros. En el XVIII, con Rousseau, Voltaire, Diderot, la aristocracia versallesca no se dio cuenta que, tras la exaltación de una naturaleza idílica y un buen gusto sujeto a la Razón, habrían de aparecer los descamisados del 89. Algo parecido ocurrió en el Madrid anterior al 14 de Abril,

que obligaron a Franco a dar "un parte de batalla" diario para contener la barbarie roja, desencadenada por ellos.
Frente al sofismo —Platón ; frente a Erasmo— Santa Teresa, Loyola, Domingo de Soto, Cano, Suárez, Molina, Báñez, para convencer a locos individualistas de la "Gracia Divina", que sólo había "Gracia Eficaz" de las obras de cada uno.
Ahora, frente a "Intelectuales de España" nuevos "Místicos de España" que busquen la verdad con el corazón, con las entrañas, no con la cabeza vuelta del revés. España quiere marchar conducida por San Juan de la Cruz:

> «*sin otra luz ni guía*
> *sino la que en el corazón ardía*»

Frente a los intelectuales que se extasían estérilmente ante "problemas" y "casos", España exige místicos que amen la fatalidad y genio de nuestro destino. España quiere ¡no el buscar la felicidad del confort ni del progreso material! sino la vida arriesgada, el peligro creador, *el sentimiento trágico de la existencia;* y donde las palabras "dolor y guerra" tengan un valor afirmativo, hermoso.
No hay LIBERTAD VERDADERA, MAS QUE EN LA SUMISION.»

Se quedó anonadado, en un límite al que no llegaba la irritación. Aquella explícita cita de su libro le causó el bochorno de la incomprensión. Y el grito final, en versales, le resultó intelectualmente insoportable, como una de aquellas bombas que amenazaba su torre de Monterrey. Los pulsos se le aceleraron y la sangre afluyó a su rostro blanqueado por su enclaustramiento. ¿Eran aquéllos sus hijos espirituales? ¿Para eso se había pasado cincuenta años escribiendo y dejándose la piel en las palabras? Se horrorizaba de sí mismo, porque no había previsto aquella lectura de sus textos, porque no había sido lo suficientemente claro en su comunicación, porque su pensamiento dialéctico no había completado el significado de sus contradicciones. Tenía que reaccionar de algún modo; no se iba a quedar callado; en otro tiempo, hubiera escrito un artículo de contestación en «Ahora», pero aquel consuelo verbal había desaparecido y sólo le quedaban las cuartillas inmaculadas de «El resentimiento trágico de la vida», en las que codificar su respuesta y desarrollar hasta el final el movimiento dialéctico de su pensamiento.

Empezaba a dudar, o seguía dudando, del significado de sus palabras esenciales y no sabía muy bien lo que significaba la palabra libertad, pero, desde luego, con lo que de ninguna manera podía relacionarse era con la idea de sumisión, de obediencia ciega, de bastón en manos de su dueño. Lo que, a veces, había dicho es que había que someterse a la voluntad de Dios, pero nunca a la de los hombres. Pero, ¿qué significaba Dios y cuál era la forma de manifestarse su voluntad? Se acordaba de una anécdota familiar, nostálgico y complacido, cuando en una conversación doméstica sobre el valor educativo de la obediencia y la necesidad de que los niños aprendan a obedecer, su hijo Ramón exclamó, muy convencido y muy serio: «Si sé que hay que obedecer, no nazco». Y sentía, al recordar la salida de su hijo, la satisfacción intelectual que había tenido al reconocerse en aquellas palabras, como si realmente sus genes le hubieran trasmitido también a su descendiente sus ideas y sus actitudes. ¿Qué sería de Ramón en aquel Madrid peligroso de la guerra, llamándose Unamuno? Había recibido algunas vagas noticias de que sus dos hijos y su yerno todavía vivían, pero había pasado desde entonces mucho tiempo. Además, le volvían sus preocupaciones económicas, nunca desaparecidas del todo, pero resucitadas por la creciente limitación de sus recursos de viejo jubilado, privado de los ingresos de sus colaboraciones periodísticas.

El día 6, los periódicos publicaban una vibrante alocución del general Millán Astray, el del insensato grito de «¡Viva la muerte!», que equivalía a «¡Muera la vida!». Y el día 8 de madrugada fusilaban a su amigo, el pastor protestante, Atilano Coco, que no pudo «volver a gozar de la libertad», como quería y como se lo había escrito en aquella carta de septiembre. Lo habían tenido encarcelado, sin decirle nada, y el día 8 lo sacaron por la noche de la cárcel para fusilarlo y conmemorar debidamente el día de la Purísima Concepción, uno de los mitos más hermosos del cristianismo, resto de las primitivas diosas maternales de las primeras religiones y encarnación cristiana de las vestales romanas. Lo mataron en un frío amanecer salmantino del mes de diciembre, cuando el sol tarda tanto en salir. Su condición de masón era mortal; los periódicos publicaban breves anuncios con la denuncia de que «todo masón es un traidor a la patria» y el P. Tusquets acababa de escribir un libro con el título de «La francmasonería, delito de lesa patria». Por su parte, los masones españoles habían hecho, a mediados de octubre del 36, unas declaraciones, que aparecieron en los periódicos de Madrid, en las que decían: «La Masonería está entera, total y absolutamente con el Frente Popular, al lado del Gobierno legal y contra el fascismo». Frente a todo esto, ¿qué podía la palabra de un hombre viejo que había pedido clemencia para aquel hombre y qué valía la inocencia de un pastor protestante que se había despedido de él con las palabras «Suyo en el Evangelio» y que rezaba todos los días para la reconciliación de todos los españoles? Las exigencias colectivas se imponían a las verdades individuales.

Todavía bajo la impresión de este fusilamiento salvaje, aquel hombre viejo recibió una carta de su amigo bilbaíno, Quintín de Torre, de fecha 11 de diciembre, en la que contestaba a la suya del día 1, también desde Espinosa de los Monteros, Burgos.

«Mi querido Maestro y amigo: Esta carta como todas las que escribo ban (sic) abiertas, asi lo recomiendan y es más fácil llegue a su destino, por la censura.
»Le escribiré poco y mal sin que tengan ligazón ninguna estas líneas. Por lo que a mi se refiere anterior a mi enfermedad, y ahora por este terrible drama de España, me encuentro anonadado, y sin poder trabajar, por falta de todo y de tranquilidad espiritual; cuando esto se

termine si uno vive hay cantera sobrada para hacer obra para un artista, y V. con su gran talento hará seguramente y dejará encarnada esta fecha histórica.
»Poco se puede escribir pero a V. no hay peligro en ello, en decirle un poco.
»En este frente como por esa pasarán muchas cosas, pero más aquí; esa Ciudad es más tranquila y en ella se encuentra el Caudillo.
»Desde el principio les tenemos a los Rojos a la vista y de noche se insultan con los nuestros, y hasta tienen sus diálogos cambiándose la prensa, cuando hay tiroteo las balas pasan sobre nuestras casas, pero no se les teme mucho. El día cuatro huvo (sic) un ataque durísimo llegándose al cuerpo a cuerpo, en Quintana, posición estrategica para pasar a Castilla, como fue tambien de gran importancia este pueblo en la francesada, en la celebre batalla de Espinosa, pero ahora no consiguieron estos nada dejando material de guerra, prisioneros y muertos en nuestro poder.
»Hace también unos días en dos Pueblos cercanos a esta, sorprendieron los Rojos a la fuerza, haciendo barbaridades a los pobres chicos, sacandoles los ojos, cortandoles las manos y sacando el corazón. Esto es cosa cierta, como se llevaron (sic) prisioneros que a estos no les ha pasado nada según dijo uno que se ha presentado en esta.
»Este Domingo huvo (sic) un fuerte ataque a toda la linea de este pueblo por los Rojos que duró todo el día, presentandose al amanecer con el engaño que venían a entregarse, y al estar a unos pasos abrieron fuego haciendo muchas bajas, este ataque duró todo el día dejando en el campo material de guerra, estuve en el Hospital y vi algunos chicos morir gritando Arriba España, y a su madre querida.
»No he pensado escribirle tanto pero se marcha la pluma, por ser informes directos.
»Conforme con V. no se si por Españolismo o por parentesco de nuestra tierra.
»¿Dónde se encontrará D. Alonso Quijano?
»Ya anteriormente al desastroso frente Popular he vuelto los ojos a mi tierra, viendo tanto desatino y golfería en todo.
»A España tanto se la quiere que se la mata.
»Un abrazo de corazón de su amigo
Quintín de Torre.»

Anécdotas bélicas, epístola de guerra, estas líneas traducían el horror de la violencia y la instalación de la muerte en la vida cotidiana. Fueron inútiles las advertencias de su corresponsal sobre la censura, pues en su contestación aquel hombre viejo no le hizo caso e incluso provocó al censor, en un gesto muy suyo, dirigiéndole algunas ironías. No se tragó los espeluznantes detalles de la propaganda y respondió con los horrores de la retaguardia. Esta carta del frente fue como un revulsivo, que le hizo estallar en improperios, con un sistema neurovegetativo al límite, haciendo un cuadro negro de la Salamanca reprimida a últimos del 36. Toda la náusea creciente de su indignación, aumentada por el recuerdo de sus amigos muertos, explotó en la contestación. A vuelta de correo y con una avidez de náufrago, se desahogó y rebatió las afirmaciones de su amigo, en un estado de ánimo próximo al paroxismo. Su desesperación plural ya no se dirigía a un lector intemporal, que le pudiera garantizar la inmortalidad, sino a un hombre identificable en sus pormenores biográficos, un admirador, que le garantizaba únicamente la vivacidad de sus respuestas, la recepción de su testimonio, como una prueba de que todavía seguía vivo, atento a lo inmediato y a lo insignificante, a la mediocre sugerencia del anecdotario cruel de la guerra civil. Una vez más insistía, sin renovación posible, repetidor de lo evidente. Era ya el día 13 de diciembre de 1936.

«Acabo de recibir, mi querido amigo y co-bilbaíno, su nueva carta y quiero contestarle arreo y sin dejar que se me enfríe el ánimo.
»Me dice usted que su carta, como todas las que escribe desde ahí, van abiertas, que así lo recomiendan y es por la censura. Lo comprendo. Yo, por mi parte, cuando escribo calculo que esa censura puede abrir mis cartas, lo que naturalmente —usted me conoce— me mueve a gritar más la verdad que aquí se trata de disfrazar.
Le agradezco las noticias que me da, pero en cuanto a eso de que los rojos —color de sangre— hayan sacado los ojos y el corazón y cortado las manos a unos pobres chicos que cojieron (sic) no se lo creo. Y menos después de lo que me añade. Su «esto es cosa cierta» lo atribuyo, viniendo en carta abierta y censurada, a la propaganda de exa-

geraciones y hasta de mentiras que los blancos —color de pus— están acumulando. Sobre una cierta base de verdad.
»Me dice usted que esta Salamanca es más tranquila, pues aquí está el caudillo. Tranquila? Quiá! aquí no hay refriegas de campo de guerra, ni se hacen prisioneros de ellas, pero hay la más bestial persecución y asesinatos sin justificación. En cuanto al caudillo —supongo que se refiere al pobre general Franco— no acaudilla nada en esto de la represión, del salvaje terror, de retaguardia. Deja hacer. Esto, lo de la represión de retaguardia, corre a cargo de un monstruo de perversidad, ponzoñoso y rencoroso. Es el general Mola, el que sin necesidad alguna táctica, hizo bombardear nuestro pueblo. Ese vesánico no ha venido —al revés de Franco— si no (sic) a vengar supuestos agravios de tiempo de la dictadura primo-riberana (sic) y a satisfacer los odios carlistas de los que en las anteriores guerras civiles se ensañaron con nuestro Bilbao.
Ahora, sobre la base, desgraciadamente cierta, de lo del Frente Popular, se empeñan en meter en él a los que nada con él tuvieron —tuvimos parte— y andan a vueltas con la Liga de los Derechos del Hombre, con masonería y hasta con los judíos. Claro está que los mastines —y entre ellos algunas hienas— de esa tropa no saben lo que es la masonería ni lo que es lo otro. Y encarcelan e imponen multas —que son verdaderos robos— y hasta confiscaciones y luego dicen que juzgan y fusilan. También fusilan sin juicio alguno. (Claro que los jueces carecen de juicio; estupidizados en general por leyendas disparatadas). Y «esto es cosa cierta» porque lo veo yo y no me lo han contado. Han asesinado, sin formación de causa, a dos catedráticos de Universidad —uno de ellos discípulo mío— y a otros. Ultimamente al pastor protestante de aquí, por ser... masón. Y amigo mío. A mí no me han asesinado todavía estas bestias al servicio del monstruo. Que pretendió que yo diera certificado de buena conducta, ¿a quién creerá usted? A Martínez Anido, el vesánico.
»Qué cándido y qué ligero anduve al adherirme al movimiento de Franco, sin contar con los otros, y fiado —como sigo estándolo— en este supuesto caudillo. Que no consigue civilizar y humanizar a sus colaboradores. Dije, y Franco lo repitió, que lo que hay que salvar en España es la «civilización occidental cristiana» puesta en peligro por el bolchevismo, pero los métodos que emplean no son civiles, ni son occidentales, sino africanos —el Africa no es, espiritualmente, Occidente— ni menos son cristianos. Porque el grosero catolicismo

tradicionalista español apenas tiene nada de cristiano. Eso es militarización africana pagano-imperialista: y el pobre Franco, que ya una vez rechazó —si bien tímidamente— aquello de Primo de Ribera (sic) de «los de nuestra profesión y casta», refiriéndose a la oficialidad de carrera, que no es el ejército, como el clero no es la iglesia, el pobre Franco se ve arrastrado en ese camino de perdición. Y así nunca llegará la paz verdadera. Vencerán, pero no convencerán, conquistarán, pero no convertirán.

»Lo que le digo desde ahora es que todos los buenos y nobles y patriotas españoles inteligentes, que sin haber tenido nada que ver con el Frente Popular, están emigrados no volverán a España. No volverán. No podrán volver como no sea a vivir aquí desterrados y envilecidos.

»Esta es una campaña contra el liberalismo, no contra el bolchevismo. Todo el que fue ministro en la República, por de derechas que sea, está ya proscrito. Hasta a Gil Robles —figúrese, ¡a Gil Robles!— le tienen desterrado. Unos días que pasó aquí, en su pueblo, hace poco, tuvo que estar recluido en casa de un amigo. Como yo estoy recluido en la mía.

»Y basta.

»Haga usted de esta carta el uso que le parezca y si el pobre censor de esa quiera verla que la vea [a pie de página, con una flecha indicadora, añade: «y si le parece que la copie»].

»Pobre España! y no vuelva a decir «¡arriba España!», que esto se ha hecho ya santo y seña de *arribistas*.

»Reciba un abrazo de

Miguel de Unamuno

Salamanca, 13-XII-36.»

A mediados del mes de diciembre escribe por primera vez su idea sobre la guerra civil, rectificando sus anteriores declaraciones públicas. La guerra se ha pensado «contra el liberalismo, no contra el bolchevismo». Por eso, lamenta su apresurada adhesión al levantamiento militar, que finalmente le había descubierto el juego. Es el general Mola el que recibe su desprecio y sus adjetivos peores, «monstruo de perversidad, ponzoñoso, rencoroso», «vesánico», equiparable en su desdén a Martínez Anido. Sin embargo, al general Franco le llama «el pobre» tres veces y lo salva de la condena universal, manteniéndole una confianza inexplicable, para quien era oficialmente el responsable de aquella carnicería, «la más bestial persecución y asesinatos sin justificación», «del salvaje terror, de retaguardia», echándole la culpa a sus colaboradores, a los que, a pesar de sus buenos propósitos, «no consigue civilizar y humanizar».

Salamanca asciende dramáticamente hasta su carta, como la ciudad de la muerte, de «los mastines» y de «las hienas», que «fusilan sin juicio alguno», «sin formación de causa», de «dos catedráticos de Universidad», uno de los cuales era «discípulo» suyo, Salvador Vila, y el otro, Casto Prieto Carrasco, no olvidándose de citar, con el dolor reciente del asesinato, el fusilamiento del «pastor protestante de aquí, por ser... masón», es decir, Atilano Coco. Y concluye: «A mí no me han asesinado todavía estas bestias al servicio del monstruo», insistiendo en su reclusión domiciliaria, como otro de los males de la guerra civil en Salamanca. Y vuelve a recordar su Bilbao, cuyo bombardeo le afectó tanto que lo entroncó con el bombardeo de la última guerra civil, la guerra civil de su infancia, cuando los carlistas «se ensañaron con nuestro Bilbao».

Frente a la guerra su posición está ya decantada y, hasta cierto punto, disculpa los errores de los republicanos, pero no perdona la «militarización africana pagano-imperialista», aclarando cualquier posible ambigüedad sobre su actitud, cuando dice: «Qué cándido y qué ligero anduve al adherirme al movimiento de Franco». Porque no se acaba de creer las barbaridades de los rojos —«color de sangre»—, pero asegura las barbaridades de los blancos —«color de pus»—, porque las conoce de primera mano, «porque lo veo yo y no me lo han contado». Y, entre las tragedias de la guerra, profetiza el drama del exilio, cuando apenas han pasado cinco meses desde que empezaron las hostilidades y faltaban casi dos años y medio para que acabaran, porque «los buenos y nobles y patriotas españoles inteligentes, que sin haber tenido nada que ver con el Frente Popular están emigrados, no volverán a España. No volverán». Su último lamento, de quien tanto había hablado de España, es esa final exclamación de «¡Pobre España!», que opone al grito de moda entonces de «¡Arriba España!», que adscribe al vocabulario de los «arribistas».

Sus amigos muertos y encarcelados llegan hasta su carta, con su rostro y su biografía, su huella fonética en la memoria y la serie de sus imágenes habituales. Califica de verdaderos robos las multas y confiscaciones a que eran sometidos, porque sabía el nombre de las víctimas: Filiberto Villalobos, Adolfo Núñez, Población, Sánchez Salcedo, etc. Y descalifica los métodos empleados para salvar aquella civilización occidental cristiana, que había sido la coartada inicial, que invalidaba cualquier buen propósito de los rebeldes, entregados a una «militarización pagano-imperialista», que no tenía nada de civil, ni de occidental, ni de cristiana, insistiendo en que «el grosero catolicismo tradicionalista español apenas tiene nada de cristiano». Y repite lo de «vencerán, pero no convencerán, conquistarán, pero no convertirán», con lo que «nunca llegará la paz verdadera». Porque si ni siquiera a Gil Robles, tan identificado potencialmente con ellos, en sus intenciones contra el Frente Popular, le dejan vivir, el signo y los objetivos de la rebelión están claros: «es una campaña contra el liberalismo». Por fin, todo se le hace evidente y le crecen más todavía los remordimientos de su adhesión primera, que se le aparece impremeditada y vergonzosa, lo que le hace más sensible a las acusaciones —que le insultaban los rojos, lo pensaba insistentemente como un lamento— y más virulento en las denuncias.

Estaba insoportablemente irascible y saltaba al menor estímulo. La conciencia de su error le desvelaba y agriaba más sus recuerdos. En esta situación le llegó la noticia de la muerte de Pirandello, ocurrida el día 11, en Roma, lo que le llenó de presagios pues había nacido pocos años después que él. Y, además, hacía frío y las veladas en el brasero eran peligrosas para su organismo, que necesitaba del aire libre y del ejercicio físico para conseguir su equilibrio funcional. Se ahogaba en aquella jaula doméstica. El duro invierno salmantino se cerraba sobre el horizonte de aquel hombre viejo, que un día se asomó al balcón de su casa, con óptica de prisionero, y vio el nido melancólicamente vacío de una golondrina lejana, lo que añadió más tristeza a su agonía y le levantó de nuevo la borrasca de sus obsesiones permanentes, que continuaban barrenándole, por debajo de las inquietudes colectivas de la guerra civil. El día 18 de diciembre escribió un poema para su «Cancionero», con una cierta nostalgia becqueriana, teñida de un romanticismo intelectual unamuniano.

>*«Golondrina, peregrina,*
>*dónde duermes en invierno?*
>*hay en tu cielo una esquina*
>*donde guardes nido eterno?*
>*»Vuelas tú, no vuela el nido,*
>*sol de cielo en primavera,*
>*azul dulce y derretido,*
>*golondrina forastera.*
>*»Tú volverás con las flores*
>*a tu nido aquí, el de paso,*
>*y nos traerás los amores*
>*que se duermen al ocaso.*
>*»Y el eterno amor del cielo*
>*que de amores nos consuela,*
>*el muerto inmortal anhelo,*
>*el del nido que no vuela?»*

Nidos vacíos, ausencias, preguntas sin respuesta, nostalgia de otros cielos y otros soles, inútiles retornos «que se duermen al ocaso» e inmortales anhelos muertos, toda la melancolía de la vejez estaba en esta imagen de la alegría ausente del nido, que se volvía ansiedad metafísica, cuestionario abierto. El nido vacío, anclado en el tiempo y en el espacio, vertebraba las cuatro estrofas del poema: el nido inmóvil que contrastaba con la golondrina peregrina. El cielo se repetía tres veces y el invierno presente hacía más azul el ausente cielo de la primavera, más abundantes las flores futuras y más hermosos los amores del consuelo. Es casi un poema carcelario, una reflexión de preso, que se interroga sobre «el eterno amor del cielo», problemático.

Los días se acortaban sobre el cielo salmantino; la memoria dolía y la soledad aumentaba. En la puerta de la casa seguía el policía y los jóvenes falangistas, que le visitaban, eran los mismos para los que guardaba el profundo desprecio de sus cartas, los «arribistas» de sus confidencias. Sus viejos amigos habían desaparecido y sus enemigos se metían hasta en su casa. Sabía lo que querían y su constante irritación venía de que se creyeran sus amigos, que lo asimilaran a su ideología, que lo consideraran su maestro. El ABC de Sevilla puso en su boca palabras que nunca había pronunciado, que nunca podría pronunciar y les mandó una carta airada, violenta, de protesta. La presunción de su fascismo le enloquecía. Nunca le había importado demasiado su clasificación política y siempre se había sacudido bien las más opuestas acusaciones; pero ahora las etiquetas venían una y otra vez indefectiblemente del mismo lado. Las noches no se acababan nunca y las noticias de la guerra hacían más insoportable la memoria. Constantemente se repetía que daba asco ser hombre. Su aislamiento casero y sus relaciones con los falangistas, los «fajistas» de sus textos, mantenían alejado el peligro del fusilamiento. Era más rentable su silencio que su cadáver.

El director de ABC de Sevilla, en carta de 17 de diciembre, con membrete de «Prensa Española» le contestó irrespetuosamente y puso más acidez en su corazón y más adrenalina en su sangre. Vivía en el puro grito, se desesperaba en la más absoluta impotencia. Se estaba convirtiendo en un viejo cascarrabias, al que le hería hasta el aire cruzado de las puertas del invierno. Se requemaba en sus iras. Cualquier periodista podía levantarle la voz.

«Muy señor mío:
»He recibido una carta, que supongo de usted porque viene firmada

con su nombre y porque de usted puede esperarse todo menos una cosa justa y discreta.

«Una noticia, que no un suelto, publicada en ABC del día 10 da a usted pretexto para acusarnos de mala fe, de mentiras, insidias, calumnias, etc... Esta noticia, retransmitida por una estación de radio, fue recogida literalmente por uno de nuestros taquígrafos y dada a las cajas sin alterar en ella punto ni coma.

«Dice usted que la noticia es falsa. Ante un caso como éste una persona civilizada, occidental y cristiana solicita la rectificación oportuna y se abstiene de insultar a quien no ha dado motivo para ello.

«Respecto al resto de su carta es cosa que no me afecta y a la que no tengo por qué contestar. No es mia la culpa si en España hay *Hunos* y *hotros*. Y *Humanos*.

Juan Carretero»

No era responsable de las cartas que recibía; pero cada día recibía más cartas que no quería recibir. Sus viejas cartas de temas literarios, filosóficos, morales y a veces políticos, las invitaciones académicas y los mensajes elogiosos habían sido sustituidos por las cartas que monótonamente le hablaban de la guerra. Nadie sabía escribir de otra cosa que no fuera la guerra, y eran precisamente esas cartas partidistas las que no quería leer. Eran otra vez las crueles anécdotas de la guerra las que le devolvían sus remordimientos. Con fecha 17 de diciembre, recibió de Sevilla una carta revulsiva de un desconocido, que, antiguo estudiante de la Universidad de Salamanca se encontraba justificado para dirigirse a él con la seguridad de tener el mejor receptor posible para sus noticias y sus reflexiones.

«Muy respetado Sr. mío: Adjunto unas fotografías de Don Antonio Sánchez Puente y sus cuatro hijos, todos (q.e.p.d.) vilmente asesinados por los canallas y criminales marxistas en Antequera. Esta familia asesinada íntima amiga que fue del que suscribe, sólo queda de ella una joven de 24 años, la Srta. Lucila, hija del Sr. y hermana de los jóvenes, cuya fotografía le adjunto. Esta familia carecía de medios económicos y por ello comprenderá la triste situación en que ha quedado la Srta. Lucila.

»Hecho como el precedente, dice más que cuanto se pudiera expresar.
»Que vengan Comisiones de todos los pueblos del mundo y observen lo que han hecho las malas bestias de los marxistas. Como la observación es un criterio de verdad, que vengan y observen lo que ha pasado *antes* y *después* de tomados los pueblos, por las fuerzas del Ejército salvador y lo acaecido antes del movimiento liberador. En Andalucía y Extremadura, podían tomar datos abundantísimos, de barbarie, latrocinio y criminalidad. Si las Naciones cultas así lo hicieran, no quedaría ni un solo representante diplomático cerca del gobierno de Valencia, que no ampara más que a la chusma, y a los bandoleros y a los criminales.
»El Gobierno marxista no es tal Gobierno, jurídicamente hablando...
»He sido alumno de esa Universidad salmantina y ese es el título que tengo para dirigirme a V., sus prestigios y autoridad, han hecho mucho por la causa que defendemos los españoles dignos en servicio de España.
»El que suscribe muy modesto ciudadano, ha enviado a Salamanca, desde Antequera, varias cartas y fotos a la Oficina de Propaganda y Prensa de crímenes cometidos por los marxistas en la referida ciudad malagueña...
»Que este nuevo argumento que le envío haga que su palabra y su pluma, aplaste las canalladas y las injurias de los marxistas...».

Aquellos eran los hombres de carne y hueso, el permanente objeto de su filosofía. Leyó horrorizado aquel testimonio apasionado y pensó en aquella muchacha, huérfana y sola, en medio del claro paisaje andaluz. Otra víctima de aquella guerra insensata, otra consecuencia del resentimiento, como la misma carta testimonial. Un crimen tan brutal sólo podía ser concebido por un loco. Probablemente España era un país atacado por una epidemia de locura. Imaginaba una secuela de resentimientos en las víctimas y en los verdugos. Nadie perdonaba, nadie era cristiano de verdad. Había tanto odio en el crimen como en la denuncia. Había que compadecerse lo mismo de los muertos que de los vivos. El no quería contribuir a perpetuar aquel odio, no quería ser responsable de una sola muerte, no quería ser el portavoz de los rencores. ¿No había dicho

Cristo que había que perdonar? ¿Por qué, entonces, no perdonaba nadie? La conclusión era desesperantemente trágica. Nadie creía en nada. ¿Creía él?

Había algo de confesión autobiográfica en la poesía que escribió, el día 21 de diciembre, sobre un pobre murciélago, colgado del techo de su cueva, en tinieblas y aletargado, en espera del calor estival y de la alegría del vuelo libre, bajo el azul del firmamento. Es conmovedora aquella insistencia última de aquel hombre viejo en las metáforas ornitológicas, de alas abiertas y cielos exultantes, que le purgaban de la angustia de su agonía, encerrado en casa, soñando tiempos mejores, imaginados ahora desde la nada creciente de la muerte. Aquella golondrina ausente y este murciélago prisionero del frío permitían sospechar su decaimiento y su necesidad de espacios libres y de calor estival. Nunca su vocación oculta de pájaro había sido tan manifiesta, ni tan absolutamente imposible. La imagen de la cueva del poema, con el acompañamiento de la nieve que cae y de las nubes que no dejan ver el cielo, componían la metáfora trasferida de su situación personal, en una especie de fábula zoológicamente humana.

«Del techo de una cueva
entre tanto el murciélago
cuelga, por fuera nieva;
nubes velan el piélago
azul del firmamento;
¡pobre ratón alado
que en tinieblas su aliento
retiene aletargado!
cruzará en el estío
su vuelo zigzagueante
con el flechado brío
de golondrina errante.»

¿Ese aliento retenido del pobre ratón alado tenía algo que ver con su obligado silencio de liberal en tierras enemigas, mientras afuera estaba nevando, como en la Salamanca de su agonía? Estaba nevando y la nieve era un recuerdo de la niñez. En 1910 había escrito un poema sobre la nieve:

> «*La nevada es silenciosa,*
> *cosa lenta;...*
> *Posa la nieve callada,*
> *blanca y leve*
> *la nevada no hace ruido;*
> *cae como cae el olvido,*
> *copo a copo...*
> *Nieve, blanda nieve,*
> *la que cae tan leve,*
> *sobre el corazón,*
> *ven y abriga mi tristeza*
> *la que descansa en razón.*»

Nevaba sobre Salamanca, como llovía sobre el corazón de Verlaine, y el espectáculo de la nieve siempre le había rejuvenecido. ¿Le rejuvenecía ahora? Más de diez años después de aquella poesía, en 1922, había vuelto a escribir sobre la nieve, que seguía teniendo para él una pluralidad de significados, entre biográficos y culturales, entre la mirada y la memoria: «Nieva. Espectáculo y sensación que siempre me rejuvenece. ¿Rejuvenecer? ¡Sí, rejuvenecer! Parece que la nieve, en el invierno, debería dar sensación de vejez, y recordar su blancura a la de las canas, y, sin embargo, en navidades, a fin de año y a la entrada del invierno —por lo menos en este hemisferio boreal o ártico, que es donde se formaron las tradiciones y leyendas de nuestra cultura común— en navidades, se celebra la fiesta de la niñez, el culto al Dios Niño. El nacimiento del Hombre-Dios se pone en un paisaje nevado y alto... El invierno de nieve, o la nieve del invierno, tanto o más que la vejez, nos recuerda la infancia. Entre otras cosas, por su desnudez y su blancura. Es lampiño como la infancia. Y el manto de la nieve parece una sábana para recibir a un niño.» Estaba asomado a la ventana y veía caer la nieve sobre el Campo de San Francisco, sobre el torreón de las Ursulas y, más a la izquierda, sobre la torre de Monterrey, que era el decorado exterior de su agonía. Piedras gloriosas, árboles desnudos, metáforas vivas de sus angustias, que repetían el eco de sus vivencias, el paisaje superpuesto de su biografía. Y sobre su pasado, sobre las palabras de su imposible certeza, seguía nevando, como en los inviernos salmantinos de su memoria literaria.

«Desde unas nubes pardas, grises, oscuras, penumbrosas, cae el manto de copos de nieve, del que ya dijo algún poeta que era como una lluvia de plumas de alas de los ángeles, de ángeles que al entrar el invierno cantaron lo de: «¡Gloria a Dios en las alturas, y en la tierra paz!». En la antigüedad, las campañas guerreras se suspendían por razones prácticas y de conveniencia, al entrar el invierno. El invierno era la estación, por excelencia, pacífica. Y la caída de la nieve es un símbolo de paz.»

Pero aquel invierno no había paz en Salamanca y los ángeles, a día 21, se aprestaban ya a cantar las inútiles antífonas de sus consignas celestiales. Se sentía niño ante el espectáculo de la nieve; pero niño traicionado por la cultura. Los belenes idílicos, la nevada pacífica, los símbolos renacientes del solsticio de invierno ocultaban los signos trágicos de los cainitas. La confirmación de su desencanto crecía con el nivel de la nieve. Volvía a ser el niño de la esperanza, resucitado tras el viejo de los recuerdos. Más que blancura de cuna o de piel infantil, el manto de nieve era sudario y blancura sepulcral; en el fondo, hipocresía cultural que ocultaba la oscura rugosidad de la tierra, la informe tectónica de la realidad. Había que volver a las experiencias prelingüísticas de la infancia preverbal de la nada, al desnacimiento auroral de la palabra y reconstruir el mundo desde otro vocabulario, desde otra sintaxis cultural, desde otro sistema de signos. Pero, esto era imposible, puesto que se piensa con palabras y si no hay palabras, no hay pensamiento. El hombre nace con la palabra y es la palabra la que le hace hombre. Vivir es hablar. Pero era duro descubrir que las palabras no le servían para nada, sino para señalizar su desesperación frente a la inutilidad de las palabras.

La nieve era algo más que un fenómeno atmosférico; era un signo recibido de la tradición cultural y era, al mismo tiempo, un estímulo visual y sinestésico, que afectaba a su sistema de regulación térmica. Era una palabra espiritual y una sensación corporal; era igualmente un recuerdo y una historia, un cuadro de Goya y una página de Tolstoi, era un color y una metáfora. Y para él, asomado a la ventana, desde la cárcel de su casa, era un incordio y un desencanto. Como el pobre murciélago de su poema, mamífero alado, soñaba con la liberación estival de un cielo infinito, mientras seguía cayendo la nieve silenciosa y opaca.

«Lo más simbólico de la nevada, en efecto, ...es su silenciosidad. Silenciosidad más bien que silencio. La nieve es silenciosa. El agua de la lluvia, y más si ésta es fuerte, rumorea y a las veces alborota en el ramaje de los árboles, en las hierbas del pasto, en los charcos en que chapotea. La nevada, no; la nevada cae en silencio, y llenando los huecos, iguala el sobrehaz de las cosas. La silenciosa nevada tiende un manto, a la vez que de blancura, de nivelación, de allanamiento. Es como el alma del niño y la del anciano, silenciosas y allanadas. ¡Los largos silencios del alma del niño! ¡Los largos silencios del alma del anciano! ¡Y la blancura allanadora de la una y de la otra!»

Pero esto lo había escrito cuando no sabía lo que era la ancianidad, porque ahora, probablemente, no escribiría lo mismo, sabiendo que su ancianidad era sólo blanca por fuera y nada silenciosa y allanadora, sino quebrada y ruidosa, con el estrépito de la guerra civil y las aristas de sus remordimientos a flor de piel. Una vez más, la realidad no le hacía caso a sus palabras. La mirada de la madre, frente a la que había nacido su ser, ya no existía, y su transferencia a la sociedad, que le había consolado de la pérdida del paraíso de la infancia, le había conducido al aislamiento en que se encontraba. Agonizar era estar solo, lejos de la reconfortante mirada de los otros, como había estado antes de que la mirada de la madre le diera el ser; volver al confuso desamparo primitivo; sentirse al final de una larga involución; demandar inútilmente el reconocimiento de su existencia. Ya ni tan siquiera Salamanca iba a quedar para servirle de testigo, porque, contra todas sus previsiones, apoyadas en veintitrés siglos de historia, por lo menos, aquel «alto soto de torres», nacido de las entrañas de la ciudad, al que había encargado, suplicante y menesteroso, que testimoniara sobre su existencia y proclamara, con su lenguaje de piedra, después de su muerte, que había sido, en los repetidos crepúsculos encendidos,

(«Y cuando el sol al acostarse encienda
el oro secular que te recama,
con tu lenguaje, de lo eterno heraldo,
dí tú que he sido».)

podía volar por los aires, cualquier día, en un bombardeo; es decir, que ya ni siquiera era segura la eternidad de Salamanca, que le había parecido fuera del tiempo, al margen de la historia de los hombres y dentro de la historia de las palabras, autosuficiente y plural, hermosura sin justificación, signo de sí misma; aquélla, de la que había dicho «es todo el mundo y detrás no hay nada», podía desaparecer, destruida por aquel ataque de locura colectiva que invadía el todo.

Porque España estaba loca; aquel que había sido uno de los ejes de su pensamiento, uno de los todos de su racionalidad mitológica y metafórica, era una ficción más; toda su vida hablando de España, para terminar en esta sucia historia de crímenes y resentimientos. Ahora resulta que la racionalidad, fuera de su interior, del espacio acotado de su cabeza, no existía, lo que no dejaba de ser una triste confirmación de sus sospechas. Agonizar era reconocer definitivamente la racionalidad inorgánica de la que había salido, en que había nacido su necesidad de ser, la que había decidido toda su vida espiritual. Su

Salamanca objeto salvado de las aguas de la racionalidad histórica, ya no existía, ya no era aquel refugio de los buenos tiempos, ya no era la transferencia de la madre, el sosiego de la intrahistoria, que crecía, secular, como las encinas; ya ni siquiera era una capital de provincia, sino la capital de una rebelión armada, el centro de las decisiones que más le herían y que le iban llevando hacia la muerte, el núcleo de una tragedia total, la tragedia de su agonía, el final de su liberalismo modular, la cuna vieja de su tumba nueva. Morir así era una cabronada, que no se la había esperado nunca.

Porque su prédica había sido inútil; sólo le quedaba, tieso como un huso, duro como un pene en erección y severo como un huracán, su YO, el punto de partida de todas sus equivocaciones. El moreno del aire libre se le había ido de la piel, que iba adquiriendo la blancura súbita de la vejez, del ostracismo y de la decepción. Ya no era más que un viejo solo, amordazado y encarcelado. Las interminables veladas junto al brasero de la mesa camilla resultaban enervantes para su organismo, que se apagaba sin sus paseos diarios, sin el oreo de sus pulmones, sin los horizontes estimulantes de sus caminatas por el campo. Leía algo de los pocos libros que tenía en casa y añadía algunas frases, al hilo de una noticia o de una conversación, a su proyecto de «El resentimiento trágico de la vida», con letra cada vez más desvaída; hablaba con su nieto Miguel y con su hija Felisa, que le atendía las intemperancias de su vejez, y se ahogaba en el encierro voluntario de su casa, que rompía de vez en cuando, impulsado por su curiosidad y su avidez de vida. Pensó que le gustaría volver a la Universidad, cruzar otra vez sus claustros, encontrarse con el gesto pacificador de fray Luis de León, sentir en su mano la piedra secular de la ciudad y rehacer la esperanza desde el fondo de sus recuerdos.

Alguna vez, se asomaba a la ventana a ver pasar la nada, a ver quedar la historia, contra la que siempre había luchado tan ardorosamente, que ahora le parecía ridículo. Desde su balcón, veía la historia monumental, indiferente a sus angustias, compañera de su decrepitud y de su condena. Miraba el cielo anubarrado y persistente, sentía el frío de la intemperie, que sólo se lo podía quitar de sus huesos de viejo en el brasero, entre los faldones de la camilla de sus lecturas y de sus apresuradas notas de salvación, antes de que fuera demasiado tarde, porque, como les repetía a los pocos amigos que le visitaban, moriría como su mujer, «pero más deprisa, más deprisa». Por la calle, cruzaban gentes que no conocía, enemigos en potencia, ajenos a su mirada tras los cristales, indiferentes a su soledad. Aquel mismo día 21 de diciembre, asomado al cielo estrellado e invernal, con la sensación de ahogo de su reclusión, prisionero de sí mismo y de su pasado, circunscrito en el recinto establecido de sus palabras escribió un soneto.

«Cuán me pesa esta bóveda estrellada
de la noche del mundo, calabozo
del alma en pena, que no puede el gozo
de su todo gozar, prendida en nada.

»Ay, pobre mi alma eterna encadenada
de la ilusión del ser con el embozo
de la verdad de veras en el pozo
en que está para siempre confinada.

»Qué chico se me viene el universo
y qué habrá más allá del infinito,
de esa bóveda hostil en el reverso,

por donde nace y donde muere el mito?
Deje al menos en este pobre verso
de nuestro eterno anhelo el postrer hito.»

Nuevamente, un poema carcelario, en el que la prisión se agrandaba hasta ser todo el universo, Es la noche estrellada de fray Luis de León, pero vuelta del revés; lo que allí era liberación y orden, aquí es angustia opresiva y cielo hostil, y lo que allí eran perfectos engranajes siderales, sin secretos, aquí es solamente pregunta testimonial, que ni siquiera espera respuesta. Y lo que allí era optimismo renaciente, pasado por la fe cristiana, aquí se convierte en acumulación de signos negativos, en amontonamiento de oscuras metáforas carcelarias: bóveda pesante, noche del mundo, calabozo del alma, eternidad encadenada, pozo y confinamiento. Es el poema de un condenado que se interroga sobre la realidad exterior, más allá de la bóveda infinita que le oprime. No es ni siquiera una protesta, sino una interrogación. También fray Luis de León se sentía, prisionero del mundo, «en sueño y en olvido sepultado», «en esta cárcel, baja, oscura», pero la contemplación de la noche estrellada le liberaba y pacificaba sus inquietudes, mientras que para aquel hombre viejo, también desde la misma Salamanca luisiana y universitaria, la bóveda celeste era un signo hermético, sin un significado evidente, como un ser humano, que le provocaba desasosiego.

Y lo peor de todo es que el condenado estaba prendido de la nada, con la ilusión del ser. Vuelto a sus esencialidades, aquel hombre viejo vivía una vez más su constituyente oposición entre el ser y la nada. Como un autorretrato de última hora, la metáfora de la cárcel y el irresoluble suplicio entre el ser y la nada quedaron fijados en este soneto, escrito en la doble prisión de su casa y de su universo. Nunca como en aquellas vísperas invernales, encerrado entre las cuatro paredes de su inmanencia, sintió con más fuerza, con más decrépita intensidad, la necesidad de ser frente a la nada, que le iba comiendo el terreno. Había sido escritor, había sido marido, había sido catedrático, había sido padre, había sido rector, había sido viajero, había sido político, había sido exiliado y había sido tonto; pero ahora ya no era nada, amordazado y arrinconado, como una sombra de los que había sido. Y tenía que ser, por lo menos, un hombre que se hacía preguntas, asomado al balcón de una noche estrellada de diciembre, mientras la guerra civil reponía fuerzas para seguir. Aquella pregunta angustiosa le conseguía el ser, aunque la mirada de la madre, que era la mirada de Dios, no estuviera allí para confirmárselo. Prendido en la nada, continuaba con la ilusión del ser, como al principio de su vida.

No había sido nunca un hombre ventanero, pero ahora el enclaustramiento casero le obligaba a asomarse a la ventana para cambiar el decorado de sus metáforas visuales. Allí, a la derecha, tenía «esa torre de la Ursulas que levanta su crestería por sobre los álamos pelados de invierno», y pensaba, como había pensado en 1914, que «este agrietado torreón, con los calados de las cresterías, con los canecillos que, desde cada uno de sus contrafuertes, amagan lanzarnos un agua del cielo que tan rara y tan caprichosamente baja, ese agrietado torreón es también parte de la patria. De su cuerpo al menos. ¿Sólo del cuerpo? Los hombres que construyeron esas piedras y que dejaron en ellas su alma, su idea, ¿no nos dejaron ahí idea de la patria?». Pero ya no podía seguir pensando, como entonces, cuando había escrito, frente a este mismo escenario, al que ahora se asomaba, igualmente preocupado: «sin sangre de hermanos no hay patria posible. Los cimientos de la patria, si han de ser firmes, han de estar amasados con sangre de guerra civil. Pero la patria es la torre de Babel, después del diluvio. El arca flotante no es todavía patria». Se asustaba de lo que había pensado antes, porque, aunque su «sangre de guerra civil» no era más que una metáfora, aquella metáfora se había convertido en realidad y la tenía delante de los ojos.

Y seguía mirando al viejo torreón y se acordaba, con horror, de lo que había escrito hacía más de veinte años, por aquella misma época, a finales de año, también en un año trágico, el 14, aunque no tan trágico como éste del 36: «El torreón de las Ursulas, de Salamanca, miembro del cuerpo de la patria, me habla en castellano. Y me dice del anhelo de subir a un cielo desnudo, que escalda y arrece, y contra el cual hay que defenderse luego. Y pienso en la misión de mi patria... ¿cuál es nuestra misión, nuestro deber común? ¿Conservarnos?, pienso mirando el agrietado torreón de las Ursulas. Los viejos monumentos se arruinan; no sirve poner cinchas de hierro a los decrépitos cimborrios... Lo que hay que buscar es el alma que levantó esas piedras... Levanto la vista al torreón de las Ursulas. Aquí, cerca de él, a mi otra mano a mis ojos también, se alza la torre de Monterrey, a la que canté antaño:

> «*Torre de Monterrey, soñada torre
> que mis ensueños madurar has visto,
> tú me hablas del pasado y del futuro
> Renacimiento.*»

«Y pienso en el Renacimiento, cuando alboreó conciencia de patria. ¿Qué se ha hecho de ella? Hemos tenido que cubrirla con un tejado, como a la cumbre del torreón de las Ursulas, contra la inclemencia del cielo, que vomita fuego y heladas. Hemos tenido que poner sobre los brazos de la patria escudos para las canículas y las escarchas... ¡Bendita de Dios la íntima guerra civil, aquí siempre latente, que es la que ha de darnos conciencia de lucha y conciencia de patria, que es la que ha de darnos patria!». Se avergonzaba en parte de lo que había escrito, porque no le habían entendido, porque no había querido decir lo que parecía que había querido decir. Aquella guerra civil latente no era esta guerra civil explícita y manifiesta; aquella era una guerra civil íntima y ésta era todo menos íntima. Pero, si la guerra civil íntima no fuera más que el preámbulo, el ensayo personal de la otra, entonces él tendría razón y la idea de patria era el obstáculo para la paz. ¿Habría, entonces, que suprimir esta idea, para evitar guerras como ésta?, ¿habría tenido razón y se habría equivocado, al mismo tiempo?, ¿la idea de patria implicaba la guerra civil y la guerra era aquello que tenía delante, aquel suicidio colectivo, aquella carnicería?

Allí, en el brasero, se sentía cansado, envejecido y abrumado de remordimientos; se acordaba de una poesía que había escrito en Hendaya, durante su destierro, en el mes de abril del 26, que había expresado una falsa premonición de muerte, como ahora que se llenaba de aprensiones:

> *«Se acerca tu hora ya, mi corazón casero,*
> *invierno de tu vida al amor del brasero*
> *sentado sentirás,*
> *y tierno derretirse el recuerdo rendido*
> *embalsamando al alma con alma de olvido*
> *de siempre y de jamás...*
> *Y pasará tu vida, mi alma, mi vida,*
> *sombra de nubecilla en la mar adormida*
> *de la loca razón;*
> *al fin despertarás por debajo del sueño*
> *sin llegar a gustar la carne de tu empeño,*
> *¡cansado corazón!»*

Un día se acercó hasta la Universidad y allí encontró a Gil Robles, huido también como él. Todo estaba vacío, con los estudiantes ausentes. El invierno ponía más frío todavía en las losas del claustro. Con Gil Robles había discutido muchas veces y había escrito contra él y ahora se encontraban los dos unidos por el enemigo común. La suya sí que había sido una guerra civil íntima, porque había sido una noble guerra civil de palabras. Pero también había sido inútil, porque había conducido a esta otra guerra civil cruenta, que llenaba la ciudad y llenaba todas sus vidas, la suya y la de Gil Robles y la de aquellas gentes que corrían a ver el relevo de la guardia, delante del Palacio del señor obispo, desde donde el general Franco dirigía aquella guerra. En aquellas circunstancias era una cruel ironía desearse felices Pascuas y feliz Año Nuevo, mientras los alemanes del «Hotel Pasaje», según contaría el Almirante Cervera, preparaban su celebración navideña en el campo charro de Pedrollén, la finca de entrenamiento de los falangistas, cerca de Salamanca, donde hacían sus ejercicios de tiro y sus maniobras paramilitares. «Estamos en la alegre fiesta de Navidad, escribió el almirante Cervera, comiendo el pavo a deshora, los cinco marinos que componemos el Estado Mayor de la Armada. El comedor del "Hotel Pasaje" desierto, porque los jóvenes alemanes de la Legión Cóndor fueron al campo a celebrar la fiesta con buen cargamento de patos y cerveza. Los admiramos. Nieva y hace un frío glacial.» Aquel hombre viejo pasó una Nochebuena entristecida por las ausencias.

Había estado leyendo algunas poesías francesas, el día 25, día de Navidad, y sintió, una vez más, la tentación de comentar poéticamente sus lecturas, con el rigor y la inspiración de un soneto, con el que continuó su «Cancionero» íntimo, que de tantas tensiones le estaba liberando en aquellos días de encierro invernal. Nuevamente, fue más allá de la frontera de su cárcel, que ya no era sólo su casa, y su Salamanca, sino su país. Como en el caso del verano de la golondrina o del cielo luminoso del murciélago, la libertad ahora se llamaba Francia y la añoranza de los días pasados en aquella tierra se sumaba a las tristezas de su prisión en España.

> *«Dos sonetos cantándome en francés:*
> *"Quand vous serez bien vieille", claro y corriente,*
> *"Je suis le tenebreux", hosco y ardiente,*
> *llevan mi fantasía por sus pies.*
>
> *Ronsard muéstrase entero en el envés*
> *de su canto rendido y renaciente;*
> *Nerval —¡cuerda [cordel, lazo] fatal—*
> *está pendiente*
> *de su "torre abolida" en el revés.*
>
> *Y yo en mi hogar, hoy cárcel desdichosa,*
> *sueño en mis días de la libre Francia,*
> *en la suerte de España desastrosa.*
>
> *Y en la guerra civil que ya en mi infancia*
> *libró a mi seso de la dura losa*
> *del arca santa de la podre rancia.»*

Había leído autobiográficamente los dos sonetos y, al claro envejecimiento de Ronsard y al tenebrismo de Nerval, añadió su guerra civil repetida y liberadora. La premura y la feroz tiranía de los tercetos no le dejó tiempo para señalar la losa que su segunda guerra civil le había quitado de encima de la cabeza; pero, no obstante, junto a la nostalgia de la libertad de Francia, dejó constancia de su situación de prisionero y de una nueva lucidez que la guerra civil le aportaba. ¿Era la lucidez del desencanto total?, ¿la del nihilismo final, que siempre le había tentado, atraído por la nada germinal y confirmado por su última decepción? Había en el soneto una creciente desesperanza, desde la serenidad ronsardiana de la vejez, pasando por el suicidio nervaliano, hasta su angustiosa lucidez de prisionero, inútil y despiadada.

La memoria se le llenaba de otras tierras, de otros soles, de otros tiempos y de otros proyectos. Había abandonado sus notas para «El resentimiento trágico de la vida», que se habían detenido en el blanco voraz de la cuartilla inmaculada, que desvelaba el desánimo, las dudas, quizás el cansancio y probablemente la muerte. Se acordaba de un párrafo del libro que había leído con más intensidad y con más frecuencia en su vida, el «Obermann» de Sénancour, como otra nostalgia más que le cercaba: «Si llego a la vejez, si un día, lleno de pensamientos todavía, pero renunciando a hablar a los hombres, tengo junto a mí a un amigo para recibir mis adioses a la tierra, póngase mi silla sobre la yerba corta, y tranquilas margaritas ante mí, bajo el sol, bajo el cielo inmenso, a fin de que al dejar la vida que pasa, vuelva a encontrar algo de la ilusión infinita». Era un texto que lo había citado en alguno de sus artículos, del que ya no se acordaba. Era hermoso poder recordar aquellas palabras en aquel encierro ciudadano en que vivía. Veía la yerba, las margaritas y el cielo inmenso, que le dejaban un gusto a libertad, en aquella Salamanca hosca y cerrada de la guerra, mientras nevaba sobre el Campo de San Francisco, junto al que había vivido, al poco tiempo de venir a esta ciudad. Y era curioso que, cuando estaba desterrado en París, pensaba que el centro del universo estaba, aquí, en el humilde Campo de San Francisco, y ahora daría cualquier cosa por estar en Francia, incluso en aquel París de sus desdichas.

Cuando estaba en París, en 1924, vivía junto a un parquecito provinciano, en la plaza de los Estados Unidos, al que solía bajar, cuando, como decía, quería arar y binar su soledad, heñir su morriña, amasar su nostalgia. Y allí, «sin tener que cerrar los ojos» soñaba y reveía aquel Campo de San Francisco, de su Salamanca, «donde, decía, tantos ensueños he brizado, donde tantos porvenires he soñado. Porvenires míos y de los míos, porvenires de mi Salamanca, porvenires de mi España». ¿Qué había ocurrido para que ahora quisiera ir a soñar porvenires a Francia, lejos de su querido Campo de San Francisco? Y, ¿qué porvenires iba a soñar, solitario y abandonado, desesperado y viejo, con la familia dividida y con España deshecha y agonizante? Tenía delante de los ojos el Campo de San Francisco, verde y blanco bajo la nieve, y lo miraba otra vez desde el destierro, en el que ya empezaba a estar, y se acordaba de lo que había escrito, desde la nostalgia de la distancia y la proximidad de la memoria:

«Allí, en aquel bendito Campo de San Francisco, campo franciscano, en aquel rincón de remanso, donde he oído tantas veces el rumor de las aguas eternas, ¡allí sí que estaba en el centro del Universo!... Y en este fin del otoño de mi vida, otoño dorado también, cuando siento ya el aire del blanco invierno —blanco y negro a la vez, negro con capa blanca—, que me viene del porvenir, no del pasado, en este fin del otoño de mi vida, ¡cómo te aprieto contra el corazón en este parquecito parisiense, en esta plaza de los Estados Unidos, franciscano Campo de San Francisco de mi dorada Salamanca... Y sueño en el porvenir de nuestra España y en él dormir el sueño de la libertad final, arropado en tierra española y bajo el cielo que alumbra y calienta el suelo de nuestros muertos.»

¡Dios mío! ¿qué había pasado con aquel porvenir que soñaba en 1924? Aquel porvenir era esta sucia guerra, esta oscura amenaza, estas listas de muertos. Nunca había pensado que el porvenir fuera esto, esta locura comunal, esta sangrienta noticia del futuro. El Campo de San Francisco ya no era el centro del Universo, era un parque pobretón y abandonado en el que no se podía soñar el sueño de la libertad final. ¿Moriría frente a él, lo mismo que junto a él había nacido a Salamanca? ¿Se completaría el círculo de su vida en Salamanca, es decir, en el mundo, allí mismo donde había empezado? Diciembre se cerraba sobre sus sueños y el sol ausente multiplicaba los signos del acabamiento.

Seguía haciendo mucho frío y el brasero era una necesidad imprescindible. A las visitas que venían, les decía que se encontraba muy bien; pero le entristecía pensar que estar bien era no pensar, no escribir, no hacer nada, pasar horas eternas arrebujado en el brasero, dormitar a veces, dejarse invadir por la molicie de la inanidad, irse convirtiendo en una cosa, que ni piensa, ni siente, sobre todo ni siente. De vez en cuando explotaba su ira por alguna palabra, por alguna noticia, por alguna persona. Cada día aguantaba menos a los falangistas del yugo y las flechas, que le provocaban una irritación irremediable, con sus declaraciones de filialidad y las confesiones de sus remordimientos. Eran como explosiones de mal humor, que le hacían afluir a la cabeza oleadas de sangre y soltar cargas de adrenalina en el torrente circulatorio, que reciclaban su indignación, y le dejaban ansioso y deprimido a la vez. Y en cuanto lo dejaban solo, volvía a abrir las compuertas de los sueños y huía de aquella realidad inhóspita que lo vencía.

«Au fait, se disait il a lui même, il parait que mon destin est de mourir en rêvant»
Stendhal, «La Rouge et le Noir», LXX

«Morir soñando, sí, mas si se sueña
morir, la muerte es sueño, una ventana
hacia el vacío; no soñar, nirvana;
del tiempo al fin la eternidad se adueña.

Vivir el día de hoy bajo la enseña
del ayer deshaciéndose en mañana.
Vivir encadenado a la desgana
es acaso vivir? y esto ¿qué enseña?

Soñar la muerte no es matar el sueño?
Vivir el sueño no es matar la vida?
A qué al poner en ello tanto empeño

aprender lo que al punto al fin se olvida
escudriñando el implacable ceño
—cielo desierto— del eterno dueño?»

El 28, día de los santos inocentes, escribió este soneto de un vigor juvenil y de una densidad formal admirables. La muerte, el sueño y el tiempo son los temas de su meditación poética, que no daba señales de agotamiento. La muerte es una cita constante de sus versos de aquellos días. Las preguntas martirizaban el ritmo de los endecasílabos y el desencanto nihilista, o nadista, como él diría, dominaba el significado de todo el poema. La muerte es un sueño, una ventana hacia el vacío y la vida, encadenada al tiempo, no era vida. Soñar tampoco conducía a nada y vivir, preguntándole a un cielo desierto, tampoco merecía la pena. Lo único real es el propio poema, la ordenada acumulación de palabras que sustituye a la vida, el envoltorio que se justifica a sí mismo, sin nada dentro. Las afirmaciones se cruzan y se invalidan: morir soñando equivale a soñar viviendo y vivir soñando es morir viviendo. Las afirmaciones del primer cuarteto se deshacen, erosionadas por las insistentes preguntas que dominan el resto del soneto. Vivir y soñar es preguntarse, nada más que preguntarse, preguntarse con la sospecha de que no hay respuesta más allá de un cielo donde no hay nada y que no es más que una fuente de angustias implacables y ceñudas de una eternidad poderosa y problemática, que acaba dominando al tiempo.

Junto al brasero, su cabeza era una antología de paisajes. El Pagasarri, excelso y patriarcal, el desnudo Gredos altisonante, «la visión del Támega cruzando el encantado rincón de Amarante en tierras de Portugal», el bravo mar de Fuerteventura, un crepúsculo rojo y glorioso sobre Salamanca, la nostalgia de Hendaya frente a la frontera, con Fuenterrabía al fondo. Volvían los paisajes y las anécdotas de su niñez y de su juventud, se rodeaba de pasado contra la agresión del presente. Soñaba que vivía y se agarraba a los recuerdos como si fueran esperanzas. El Arenal de Bilbao, el huerto de su abuela en Deusto, con olor vegetal y mimos femeninos, la calle de la Cruz, donde había vivido más de veintiséis años, cerca del Portal de Zamudio, frente a Artecalle y la Tendería, Guernica, donde había llegado una vez a las diez de la mañana, cuando el cielo estaba azul y el campo verde, subiendo por la calle que llamaban del Hospital, a la hora en que la gente salía de misa mayor de Santa María y marchando luego a Santa Clara, como llamaban allí al lugar donde está el Arbol sagrado de la tradición, un partido de pelota en el frontón de Abando, entre Indalecio Sarasqueta (El Chiquito) de Eibar, y Vicente Elícegui, de Rentería, contra Francisco Alberdi (Baltasar) y Juan José Eceiza (Mardura), los dos de Azpeitia, a cincuenta tantos y a sacar todos de los cuatro cuadros, una tienda angosta del Bilbao de su niñez, en la que recordaba «un banquillo lleno de piezas de tela, paños rojos, azules, verdes, pardos y de mil colores, para sayas y refajos» y, colgados de la puerta, «pantalones, blusas azules, elásticos de punto abigarrados de azul y rojo, fajas de vivísima púrpura, pendientes de sus dos extremos, boinas y otros géneros, mecidos todos los colgajos por el viento noroeste», la romería de San Marcial en Vergara, en el castañar, con las reinas «vestidas de canarios, con flamantes chales amarillos», un 30 de junio, con «olor a campo fresco y a guisos suculentos», y los chimbos y los chimberos.

El día 31 amaneció más frío, si cabe, que los días anteriores. La nieve se había helado sobre las calles y los canalones rotos de las casas se prolongaban en los carámbanos llorones. A las ocho y media le llevaron al hombre viejo el desayuno a la cama y se levantó hacia las diez; más tarde estuvo jugando con su nieto y le leyó algunos cuentos. Después de comer había concertado una entrevista con el joven falangista Bartolomé Aragón, que había venido del frente y quería hacerle una visita, como en otras ocasiones. Su hija Felisa y su nieto Miguel se fueron a ver los belenes y en la cocina se quedó trajinando Aurelia, la criada. La casa estaba en silencio, cuando llamó a la puerta, un poco antes de las cuatro y media, Bartolomé Aragón, al que aquel hombre viejo recibió con un optimista saludo, que ocultaba su real situación física y espiritual: «Me encuentro mejor que nunca», y se sentó después a la mesa camilla de sus días invernales. El joven profesor falangista le miró con respeto y esperó sus palabras, que no tardaron en llegar.

«Amigo Aragón, le agradezco que no venga usted con la camisa azul, como lo hizo el último día, aunque veo que trae el yugo y las flechas... Tengo que decirle a usted cosas muy duras y le suplico que no me interrumpa. Yo había dicho que la guerra de España no es una guerra civil más, se trata de salvar la civilización occidental; después dijo esto mismo el general Franco y ya lo dicen todos.»

El joven Bartolomé Aragón lo escuchaba atentamente, mientras aquel hombre viejo continuaba su monólogo, que se le iba exaltando poco a poco, entre citas históricas y arqueológicas y críticas a los falangistas, mezcladas con recuerdos de gentes conocidas y comentarios sobre pueblos extranjeros y sus características en relación con el pueblo español, en términos poco favorables para éste. El visitante amablemente le ofreció a aquel hombre viejo un ejemplar de la publicación «La Provincia de F.E.», de Huelva; pero no quiso aceptarla.

«No quiero verlo. No quiero ver esas revistas de ustedes, porque... ¿cómo puede irse contra la inteligencia?»

No había olvidado lo del Paraninfo y en sus cartas privadas y en sus notas íntimas culpaba a los falangistas de su situación; pero su sentido de las relaciones humanas, le impedía manifestárselo a su joven amigo, que, convencido de lo que decía, le contestó con amabilidad y una cierta timidez ante aquel hombre viejo, consumido de ansiedad, arrugado por la vejez, con la mirada brillante por la irritación y las manos tenaces y agitadas sobre los faldones de la mesa camilla, mientras la pobre luz invernal empezaba a empobrecerse más todavía en el exterior, hostigada por el frío: «Don Miguel, Falange ha hecho un llamamiento a los trabajadores de la inteligencia». Al hombre viejo se le saltó el estupor y le miró incrédulo a su joven interlocutor, desde la cándida veteranía de sus canas y la palidez mortal de su rostro irascible.

«¡Cómo!» exclamó entre la sorpresa y el rechazo, con su indignación a flor de piel.

Eran un viejo liberal y un joven falangista, tratando de encontrar un terreno común para la conversación. Tenía el convencimiento de haber vivido aquella situación anteriormente, con Víctor de la Serna, con González Oliveros, con Giménez Caballero, que se empeñaba en utilizar sus propios libros como demostración de las tesis falangistas. Bartolomé Aragón continuó su discurso político, que le encendía la sangre al viejo e impaciente profesor: «Sí, sí, lo ha hecho y le prestarán su apoyo, no lo dude usted». No lo oyó, no quiso oírlo y lo dejó caer en el silencio de su cansancio y de su indiferencia. Apenas había comenzado la visita y ya estaba terminada. Todavía no eran ni siquiera las cinco y abandonó la conversación en la inercia del silencio, en el que entraban también sus deseos de callar, de no exaltarse, de no violentar aquel encuentro que tenía la obligación de agradecer.

Crecían el frío, el distanciamiento y la tarde. Cerró los ojos para recoger su irritación y oyó la frase que le quemaría como una lengua de fuego, que le haría estallar como un huracán y enloquecer como un torrente: «La verdad es que, a veces pienso, si no habrá vuelto Dios la espalda a España, disponiendo de sus mejores hijos». La palabra hijos fue como un estrépito luminoso en su cerebro y la palabra Dios y la palabra España le rajaron la memoria como un navajazo. Ya no podía volverse atrás; lo que tenía que decir, tenía que decirlo; las precauciones eran inútiles y su vocabulario era insuficiente para el volcán de ideas que se le atragantó en la cabeza. Y gritó; gritó como no había querido hacerlo, como se había estado aguantando las ganas de hacerlo, como no debía hacerlo. Gritó y hasta Aurelia, la criada, lo oyó desde la cocina y se movió presurosa, asustada, servicial y generosa. Gritó con su voz aguda y gritó con la mano que golpeó la mesa camilla, como con un signo de exclamación, como un repetido paralelismo de su voz, como una afirmación que prolongaba el significado de las palabras pronunciadas y reforzaba los signos de su indignación hasta donde la semántica no llegaba. Y gritó como si fuera joven, como si no fuera un viejo que se estaba muriendo y que se apagaba día a día al amor del brasero, en el sopor del tufo cotidiano que le envenenaba un poco más cada vez, en aquel ominoso encierro, en aquella Salamanca, que había soñado siempre como un «plateresco rosal de otoño, con la encendida amarillez de la tarde del Renacimiento en las hojas». Y gritó para terminar, para cerrar aquella situación, para ahogar el diálogo, para sucumbir una vez más a la tentación del monólogo, para irse a otro tema, para cortar, para mentir, para que le dejaran en paz, para volver a soñar, para vivir soñando. Y gritó:

«¡Eso no puede ser, Aragón! ¡Dios no puede volverle la espalda a España! ¡España se salvará porque tiene que salvarse!»

Pero, como había descubierto en aquella sucia guerra, ya no sabía lo que significaba la palabra España. ¿Qué es España? Entre los muchos conceptos y creencias que la guerra civil le había obligado a poner en cuarentena, uno era el de España. Había estado cuarenta años escribiendo aquella palabra, incluso la había convertido en uno de los centros satélites de su pensamiento, alrededor del sentimiento de su Yo, y ahora, cuando más lo necesitaba, no sabía lo que tenía dentro, no conocía su significado. Era una noción puramente geográfica, una acumulación de paisajes y de rostros, de olores y de metáforas, de experiencias y de sensaciones gratificantes y dolorosas. Pero su realidad espiritual, que era la única realidad que él apreciaba, se le hacía problemática, porque la guerra civil había acabado con todas sus seguridades y arrasado todos los datos sobre los que había creado lo que él creía la realidad espiritual de España. Como si hubiera vuelto a nacer y tuviera que ir aprendiendo el significado de las palabras más evidentes.

¡Dios mío, cuántas veces no habría pronunciado aquella palabra trisílaba, con la magia de la trilogía tradicional y la ñ diferencial! ¡Cuántas veces no la habría escrito y cuántas veces no la habría soñado! Su devoción por el Todo, nacida de la exacerbación del sentimiento de su propio Yo, le había llevado a transferir a la palabra España una de las múltiples encarnaciones de aquel Todo estructural, tejido frente a la amenaza aterradora de la Nada. España había sido para él, la versión política, histórica y social de su idea de la totalidad, hegelianamente construida de la suma de las parcialidades heterogéneas. A esta creencia central de su sistema ideológico, había sacrificado la conciencia de la singularidad de su país de origen, el país vasco de su primera tradición espiritual. El separatismo vasco atentaba contra aquel Todo medular de su pensamiento sentimental, hecho de aluviones de rechazos y de afirmaciones personales. España era un Todo al que podía transferir su Yo, que era el Todo total, que abarcaba a todos los todos de su pensamiento, absoluto como el de un adolescente.

De su punto de partida, su Bilbao natal y su contorno vasco, había pasado, tras su instalación en Salamanca, al concepto idealista de Castilla, nacido por intuición al contacto de los campos salmantinos, de las sufridas encinas seculares de la llanura castellana y de los textos religiosos de la literatura española del siglo XVI, en especial de Fray Luis de León. Después, Castilla se le transformó en España y España, que era todo el pasado y todo el porvenir, cumplió los requisitos exigibles para su integración en el Todo y se convirtió en otro Todo de su Todo esencial, necesariamente opuesto a las nadas singulares de sus partes. Y la estructura mitológica y metafórica de su pensamiento enfatizó aquel concepto hasta la irracionalidad y España se le transformó en una realidad espiritual intocable, suprema y eterna, sin mancha de pecado original. Incluso le llegó a doler España, como si fuera una parte de su organismo fisiológico, como un miembro o una víscera, como un rincón de su cuerpo o una parte de su alma. Y era tal su adhesión sentimental e intelectual a este concepto de España que llegó a identificarlo con su propio yo, pues, como escribiría el prof. Elías Díaz, «la simbiosis Unamuno-España va a llegar a configurarse como auténtica y total identificación, trasvase mutuo de los recíprocos problemas. Unamuno llegará a verse como una España en pequeño y su visión hará de España un Unamuno en grande; el ser de ambos, por supuesto, coincidirá: contradictorio, agónico, en eterna e inacabable lucha consigo mismo» y, Max Aub: «Don Miguel siempre creyó ser España».

Desde su primer ensayo sobre la realidad española, en su libro «En torno al casticismo», escrito en 1895, en el que fijó su concepto de España, identificado con la historia, la tierra y los hombres de Castilla, ya no lo volvió a cambiar nunca y sus experiencias resbalaron sobre la dialéctica queratinizada de su pensamiento. En aquel libro casi primerizo había escrito que «si Castilla ha hecho la nación española, ésta ha ido españolizándose cada vez más, fundiendo más cada día la riqueza de su variedad de contenido interior, absorbiendo el espíritu castellano en otro superior a él, más complejo: el español», y había descrito el proceso hacia aquel Todo que era la unidad de España, analizando «las causas que produjeron el predominio de Castilla en la Península Ibérica» y llegando a la conclusión de que, en aquellos tiempos aurorales, en la Edad Media, «la necesidad mayor era la de constituir una unidad de la península española, una unidad frente a las otras grandes unidades que iban formándose... En España llevó a cabo la unificación Castilla, que ocupa el centro de la Península, la región en que se cruzaban las comunicaciones de sus distintos pueblos, centro de más valor que ahora entonces, que en la crisis de la pubertad nacional las funciones de nutrición predominaban sobre las de relación (si bien, y no olvide esto el lector, la función nutritiva es una verdadera función de relación)... Castilla era un emporio del comercio español de grano y verdadero centro *natural* de España». Este razonamiento histórico le había servido para darle la razón y desde entonces ya no cambió nunca más su teoría de España.

En el mismo libro, acumuló vivencias y sensaciones, erudición y confesiones personales para consolidar su intuición de España como unidad: «Esta vieja Castilla formó el núcleo de nacionalidad española, y le dio atmósfera» y «la vieja idea castellana castiza encarnó en una literatura... así como el fondo de representaciones subconscientes en el pueblo de que aquélla brotó, en una lengua». Paisajes, gentes, símbolos, costumbres, sentimientos, pasiones y política fueron añadiéndose a la intuición germinal de la idea de España. Porque España se habría hecho a semejanza de Castilla y Castilla estaba determinada por su paisaje y sus formas de vida y de sueño, sus habitantes y su clima, sus hazañas y su moral. Era «la tristeza reposada de ese mar petrificado y lleno de cielo»; era «un paisaje uniforme y monótono en sus contrastes de luz y sombra, en sus tintas disociadas y pobres en matices» y estaba habitada por «una casta de complexión seca, dura y sarmentosa, tostada por el sol y curtida por el frío, una casta de hombres sobrios», que tenían «almas tenaces o incambiables, castillos interiores de diamante de una pieza, duro y cortante», con una «caridad austera y sobria», y «la sociedad civil que formaron estos hombres tomó de ellos carácter y sobre el de ellos reobró». Y su caracterización política habría nacido también en la Edad Media, para toda la eternidad: «las necesidades de la Reconquista les dieron lealtad al caudillo e igualdad entre los compañeros».

Naturalmente, esta realidad española tendría un símbolo, nacido de sus entrañas, y este símbolo sería Don Quijote: «Don Quijote... como símbolo vivo de lo superior del alma castellana», como había dicho en aquel libro esencial de su pensamiento, «En torno al casticismo», a partir del cual siempre llovería sobre mojado y todo serviría para confirmar sus tesis. Aquella creencia mitológica tendrá sus santuarios y Gredos sería uno de ellos: «Viendo ceñir los relámpagos a los picachos de Gredos se me reveló el Dios de mi Patria, el Dios de España, como Jehová se les reveló a los israelitas tronando y relampagueando en las cimas del Sinaí. La revelación de Dios baja de las montañas». Aquella metaforización de la realidad seguiría insistiendo en el mismo sentimiento, en 1911: «los picos de Gredos, en donde no ha muchos años soñé en la España inmortal», y seguiría soñándola en 1923: «Y volví a sentir [en Gredos] lo que es la España que permanece, la que queda por encima y por debajo de la España que pasa... ¡Ay, qué bien se estaba allí, en la riscosa cumbre de Gredos, sobre las tormentas, contemplando la España permanente!». Y todavía en 1931, seguía soñando a España, desde las alturas de la meseta: «Desde aquella cumbre de páramo que es Medinaceli... veía subir al cielo de Dios a nuestra España y soñaba que el Dios de Cristo la soñaba como Él sueña: una y trina. Y con un solo Verbo y un solo Espíritu».

Esta idea de la España unitaria se le materializaba en sus paisajes metafóricos, que con frecuencia traducían la unidad española en la metáfora insistente de un cuerpo humano: «Esta alfombra que se despliega aquí, debajo mío [en la Peña de Francia, de Salamanca], es un pedazo del cuerpo de España», había escrito en 1913, y lo había vuelto a escribir en 1915: «Viendo desde una cumbre de una de las sierras de Castilla desplegarse a mis pies como alfombra en el cielo... un vasto retazo del cuerpo de España». Y continuando con la metáfora de España como un cuerpo, se ordenaron las metáforas de su columna vertebral: «Gredos, espinazo de España», en febrero de 1919; «cumbre de Gredos, columna dorsal de Castilla», en 1923; nuevamente «Gredos, espinazo de España», en 1931, y, en el mismo año, «Cordillera ibérica, costillar de la Península». Otra vez había visto que España era como una mano, lo que volvía sobre la idea de la unidad: «Esta parrilla..., mejor esta mano tendida al mar poniente que es la tierra de España. Sus cinco dedos líquidos. ¿Miño-pulgar? ¿Duero-índice? ¿Tajo-el del corazón?...», había escrito en 1933, cuando ya había empezado a sentir amenazada aquella vieja creencia suya en la unidad fisiológica, orgánica y espiritual de España, y había hablado, también en aquella ocasión, de «la lengua integral del país histórico, de la patria común, de esta mano que nos sustenta, entre Mediterráneo, Atlántico y Cantábrico, a todos los españoles», «esta mano de tierra que es España», añadiendo que hay que «imaginarla corporalmente, terrestremente» y, como un quiromántico, «leer en las rayas de esta tierra... rastrear en la geografía la historia», porque «en esta mano, entre sus dedos, entre las rayas de su palma, vive una humanidad...».

Cuerpo, historia, lengua, sueño y paisaje, aquella realidad, que llamaba España, no era más que la metaforización de sí mismo. La agreste soledad de Gredos era su propia soledad hirsuta; aquellos castellanos-españoles, austeros, monógamos y soñadores reproducían su autobiografía sentimental y moral; aquellos paisajes, elegidos por sus afinidades espirituales, expresaban sus propios estados de conciencia, y aquella lengua castellana, salida de la tradición, dura y huesuda, era la lengua que le conformaba como expresión, que le individualizaba como comunicante. Esta identificación metafórica era la que en 1913 le había hecho escribir, como una explícita confirmación de la metáfora: «A mí, que tanto me duele España, mi patria, como podría dolerme el corazón, o la cabeza o el vientre...». Era la misma concepción metafórica que, en 1914, le haría identificar tres realidades heterogéneas y colocarlas en el punto de partida de su expresión lingüística: «Siempre que os hablo de mí, de mi España, de cualquier otra cosa os estoy hablando de Salamanca», confirmada por lo que escribiría el año 1924: «Porvenires míos y de los míos, porvenires de mi Salamanca, porvenires de mi España», donde su yo, España y Salamanca formaban una unidad expresiva indisoluble. Su unamunización del universo nunca había sido tan evidente.

Y ahora aquella realidad compacta y unitaria, a la que durante cuarenta años se había dedicado a comentar, describir, reforzar y defender, como si de sí mismo se tratase, había saltado hecha pedazos sangrientos y amenazaba con una imposible recomposición. Aquel espectáculo terrible consagraba su fracaso y aumentaba el dolor de su agonía. Estaba sentado al brasero, en la mesa camilla y había gritado su negación de la realidad todopoderosa que se le imponía de un modo brutal, invasor y sin salida. Había gritado tanto que hasta Aurelia, la criada, le había oído y permanecía expectante en el pasillo, esperando un nuevo signo de vida en la sala para entrar, para intervenir, con su delicadeza doméstica, en ayuda de aquel hombre viejo bueno y gruñón, cuya salud los tenía preocupados a todos los de la casa y cuyos arrebatos eran temibles, cuando se ponía a hablar con los amigos, aunque era un pan bendito, que toda la fuerza se le iba por la boca. Pero no volvió a oír nada y lo único que había oído, a través de las puertas y de la distancia, era algo de España y de Dios.

«...¡Dios no puede volverle la espalda a España! ¡España se salvará porque tiene que salvarse!»

Lo que traducido a un lenguaje no-metafórico, descodificando sus signos en el sentido que sus viejos textos hacían suponer, venía a querer decir, una vez más angustioso y rebelde, más que nunca agónico, luchador, indestructible e indefenso, por última vez, verbalizado, expresado, una vez más, pretendiendo cambiar la realidad con palabras que, como diría el prof. Ferrater Mora, «es probable que jamás se haya proclamado de modo tan radical la condición humana de la filosofía y la terrenal constitución del filósofo», lo que quería decir, en el límite de sus fuerzas dialécticas, frente al muro insalvable de la incapacidad racional, tarde para poder reconstruir otro sistema de ideas que le permitiera entender aquella realidad esquiva e imprevisible, desvitalizado por el calor del brasero e irritado por la presencia de aquel joven falangista, amable y prudente, inteligente y serio, que no era el culpable, pero que representaba los crímenes cometidos por sus camaradas de partido, una vez más contra todos y contra sí mismo, lo que quería decir es que Dios no podía volverle la espalda a él, porque él se salvaría porque tenía que salvarse.

Todo su yo se erguía en aquella última protesta. Frente al Dios, que había conservado desde su niñez, se levantaba su resentida necesidad de salvación, de supervivencia, de inmortalidad. El yo desamparado de su primera infancia, el yo expósito, de que hablaría el profesor Carlos París, el yo precario de la germinación de sus estructuras psicológicas, el yo exhibicionista de sus primitivas relaciones objetales con la madre, el yo angustiado por el vacío de la nada de sus reflexiones de colegial, el yo herido por las laminaciones de su envidia, el yo crítico y asustado de su crisis de 1897, el yo energuménico y erostrático de toda su vida, el yo desafiante frente a la Monarquía y frente a la Dictadura, el yo soberbio del exilio, el yo triunfante de la proclamación de la República y de su nombramiento de ciudadano de honor, el yo viudo y huérfano de su mujer muerta, el yo desorientado de su incredulidad, el yo equivocado de su adhesión a la rebelión militar, el yo profético y exaltado de aquella famosa sesión del Paraninfo y el yo aterido de frío de aquel invierno salmantino se había rebelado contra una realidad que no entendía y contra la cual reaccionaba en la forma en que siempre lo había hecho, con palabras, que también como siempre eran excesivas, violentas y metafóricas y que expresaban más que una idea, una actitud, más que un razonamiento, una angustia, más que una comprobación, un deseo.

Después de aquel grito, en el que había puesto toda su alma, cerró los ojos y, aturdido por su propia voz y por el esfuerzo afirmativo del puñetazo sobre la mesa camilla, inclinó la cabeza sobre el pecho y se dejó ir hacia la inconsciencia de un suave desvanecimiento cerebral, como un sopor creciente que paralizaba sus reacciones fisiológicas, como una insensible cuesta delicada y tentadora por la que se deslizaba como un niño en un juego infantil hacia una profunda oquedad tranquilizadora, sin fondo, ni distancias, sin puntos de referencia, vacía e insonorizada, interminable, como un decorado onírico irreconocible y sin embargo familiar, absurdamente lógico y racionalmente imposible, sin temor ni esperanza, perdida la sensación del propio cuerpo, testigo de su propia caída, espectador de su propio sueño, deshaciéndose, disolviéndose, desapareciendo de su propia mirada, sintiéndose caer, alejarse, dormir en la indecisa frontera de la nada, desprovisto de palabras que le ayudaran, que le dirigieran, obligado explorador del silencio y del recuerdo deshabitado, en el que quedaba todavía, tenue y desvaneciéndose, la huella sonora, imperceptible y remota, en el umbral lento de la memoria que se desflecaba insensiblemente, difuminada en la vieja costumbre del pensamiento, de la palabra Dios que le acompañaba como el hilo salvador de un laberinto indescifrable.

En su sistema de signos, la palabra Dios ocupaba otro de los Todos de su hegeliana necesidad de Absoluto, próximo, paralelo y, en cierto modo, coincidente con el espacio ocupado por la palabra Yo, en el centro del sistema. Recibida de la tradición cultural en la que había nacido, aquella palabra, adquirida temprana y confusamente para su vocabulario, envuelta en el respeto universal de sus mayores, oída insistentemente con énfasis y recogimiento, clave verbal de la liturgia infantil de las celebraciones eclesiásticas, asociada a las solemnes oquedades de los altos decorados de las iglesias de las devociones maternales, introducida en su sistema de signos para denotar lo inefable, lo misterioso, lo grandioso innombrable, lo infinito, lo deseado en grado sumo, lo excelente inabarcable, lo sorprendentemente nebuloso, lo extraordinariamente ignorado, lo delicuescentemente temido, aquella palabra, cajón de sastre donde había ido metiendo todo lo que no tenía nombre, pero que perentoriamente lo necesitaba, para completar un sistema de signos de expresión y de comunicación, que tenía horror al vacío y exigía la completa verbalización de todas las experiencias exteriores e interiores, que desde niño había ido colonizando toda la realidad, nacida de las palabras, organizada por ellas y por ellas mantenida, aquella palabra se había ido superponiendo a la primera realidad adquirida por su pensamiento en gestación, la matriz de su primer mundo, el primer objeto gratificante y eterno, la creadora de su primera exterioridad total, dificultosamente separada de sí mismo, traumáticamente desgajada de su yo y creadora, al alejarse, inevitablemente ajena, de las fronteras de aquel yo, huérfano y definitivamente solo, la madre. Bajo la mirada del Dios-madre, el amor y la muerte, Eros y Tánatos, superponían sus signos, a la hora de la verdad.

*«Ya que sabes de amor y de dolores,
óyeme bien, Señora,
y ruega por nosotros pecadores
ahora y en la hora
de nuestra muerte...*

*Tú tejiéndole en vida su destino,
madre la hiciste,
madre de mi pasión y en mi camino
mortal tú la pusiste
como una estrella...*

*Tú, Señora, que a Dios hiciste niño,
hazme niño al morirme
y cúbreme en el manto de armiño
de tu luna al oírme
con tu sonrisa.*

*Ahora es cuando el cielo es todo rosa,
canta la eternidad;
ahora es cuando siento toda cosa
bañada en realidad...*

*Voy a nacer, Señor, voy a nacerla
dentro del corazón,
como en concha de mar nace una perla,
cual flor de su pasión.*

*¡Voy a nacer, Señor, voy a nacerte,
bendita Trinidad,
Tú, Señor; el Amor, ella y la Muerte...
voy a ver la verdad!*

*He vivido, he vivido eterna espera
y la esperanza es fe;
he vivido, he vivido, y aunque muera
ya sé que viviré...*

*He vivido, Señor, gracias, mil gracias,
gracias al fin, Señor;
con la muerte, de vida al fin me sacias,
de vida del amor...*

*¡Gracias, Señor, voy a morir al cabo,
gracias te doy, Señor,
que es ahora cuando más tu amor alabo,
gracias por nuestro amor!»*

Aurelia, la criada, se había quedado atenta, en el pasillo, esperando que la llamaran o que tuviera rápidamente que intervenir. Pero nadie la llamó y detrás de la puerta creció otra vez el silencio. Tranquilizada volvió a sus tareas, mientras en el escenario de la tragedia aquel hombre viejo seguía con la cabeza sobre el pecho, inmóvil, amodorrado, ensimismado, bajo la mirada afectuosa de Bartolomé Aragón, que respetó el silencio, el abatimiento, la cabezada de aquel admirado maestro, terco y conmovedor, que se le ofrecía, presa de su debilidad senil, obscenamente íntimo con aquel inesperado desvanecimiento, indefenso ante su mirada extranjera, como un muñeco desarticulado, flexionado sobre sí mismo, con el rostro inclinado y los ojos cerrados tras los cristales de las gafas, con el habitual desorden de su pelo blanco y la familiaridad descuidada de sus ropas revueltas. Era como ver a un mito dormido, humanizado por la flacidez de sus músculos faciales y la gravedad vencida de su cabeza descontrolada. No sabía qué hacer y prolongó el inefable placer de velar el sueño del maestro, en espera de que despertara para despedirse, mientras la luz de la tarde se iba perdiendo por momentos en aquel crepúsculo cerrado y breve del invierno salmantino del último día del año.

Nunca había sabido lo que significaba la palabra Dios y

ahora lo sabía menos que nunca. Una vez le habían preguntado, maliciosos e inquisidores, si creía en la existencia de Dios y él había tenido que contestar que, antes de responder, le aclararan qué significaba creer, qué significaba existir y, sobre todo, qué significaba Dios. Mentecatos. En 1895, le había escrito en una carta confidencial a «Clarín», en el mes de junio: «cuando el espíritu divino se haga espíritu del espíritu social humano, cuando Dios se convierta en sustancia de la Humanidad, no hará falta *creer* en él, como no se nos aparece en concepto reflexivo y distinto de nuestra constitución misma una función orgánica». Aquella mezcla de hegelianismo, panteísmo y positivismo le había dejado insatisfecho, como siempre que intentaba expresar, esforzándose por encontrar las palabras exactas que tradujeran las palabras confusas de su pensamiento, algo que no tenía muy claro, algo que nadie había dicho antes que él y que él tenía que inventarse para ser él. En 1899, había de nuevo intentado aclarar por lo menos los orígenes de aquel pensamiento sentimental, que lo angustiaba, y había escrito: «Un día el hombre, henchido de la grandeza en que se anegaba al contemplar visiones tales [se trataba de un espectacular crepúsculo, de rayos gloriosos y nubes arboladas y gigantescas], cayó de hinojos, y... brotó de las entrañas de su espíritu pura oración sin palabras, música del alma, oración que cristalizó en la idea de un Dios que tiende la esplendidez de su mano sobre la desnudez de la tierra». Pero aquel miguelangelesco decorador de un cielo barroco, aquel roussoniano dispensador de paisajes celestiales para cubrir la primitiva desnudez de la tierra de un romántico salvaje, amedrentado y agradecido, tampoco le satisfizo.

Pero ni aquel Dios orgánico y positivista, ni este Dios idealista y cinematográfico en technicolor, llenaban las exigencias semánticas de su concepto de una divinidad abstracta y puramente sentimental. Por eso, en 1906, intentó otra aproximación y lo identificó con la verdad, con la verdad creada por el hombre: «Creo que a Dios hay que adorarle en espíritu y en verdad, porque Dios es, ante todo y sobre todo, la verdad. ¿Y qué es la verdad? me diréis. Era la pregunta que hacía Pilatos cuando se volvió a lavarse las manos. Verdad es lo que cada uno cree ser tal en el sentido moral». Interiorizado de tal modo el concepto de Dios, le fue fácil dar un paso más en aquel camino y escribir en 1911: «Dios es mi yo, infinito y eterno, y en El y por El soy, vivo y me muero». Creación personal, este Dios-yo necesitaba una explicación y en 1913, se la dio en el libro en que más habló de Dios y en el que Dios compartía con él, con su yo, el centro del universo verbal, que constituía la obra: «Hemos creado a Dios para salvar al universo de la nada, pues lo que no es conciencia eterna, consciente de su eternidad y eternamente consciente, no es nada más que apariencia», escribió en «Del sentimiento trágico de la vida». Y en el mismo libro escribió también: «creer en Dios es... querer salvar la finalidad humana del universo», que el profesor Carlos París comentaría diciendo: «La afirmación de Dios y la de un sentido humano del universo coinciden rigurosamente para don Miguel, porque Dios constituye la culminación y salvación de nuestro ser personal y consciente, la última cima salvadora de la conciencia».

No obstante, había escrito en aquel mismo libro, que lo había ido madurando durante quince años, desde su crisis del 97 a su publicación en el 1913, insistiendo en la misma dirección: «Este problema de la existencia de Dios, problema racionalmente insoluble, no es en el fondo sino el problema de la conciencia, de la *ex-sistencia* y no de la *in-sistencia* de la conciencia, el problema mismo de la perpetuidad del alma humana, el problema mismo de la finalidad humana del universo». Pero, en realidad, producto y necesidad de la conciencia, criatura del hombre, aquel Dios, si de verdad nacido del esfuerzo humano para sobrevivir como ser consciente, tenía que corresponderse con la conciencia del ser humano, que era tanto racional, como irracional, así es que no pudo menos que escribir, en aquel libro que había empezado llamándose, «Tratado del Amor de Dios», es decir, «tratado del amor de sí mismo»: «El un Dios, el Dios racional, es la proyección al infinito de fuera del hombre por definición, es decir, del hombre abstracto, del hombre no hombre, y el otro Dios, el Dios sentimental y volitivo, es la proyección al infinito de dentro del hombre por vida, del hombre concreto, de carne y hueso». Pero, a pesar de todo, seguía dándole vueltas: «¿Existe Dios?... ¿Es algo substancial fuera de nuestra conciencia, de nuestro anhelo? He aquí algo insoluble y vale más que así sea. Bástele a la razón el no poder probar la imposibilidad de su existencia». La palabra Dios volvía a ser, como al principio, la confusa cobertura semántica de un misterio, a la que sólo la voluntad humana concedía la existencia que le convenía a la conciencia para existir y para seguir existiendo.

Como la madre, Dios garantizaba la existencia y la sobreexistencia, la inmortalidad. En 1913, había dicho que «Dios es el productor de inmortalidad», con W. James, y en 1909: «¿No es la madre la inspiradora de la inmortalidad?», lo que aproximaba en la conciencia unamuniana las funciones de Dios y de la madre, en relación con el deseo sentido por él de no morir, de continuar viviendo después de la muerte, de mantener viva su conciencia humana para siempre, frente a la invasión implacable de la nada. Pero no era sólo esta similitud de funciones respecto a la necesidad sentida de su inmortalidad, la que hacía descubrir debajo de los componentes semánticos de la palabra Dios los contenidos de la idea de la madre, sino que todas las funciones desarrolladas en la conciencia unamuniana por la idea de Dios correspondían a funciones maternas, exigidas por el inconsciente de aquel hombre viejo, que seguía derrumbado sobre sí mismo, arrugado junto al brasero, ante los inquietos ojos de su visitante, que empezaba a preguntarse qué debía hacer ante aquel prolongado silencio y aquella sospechosa inmovilidad mineral.

Porque la madre, en su sistema sémico, era el refugio al que acogerse en su apetencia de seguridad y de amparo y así lo trasladaría a su obra, en cuya novelística, como escribiría Ricardo Gullón, «quedan vestigios de la nostalgia con que el varón añoraba el amparo de la madre», porque «en esta novelística, la madre es refugio incesante, símbolo de la paz prenatal, cuya oscura atracción retorna cuando sangran las heridas de la lucha cotidiana». Y la mujer-madre, que le había confirmado el sentido de la filialidad con aquel «¡Hijo mío!» de su crisis del 97, había asumido para él, junto a su papel de esposa, su papel de madre, como aquel hombre viejo le había confesado a su amigo Joan Maragall, en carta de 15 de febrero de 1907: «En mi vida de lucha y de pelea, en mi vida de beduino del espíritu, tengo plantada en medio del desierto mi tienda de campaña. Y allí me recojo y allí me retemplo. Y allí me restaura la mirada de mi mujer, que me trae brisas de mi infancia». Y la madre era, asimismo, el paraíso, pues, como diría José Luis Abellán: «la maternidad es para él una categoría espiritual, un mito eterno a través del cual podemos buscar la salvación y entrar en un paraíso intemporal... La referencia a este sentido celestial, paradisíaco, divino, de la maternidad, es constante en Unamuno. En 1897, durante la crisis religiosa, por una necesidad de sentirse niño y recobrar la fe de la infancia, fe ingenua y sencilla, que no admite dudas y en la que descansa con seguridad. Posteriormente, en los años del destierro, por una vuelta espiritual a la niñez y a los temas de la niñez, así como a la atracción del paisaje vasco de los primeros años, a la tierra maternal de la infancia, a la oriundez de la vida».

La idea de la madre, como la de Dios, implicaba la idea de la eternidad, lo que sería descrito por el mismo profesor Abellán, diciendo que «el afincamiento en la tierra madre, en Hendaya, sobre su suelo vasco, a la vista de España, le acercó al principio y al fin natural de toda la existencia la madre, en la que recobramos nuestra niñez, edad dorada en la que el tiempo desaparece y entramos en la eternidad divina. Si ésta es la solución que da en «Cómo se hace una novela», no lo es menos en «El Otro»... El mismo intento se advierte en un corto diálogo de «Sombra de sueño»... A través de la madre somos llevados a Dios, donde la historia no existe», donde no hay tiempo. Pero la idea de la madre se manifestaba como la idea de Dios, de un modo más concreto, en explícitas referencias a la interpenetrabilidad de sus funciones. En una de las obras de teatro de aquél hombre viejo, un personaje decía: «Mi madre es como Dios, su mirada es pura». En otro drama suyo, «Soledad», el protagonista le decía a su mujer, que también representaba para él a la madre: «¡Cántame, Soledad, acúname!; dame la mano... mano de madre...; dame tu mano, Soledad... la [mano] de Dios». Y en «Cómo se hace una novela», el autor, hablando de su mujer, dice: «Mi verdadera madre, sí. En un momento de suprema, de abismática congoja... me gritó desde el fondo de sus entrañas maternales, sobrehumanas, divinas, arrojándose en mis brazos: «¡Hijo mío!». Y en su «Cancionero», en una poesía de 1934, en la que la mujer-madre aparece con las cualidades de la Divinidad, como son la eternidad, la pureza y el servir de refugio, repite la misma identidad Madre-Dios: «En su regazo/de madre virginal/recogí con mi abrazo las aguas del divino manantial».

Esta identificación de la idea de la madre con la idea de Dios, nacida en su primera edad, había sobrevivido a la adquisición de su vocabulario religioso y se había integrado al sistema de sus signos semánticos, apareciendo en su expresión literaria, como una de sus constantes. Había visto a la madre como Dios y a Dios como la madre, dos todos superponibles, con funciones semejantes, que cubrían igualmente sus necesidades, al margen de sus respectivos campos semánticos propios, el de la familia y el de la fe religiosa. Y en aquella tarde de diciembre, prematuramente oscurecida, iluminada desde el suelo por el resplandor de la nieve, aquel Dios de su grito equivalía, en su desesperado desamparo de huérfano perpetuo, en la tenebrosa ansiedad de la agonía, en la trágica soledad de su marginación, a la madre demandada por su terror, por su exhibicionismo, por su egoísmo biológico, de tal manera que su grito equivalía a decir que su madre no podía volverle la espalda a él, porque él se salvaría porque tenía que salvarse. Era como una última solicitud de su permanente agonía, como le había pedido a Salamanca, que era otro transfert de la madre, que asegurara su inmortalidad diciendo que había existido, que había sido.

«¡Dios no puede volverle la espalda a España! ¡España se salvará porque tiene que salvarse!»

Y dobló la cabeza, como un Cristo agonizante y nadie supo que había muerto, devuelto a su madre original, convertido en el niño que siempre había sido, desnacido, como siempre había imaginado, desvalido y desnudo, incluso de las palabras, hasta que Bartolomé Aragón empezó a oler a quemado y comprendió que lo que se estaba quemando era la zapatilla de aquel hombre que ya no lo notaba, aunque las brasas del brasero hubieran empezado a quemarle, como en una breve, mínima y simbólica hoguera inquisitorial, con olor a chamusquina, en aquella Salamanca que tantos herejes había quemado y seguiría quemando. Y ahora fue el otro el que gritó y volvió Aurelia, la criada, y se encontró sin sentido a su señor y ayudó a colocarlo sobre un diván y se llenó del grito de aquel otro hombre al que no conocía y que gritaba que él no había sido el culpable de la muerte, que no le había hecho nada, que él no había sido. Y aquel cuerpo inanimado se fue convirtiendo cada vez más en una cosa, en un objeto, en una disculpa. Llamaron a un médico que recetó una inútil medicina; volvió su hija Felisa, acompañada de su nieto Miguel, y no pudo hacer nada sino llorar. La noticia traspasó el umbral de la casa y empezaron a llegar los amigos, los compañeros de claustro, los lectores agradecidos, los periodistas. Por unas horas su muerte se impuso a las noticias de la guerra. El rumor de que había sido asesinado cruzó la ciudad como un relámpago y se asentó en las conciencias dispuestas a creerlo. Lo habían envenenado.

En su lecho, con los ojos cerrados y la nariz afilada por la muerte, fue mirado y remirado por todos, escrutado por la curiosidad y la admiración. Volvieron los que le habían abandonado y lo rodearon de un fervor inservible. Las autoridades de la guerra decidieron honrarle después de muerto para evitar el escándalo de otra acusación mundial, como la de Lorca. Víctor de la Serna fue el encargado de organizar el homenaje póstumo y de reintegrarlo a los símbolos de la rebelión. Los falangistas comenzaron sus panegíricos aquella misma noche. Antonio de Obregón se encontró en la Plaza Mayor con Giménez Caballero que le dijo: «Vamos corriendo a Anaya. Ha muerto Unamuno y las máquinas de escribir tienen que disparar toda la noche como ametralladoras». Víctor de la Serna los convocó a todos urgentemente y les anunció: «Hemos de hacer cuanto esté en nuestra mano para enterrar a Unamuno como debe ser». Estaba cayendo una helada negra que hacía peligroso andar por las calles oscuras, privadas de alumbrado público por temor de los ataques aéreos. Las gentes iban conociendo la noticia mientras preparaban la fiesta de la noche de San Silvestre, el fin de año triste y desangelado de una guerra civil con un muerto en cada casa. Giménez Caballero, en su máquina ametralladora, estaba escribiendo: «Debemos hoy levantar la mano, ante su tumba de féretro combatiente, exclamando: Don Miguel de Unamuno —ahora que lo mejor de tu alma está PRESENTE en España— Descansa en paz». La noche se cerraba sobre aquel cadáver pálido, con una tranquila expresión de descanso. El año terminaba sobre un muerto más de aquella terrible guerra civil, que se iba llenando de símbolos para la historia.

Alguien dijo que la radio republicana había dicho que lo habían envenenado, mientras el cadáver se enfriaba en aquella Salamanca gélida. García Venero preparaba los elogios que publicaría en «El Adelanto». Manos cariñosas y femeninas amortajaban el cuerpo para su última travesía. Rostros serios, compungidos y soñolientos velaban al muerto en las lentas horas de una noche interminable. Aquel viejo yerto, deshumanizado y cosificado por la muerte, yacía entre rezos, llantos y remordimientos. Cada minuto que pasaba era menos de él y más de todos, pura exterioridad a merced de todas las subjetividades. Un dibujante fijaba sobre el papel la cara del muerto para la posteridad. Todos guardaban todavía en su memoria la huella fónica de sus palabras y reponían sobre su rostro inmóvil el discurso literario de toda su vida. Los empleados de la funeraria «El Carmen» habían organizado alrededor de su cadáver toda la parafernalia funeral de la tradición; entraba en el automatismo ritual de cualquier muerto, su individualidad se disgregaba en el gregarismo de la muerte, su persona se perdía en el anonimato biológico, su organismo químico iniciaba el proceso de su descomposición, la nada ya no era una temida tentación. Las sombras eran más sombrías en los rincones vacíos de la casa súbitamente deshabitada. Las palabras de los rezos seguían manteniendo, desde el espectáculo macabro de la muerte, la fe en la vida.

A la mañana siguiente, a las once, en la parroquia de las Agustinas, presidida por los azules y los rosas y los blancos de la Purísima Concepción de Ribera, se celebró la misa de difuntos por su alma, oficiada por el párroco Valentín González. La esquela en los periódicos llevó mucha gente al templo. La capilla, dirigida por el maestro Bernalt, cantó una misa de Requiem. El duelo estuvo presidido por los hijos del muerto Fernando y Rafael, el rector Esteban Madruga y el Decano de la Facultad de Filosofía y Letras, que había sido su Facultad en vida. Era el día primero de año y hacía frío en el enorme templo barroco. Por la tarde a las cuatro fue el entierro. Los empleados de la funeraria bajaron el féretro hasta el portal de la casa y allí se produjo una escena tensa entre los claustrales, compañeros del muerto, y los falangistas, que violentamente se apoderaron del ataúd y lo sacaron a la calle; se llamaban Víctor de la Serna, en representación de las autoridades de la guerra, Miguel Fleta, Antonio de Obregón y Emilio Díaz Ferrer, con uniformes paramilitares y los signos fascistas bien visibles. Miguel Quiroga, el nieto del muerto, asustado por lo que había visto en el portal, salió corriendo por la casa, gritando y advirtiendo a la familia: «¡Que se llevan al abuelo, a tirarlo al río!».

La comitiva fúnebre se organizó, a las puertas de la casa de la calle Bordadores, en medio de una multitud silenciosa y algunos brazos saludando en alto, con el saludo romano fascista. A hombros de los falangistas, el féretro cruzó frente al palacio de Monterrey y, por las Agustinas, siguió pasando frente al

Campo de San Francisco, hasta la vieja Puerta de San Bernardo, donde se despidió el primer duelo presidido por Fernando y Rafael Unamuno, Esteban Madruga, rector, y el decano de Filosofía y Letras. Las cintas del ataúd las llevaron hasta allí cuatro de los catedráticos que habían firmado su expulsión de la Universidad, Isidro Beato, decano de la Facultad de Derecho, Manuel García Blanco y Francisco Maldonado, por la Facultad de Filosofía y Letras, y Nicolás Rodríguez Aniceto, por la Facultad de Derecho, y alumbrando los catedráticos Leopoldo de Juan, César Real, Ignacio Rivas y los profesores Pérez Villaamil y Sancho, rodeados de bedeles con los hachones encendidos del ritual académico. Al depositar en el suelo el ataúd, los catedráticos y universitarios tuvieron una reacción frente al monopolio funeral de los falangistas y quisieron, encabezados por Manuel García Blanco, en un arriesgado gesto de nobleza espiritual, dedicarle un breve homenaje de despedida al que había sido su compañero de claustro, su amigo y su maestro, rodeándolo y expresando el dolor de su ausencia definitiva.

Los primeros falangistas habían sido sustituidos por otros falangistas, para llevar el féretro a hombros: Mariano Rodríguez Rivas, Melchor Martín Almagro, Carlos Domínguez Lafuente y Víctor Alonso. Mucha gente continuó andando hasta el camposanto, más allá del Calvario, donde en el nicho número 340, de la galería Este, introdujeron la caja del muerto, que quedó tapiada con mampostería y revoco de cal y cemento. El falangista, Gil Ramírez, que más tarde sería Alcalde de la ciudad, dió los gritos rituales del fascismo español, rodeado de un bosque de brazos en alto: «Miguel de Unamuno y Jugo: ¡¡Presente!!», que fue contestado con marcialidad estentórea por los falangistas, que habían cedido el honor de introducir el féretro en el nicho a los catedráticos. A la vuelta del cementerio, el campo se ensombrecía ya a espaldas de los últimos acompañantes de aquel hombre viejo que se había muerto y que se llamaba Miguel de Unamuno y Jugo.

Hacía muchos años que aquel hombre muerto había escrito un poema, que terminaba con estos versos:

«Madre nuestra, que estás en la tierra,
y que tienes mi paz en tu reino,
¡ábreme ya tus brazos y acoge
mi vida en tu seno!»

Sobre su nicho se dejó escrito un recuerdo de sus propias palabras, elegido por su hijo Fernando:

«Méteme, Padre eterno, en tu pecho,
misterioso hogar,
dormiré allí, pues vengo deshecho
del duro bregar.»

BIBLIOGRAFIA

Abella, Rafael: «La España Nacional. La vida cotidiana durante la guerra civil». Ed. Planeta, Barcelona, 1973.
Bécaraud, Jean: «Unamuno y la Segunda República», 1965.
Calvo Boyero, L. M.: «Unamuno, concejal» (En preparación).
Carr, Raymond, «España, 1808-1939», Barcelona, 1970. Ed. Ariel.
Díaz, Elías: «Revisión de Unamuno» (Análisis crítico de su pensamiento político). Ed. Tecnos. Madrid, 1968.
Egido, Luciano G.: «Salamanca, la gran metáfora de Unamuno». Ed. Universidad de Salamanca, 1983.
Fuentes, Antonio: «Unamuno y la guerra civil», en la obra colectiva «Salamanca, durante la guerra civil». (Estudio sobre una ciudad de retaguardia). (En preparación).
Figuero, Javier: «Memoria de una locura». Ed. Planeta, 1986.
Juanes, José: «Los Milagros y sus gentes». Salamanca, 1986.
Kazantzakis, N.: «Obras selectas». Ed. Planeta, 1979.
Rojas, Carlos: «Unamuno y Ortega. Intelectuales frente al drama». 1977.
Rudd, Margaret: «The Lone Heretic». Univ. Texas, Austin, 1963.
Salcedo, Emilio: «Vida de Don Miguel». Salamanca. Ed. Anaya, 1964 y 1976.

Sánchez, Manuel: «Maurin. Gran enigma de la guerra y otros recuerdos». Ed. Cuadernos para el Diálogo. Madrid, 1976.
Thomas, Hugh: «Historia de la guerra civil española». Ed. Ruedo Ibérico. París, 1976.
Unamuno, Miguel de: «Obras completas». Ed. Escelicer. Madrid, 1966-1971.
Unamuno, Miguel de: «El resentimiento trágico de la vida» (Manuscrito inédito, del que el autor tuvo noticia por la amabilidad de la familia Unamuno, con cuya amistad se honra y sobre cuyo testimonio, que agradece profundamente, redactó las referencias a este texto que figuran en las páginas de este libro).

Cartas a Unamuno, conservadas en la Casa-Museo «Miguel de Unamuno», en Salamanca.

Revistas y periódicos.

ABC (Madrid y Sevilla) «El Adelanto» (Salamanca); «Arriba» (Madrid); «La Gaceta Regional» (Salamanca); «El Mono Azul» (Madrid); «Mundo Obrero» (Madrid); «Repertorio americano» (San José de Costa Rica); «El Sindicalista» (Madrid); «El Socialista» (Madrid).